Springer-Lehrbuch

Springer-Verlag Berlin Heidelberg GmbH

Oskar Anderson · Werner Popp
Manfred Schaffranek · Dieter Steinmetz
Horst Stenger

Schätzen und Testen

Eine Einführung in
Wahrscheinlichkeitsrechnung
und schließende Statistik

Zweite, vollständig überarbeitete
und erweiterte Auflage

Mit 71 Abbildungen
und 53 Tabellen

Springer

Em. Prof. Dr. Oskar Anderson, Gieselbrechtstraße 18,
D-10629 Berlin

Prof. Dr. Werner Popp, Universität Bern,
Betriebswissenschaftliches Institut, Sennweg 2, CH-3012 Bern

Dr. Manfred Schaffranek, Universität Mannheim,
Seminar für Statistik, A5, D-68131 Mannheim

Dr. Dieter Steinmetz, Universität Mannheim,
Seminar für Statistik, A5, D-68131 Mannheim

Prof. Dr. Horst Stenger, Universität Mannheim,
Seminar für Statistik, A5, D-68131 Mannheim

Die erste Auflage erschien 1976 in der Reihe „Heidelberger Taschenbücher Bd. 177"

Die Deutsche Bibliothek - CIP-Einheitsaufnahme

Schätzen und Testen : eine Einführung in die
Wahrscheinlichkeitsrechnung und schliessende Statistik / von Oskar
Anderson ... - 2., vollst. überarb. und erw. Aufl. - Berlin ; Heidelberg
; New York ; Barcelona ; Budapest ; Hongkong ; London ; Mailand ;
Paris ; Santa Clara ; Singapur ; Tokio : Springer, 1997
(Springer-Lehrbuch)
ISBN 978-3-540-62875-0   ISBN 978-3-642-59162-4 (eBook)
DOI 10.1007/978-3-642-59162-4

ISBN 978-3-540-62875-0

Dieses Werk ist urheberrechtlich geschützt. Die dadurch begründeten Rechte, insbesondere die der Übersetzung, des Nachdrucks, des Vortrags, der Entnahme von Abbildungen und Tabellen, der Funksendung, der Mikroverfilmung oder der Vervielfältigung auf anderen Wegen und der Speicherung in Datenverarbeitungsanlagen, bleiben, auch bei nur auszugsweiser Verwertung, vorbehalten. Eine Vervielfältigung dieses Werkes oder von Teilen dieses Werkes ist auch im Einzelfall nur in den Grenzen der gesetzlichen Bestimmungen des Urheberrechtsgesetzes der Bundesrepublik Deutschland vom 9. September 1965 in der jeweils geltenden Fassung zulässig. Sie ist grundsätzlich vergütungspflichtig. Zuwiderhandlungen unterliegen den Strafbestimmungen des Urheberrechtsgesetzes.

© Springer-Verlag Berlin Heidelberg 1997
Ursprünglich erschienen bei Springer-Verlag Berlin Heidelberg New York in 1997

Die Wiedergabe von Gebrauchsnamen, Handelsnamen, Warenbezeichnungen usw. in diesem Werk berechtigt auch ohne besondere Kennzeichnung nicht zu der Annahme, daß solche Namen im Sinne der Warenzeichen- und Markenschutz-Gesetzgebung als frei zu betrachten wären und daher von jedermann benutzt werden dürften.

SPIN 10025696   42/2202-5 4 3 2 1 0 - Gedruckt auf säurefreiem Papier

Vorwort zur 2. Auflage

Statistische Methoden finden heute in den verschiedensten Disziplinen Anwendung, beispielsweise in Physik, Biologie, Medizin, Psychologie, Linguistik und nicht zuletzt in den Wirtschaftswissenschaften. In der Medizin z.B. benötigt man statistische Methoden unter anderem zur Beurteilung der Wirksamkeit verschiedener Medikamente; Biologen bedienen sich statistischer Methoden bei genetischen Untersuchungen, Wirtschaftswissenschaftler bei der Aufdeckung von Interdependenzen zwischen verschiedenen ökonomischen Variablen: Immer wenn aus Stichprobendaten Schlußfolgerungen zu ziehen sind, greift man auf statistische Methoden zurück.

Um die Schlußweisen der Statistik schon an dieser Stelle wenigstens skizzieren zu können, betrachten wir ein Beispiel aus dem Bereich der Wirtschaftswissenschaften. Interdependenzen zwischen den Nachfragemengen und den Preisen von Gütern erklärt man vielfach durch wahrscheinlichkeitstheoretische Modelle, die unbekannte Parameter enthalten. Erst die tatsächlich beobachteten Kombinationen von Preisen und Nachfragemengen - Stichprobendaten also - ermöglichen eine "Schätzung" der unbekannten Parameter des zugrunde gelegten Modells. Oft sind auch gewisse Vorstellungen über realisierte Parameter vorhanden. Stichprobendaten erlauben dann, Urteile darüber abzugeben, ob diese Vorstellungen, die meist Hypothesen genannt werden, zutreffen oder nicht. Diese zweite Art des Schließens nennt man üblicherweise "Testen".

Das vorliegende Buch ist in 4 Teile und einen Anhang gegliedert. In einem ersten Teil wird das wahrscheinlichkeitstheoretische Instrumentarium bereitgestellt, das zur Darstellung der Grundgedanken des statistischen Schliessens benötigt wird. Diese Grundgedanken selbst sind in den Teilen SCHÄTZEN und TESTEN behandelt. Der Teil REGRESSIONSANALYSE ist der Anwendung dieser Grundgedanken auf besonders wichtige Modelle vorbehalten.

Die Lektüre des Buches erfordert nur elementare mathematische Kenntnisse. Die für das Verständnis wesentlichen Teile der Mengenalgebra und der Kombinatorik sowie die Rechenregeln für das Summenzeichen sind im Anhang zusammengestellt. Ferner befinden sich im Anhang alle statistischen Tabellen, die zur Lösung von Aufgaben benötigt werden.
Bei Verweisen bedeuten

W   WAHRSCHEINLICHKEITSRECHNUNG
S   SCHÄTZEN
T   TESTEN
R   REGRESSIONSANALYSE
A   ANHANG

Definitionen und Bezeichnungen sind an der Stelle, an der sie eingeführt werden, *kursiv* geschrieben. Abschnitte, die für das Verständnis späterer Teile des Buches weniger wichtig erscheinen, sind mit * versehen.
Im Literaturverzeichnis sind einige Lehrbücher aufgeführt, auf die im Text verwiesen wird bzw. deren Lektüre zur Ergänzung oder zur Vertiefung des hier dargestellten Stoffes empfehlenswert erscheint.

Großer Dank gebührt Frau Renate Bent und Frau Maria Fatarova, den beiden Sekretärinnen des Seminars für Statistik, für die geduldige und sorgfältige Übertragung schwieriger Manuskripte und zahlreicher Überarbeitungen. Herrn Dipl.-Wirtsch.-Inf. Jürgen Müller danken wir für Gestaltung und Präsentation des Textes. Diese Aufgabe geriet zur wahren Sysiphusarbeit, da sich das von uns verwendete Textsatzsystem auch im Update als äußerst fehleranfällig erwies. Herrn Dipl.-Math. Wolfgang Roth danken wir für die Anfertigung der Grafiken und des Umschlagentwurfs. Danken möchten wir schließlich Herrn Dr. Tilmann Deutler für einige wertvolle Hinweise sowie den Mitarbeiterinnen und Mitarbeitern Dipl.-Wirtsch.-Inf. Sibylle Merz, Dipl.-Volksw. Birgit Rimmelspacher, Dipl.-Math. Wolfgang Roth und Dipl.-Math. Jochen Schmidt für sorgfältiges Korrekturlesen.

Mannheim, Februar 1997   Die Autoren

Inhaltsverzeichnis

I	Wahrscheinlichkeitsrechnung	1
1	**Zufallsexperimente und Wahrscheinlichkeiten**	**3**
	1.1 Zufallsexperimente	3
	1.2 Ereignisse	4
	1.3 Wahrscheinlichkeitsaxiome	6
	1.4 Folgerungen aus den Axiomen	8
	1.5 Zusammenfassung zweier Zufallsexperimente	11
	1.6 n-malige Durchführung eines Zufallsexperiments	15
	1.7 Symmetrische Zufallsexperimente	17
	1.8 Ziehen mit bzw. ohne Zurücklegen	19
	1.9 Unabhängige Ereignisse	20
	1.10 Aufgaben	22
2	**Verteilung einer Zufallsvariablen**	**27**
	2.1 Zufallsvariablen	27
	2.2 Funktionen von Zufallsvariablen	29
	2.3 Massefunktionen	30
	2.4 Dichtefunktionen	33
	2.5 Verteilungsfunktionen	35
	2.6 Erwartungswerte von Zufallsvariablen	38
	2.7 Erwartungswerte von Funktionen einer Zufallsvariablen	39
	2.8 Varianzen von Zufallsvariablen	41

VIII Inhaltsverzeichnis

    2.9   Standardisierte Zufallsvariablen 43
    2.10 *Ungleichung von TSCHEBYSCHEFF 44
    2.11 Aufgaben 46

3 Gemeinsame Verteilung von Zufallsvariablen   53
    3.1   Gemeinsame Massefunktionen 53
    3.2   *Gemeinsame Dichtefunktionen 55
    3.3   Linearität der Erwartungswertbildung 57
    3.4   Varianz linearer Funktionen von Zufallsvariablen 58
    3.5   Unabhängige Zufallsvariablen 59
    3.6   Unabhängige diskrete Zufallsvariablen 61
    3.7   *Unabhängige stetige Zufallsvariablen 62
    3.8   Unabhängigkeit und Unkorreliertheit 63
    3.9   Stichproben aus Verteilungen 64
    3.10 Aufgaben 67

4 Spezielle diskrete Verteilungen   73
    4.1   BERNOULLI-Verteilung 73
    4.2   Binomialverteilung 75
    4.3   Hypergeometrische Verteilung 80
    4.4   Aufgaben 86

5 Normalverteilte Zufallsvariablen und Zentraler Grenzwertsatz   89
    5.1   Normalverteilung 89
    5.2   Tabelle der Standardnormalverteilung 93
    5.3   Lineare Funktionen normalverteilter Zufallsvariablen 96
    5.4 χ^2–Verteilung 98
    5.5   STUDENT-t-Verteilung 99
    5.6   Zentraler Grenzwertsatz 102
    5.7   Zentraler Grenzwertsatz für Stichprobenanteile 107
    5.8   Approximation von Binomial- und hypergeometrischer Verteilung 109
    5.9   Gesetz der großen Zahlen 112
    5.10 Aufgaben 113

II Schätzen   119

1 Punktschätzung   121
    1.1   Problemstellung 121
    1.2   Unverzerrte Schätzer 124
    1.3   BLU-Schätzer 126
    1.4   Notwendiger Stichprobenumfang bei vorgegebenem Fehler . 128
    1.5   *Nichtlineare Schätzer 130

1.6	*Verzerrte Schätzer	132
1.7	*Konsistente Schätzer	134

2 Intervallschätzung   137

- 2.1 Problemstellung... 137
- 2.2 Konfidenzintervalle für den Erwartungswert einer normalverteilten Zufallsvariablen bei bekannter Standardabweichung 138
- 2.3 Konfidenzintervalle für den Erwartungswert einer normalverteilten Zufallsvariablen bei unbekannter Standardabweichung... 142
- 2.4 Konfidenzintervalle für den Erwartungswert einer Zufallsvariablen mit unbekannter Verteilung... 143
- 2.5 Konfidenzintervalle für Wahrscheinlichkeiten... 143

3 Stichproben aus Gesamtheiten   145

- 3.1 Zufällige Auswahlverfahren... 145
- 3.2 Stichprobenmittel und Stichprobenvarianz... 147
- 3.3 Schätzung des Mittelwerts und der Varianz einer Grundgesamtheit... 151
- 3.4 Schätzung eines Anteils... 152
- 3.5 Auswahltechniken... 153

4 Aufgaben   157

III   Testen   167

1 Grundbegriffe   169

- 1.1 Problemstellung... 169
- 1.2 Hypothesen und Testverfahren... 171
- 1.3 Fehler 1. und Fehler 2. Art... 173

2 Tests für Erwartungswerte   175

- 2.1 Tests bei bekannter Varianz... 175
- 2.2 Normierte Prüfgrößen... 177
- 2.3 Tests bei unbekannter Varianz... 178
- 2.4 Vergleich zweier Erwartungswerte... 179
- 2.5 Übersicht über behandelte Tests für Erwartungswerte... 181

3 Tests für Wahrscheinlichkeiten   183

- 3.1 Hypothesen über eine Wahrscheinlichkeit... 183
- 3.2 Vergleich zweier Wahrscheinlichkeiten... 184
- 3.3 Übersicht über behandelte Tests für Wahrscheinlichkeiten. 186

4 χ^2 – Tests   187

- 4.1 χ^2 – Anpassungstest... 187

X Inhaltsverzeichnis

    4.2 χ^2-Unabhängigkeitstest 192
    4.3 Übersicht über behandelte χ^2– Tests 197

5 *Gütefunktion   **199**
    5.1 Problemstellung 199
    5.2 Wahl des Signifikanzniveaus 202
    5.3 Wahl des Stichprobenumfangs 203
    5.4 Wahl der Prüfgröße 204
    5.5 Gütefunktion für Tests über Wahrscheinlichkeiten 206
    5.6 Allgemeine Definition der Gütefunktion 209

6 Aufgaben   **211**

IV Regressionsanalyse   233

1 Einführung   **235**
    1.1 Problemstellung 235
    1.2 Lineare Einfachregression 236

2 Methode der Kleinsten Quadrate   **239**
    2.1 Streuungsdiagramm und Ausgleichsgerade 239
    2.2 Ausgleichsgerade nach der Methode der Kleinsten Quadrate 240
    2.3 Die Kleinste-Quadrate-Schätzer B_o und B_1 244

3 BLU-Schätzer für β_o und β_1   **247**
    3.1 Einfaches lineares Regressionsmodell 247
    3.2 BLU-Eigenschaft von B_o und B_1 248
    3.3 Unverzerrte Schätzer für var B_o und var B_1 250

4 Konfidenzintervalle für β_o und β_1   **255**
    4.1 Konfidenzintervalle bei normalverteilten Residuen 255
    4.2 Konfidenzintervalle bei großem n 257

5 Prüfen von Hypothesen über β_o und β_1   **259**
    5.1 Tests bei normalverteilten Residuen 259
    5.2 Tests bei großem n 261

6 Aufgaben   **263**

V Anhang   273

1 Mathematische Hilfsmittel   **275**
    1.1 Mengen 275
    1.2 Kartesische Produkte 281

1.3	Kombinatorik	282
1.4	Summenzeichen	286

2 Tabellen   **291**

Literatur   **297**

Index   **299**

Wahrscheinlichkeitsrechnung

1 Zufallsexperimente und Wahrscheinlichkeiten

1.1 Zufallsexperimente

In der Umgangssprache findet das Wort "wahrscheinlich" bzw. "höchstwahrscheinlich" Verwendung bei Vorgängen, deren Ergebnisse nicht sicher vorhergesagt werden können. So sagen wir etwa:

- *der Sommer werde wahrscheinlich sehr trocken,*
- *die Konjunktur werde sich höchstwahrscheinlich im nächsten Jahr beleben,*
- *die nächste Ziehung der Lottozahlen werde wahrscheinlich nicht nur einstellige Zahlen liefern,*
- *bei 50-maligem Würfeln werde höchstwahrscheinlich auch mindestens eine 6 auftreten.*

In den ersten beiden Formulierungen wird durch "wahrscheinlich" und "höchstwahrscheinlich" zum Ausdruck gebracht, wie sehr der Sprechende von der Richtigkeit einer Aussage über einen unbekannten Sachverhalt überzeugt ist. Solche Formulierungen werden uns nicht weiter beschäftigen. Die Ermittlung der Lottozahlen und das Ausspielen eines Würfels dagegen sind Vorgänge, die beide zwei für uns wichtige Eigenschaften haben: ihr Resultat läßt sich nicht mit Sicherheit vorhersagen, und sie lassen sich wiederholen.

Ein Vorgang, der nach einer festgelegten Vorschrift abläuft und der

- zu mehreren möglichen Ergebnissen führen kann,
- unter identischen Bedingungen beliebig oft wiederholbar ist,

heißt ***Zufallsexperiment***.

4   1. Zufallsexperimente und Wahrscheinlichkeiten

Da ein Zufallsexperiment zu mehreren möglichen Ergebnissen führen kann, ist das Ergebnis der einzelnen Durchführungen "zufällig". Zufall bedeutet dabei nicht Regellosigkeit. Bei häufiger Durchführung eines Zufallsexperiments ergeben sich vielmehr Gesetzmäßigkeiten, die Gegenstand der Wahrscheinlichkeitsrechnung sind.

Wenn ein Zufallsexperiment unter identischen Bedingungen wiederholt wird, kann das Ergebnis der ersten Durchführung keinen Einfluß auf das Ergebnis der Wiederholung haben. Auch verschiedene Zufallsexperimente, die gleichzeitig oder nacheinander durchgeführt werden, beeinflussen sich nicht gegenseitig.

1.2 Ereignisse

Die Menge Ω aller möglichen Ergebnisse eines Zufallsexperiments nennen wir *Ergebnismenge* des Zufallsexperiments. Beim Ausspielen einer Münze können die Ergebnisse "Zahl" durch Z und "Wappen" durch W beschrieben werden. Also ist

$$\Omega = \{W, Z\}$$

die Ergebnismenge dieses Zufallsexperiments. Eine Rouletteausspielung führt zu einem der Ergebnisse 0, 1, ..., 36, so daß man als Ergebnismenge erhält

$$\Omega = \{0, 1, ..., 36\}.$$

Ergebnismengen müssen nicht unbedingt endlich sein. Nehmen wir beispielsweise an, man stelle Glühlampen nach einem bestimmten Verfahren her. Bei wiederholter Durchführung dieses Verfahrens erhält man Glühlampen, die sich im Hinblick auf die Merkmale Brenndauer, Helligkeit, Durchmesser, Gewicht unterscheiden. Wenn z. B. die Merkmale "Brenndauer" und "Gewicht" interessieren, liefert jede Durchführung des Herstellungsprozesses ein Paar nichtnegativer Zahlen, und man hat als Ergebnismenge

$$\Omega = \{(x, y) : x \geq 0, y \geq 0\}.$$

Ein Zufallsexperiment besitze die Ergebnismenge Ω. Jede Teilmenge von Ω heißt dann *Ereignis* des Zufallsexperiments. Ereignisse, die nur ein Ergebnis umfassen, heißen *Elementarereignisse*. Wenn das Ergebnis einer Durchführung des Zufallsexperiments in $A \subset \Omega$ liegt, sagt man, das Ereignis A sei bei dieser Durchführung eingetreten.

Beispiel 1.1:
Beim Ausspielen eines Würfels hat man

$$\Omega = \{1, 2, 3, 4, 5, 6\}$$

und es ist

$$A = \{2, 4, 6\}$$

das Ereignis, daß eine gerade Augenzahl auftritt,
$$B = \{1, 2, 3\}$$
das Ereignis, daß die gewürfelte Zahl höchstens gleich 3 ist und
$$C = \{5, 6\}$$
das Ereignis, daß die auftretende Augenzahl mindestens 5 ist. Liefert die Würfelausspielung die Augenzahl 2, so sind die Ereignisse A und B eingetreten, C dagegen nicht. $\{1\}, \{2\}, ..., \{6\}$ sind die Elementarereignisse des Zufallsexperiments.

Ω sei die Ergebnismenge eines Zufallsexperiments. Dann tritt Ω bei jeder Durchführung des Zufallsexperiments ein und heißt deshalb **sicheres Ereignis**. Die leere Menge $\emptyset$ ist eine Teilmenge von Ω, und damit ebenfalls ein Ereignis. $\emptyset$ tritt bei keiner Durchführung ein und wird **unmögliches Ereignis** genannt.

A und B seien Ereignisse. Die Gesamtheit der Ergebnisse des Zufallsexperiments, die zu wenigstens einem der beiden Ereignisse A und B gehören, stellt ebenfalls ein Ereignis in Ω dar, das mit $A \cup B$ bezeichnet wird:

$$A \cup B = \{e \in \Omega : e \in A \text{ oder } e \in B\}.$$

$A \cup B$ heißt **Vereinigung** der Ereignisse A und B.

Ebenso ist die Menge aller Ergebnisse, die sowohl zu A als auch zu B gehören, ein Ereignis; es heißt **Durchschnitt** der Ereignisse A und B:

$$A \cap B = \{e \in \Omega : e \in A; e \in B\}.$$

Ereignisse A und B mit $A \cap B = \emptyset$ schließen sich gegenseitig aus, d. h. wenn A eintritt, kann B nicht eintreten und umgekehrt; sie heißen daher **unvereinbar** oder **disjunkt**.

Beispiel 1.2:
Beim Ausspielen eines Würfels hat man für die Ereignisse
$$A = \{2, 4, 6\}, \; B = \{1, 2, 3\}$$
als Vereinigung
$$A \cup B = \{1, 2, 3, 4, 6\}$$
und als Durchschnitt
$$A \cap B = \{2\}.$$

$A \cup B$ ist also das Ereignis, daß die Ausspielung des Würfels zu einer von 5 verschiedenen Augenzahl führt, $A \cap B$ das Ereignis, daß die Augenzahl 2 oben liegt. Die Ereignisse A und
$$C = \{1, 3\}$$
sind unvereinbar, denn es gilt
$$A \cap C = \emptyset.$$

6   1. Zufallsexperimente und Wahrscheinlichkeiten

1.3 Wahrscheinlichkeitsaxiome

Nach 1.1 lassen sich Zufallsexperimente unter identischen Bedingungen beliebig oft wiederholen. Wir betrachten ein solches Zufallsexperiment und ein zugehöriges Ereignis A – man denke beispielsweise an das Ausspielen eines Würfels und setze $A = \{6\}$. Das Zufallsexperiment soll n-mal durchgeführt werden. Wir bezeichnen die Anzahl der Durchführungen, bei denen A eintritt, als **absolute Häufigkeit** $f_n(A)$ von A,

$$h_n(A) = \frac{f_n(A)}{n}$$

wird **relative Häufigkeit** von A bei n Durchführungen genannt.

Nun wiederholen wir die beschriebene Versuchsserie der Länge n mehrmals. Vermutlich wird uns jede Versuchsserie eine andere relative Häufigkeit liefern. Wir markieren die beobachteten Häufigkeiten auf einer Zahlengeraden. Die so entstehende Punktwolke ist, wie wir aufgrund unserer Erfahrung mit Zufallsexperimenten wissen, im mittleren Bereich dichter als im äußeren Bereich. Sie könnte etwa folgendes Aussehen haben (vgl. Abb. 1.1):

Abb. 1.1

Jetzt führen wir mehrere entsprechende Versuchsserien der Länge $4n$ durch und markieren wiederum die relativen Häufigkeiten des Ereignisses A. Wir erhalten dadurch eine Punktwolke, die dichter ist als die ursprüngliche (vgl. Abb. 1.2). Der mittlere Bereich der neuen Punktwolke ist besonders dicht und ist eine Teilmenge des Bereichs, in dem schon die ursprüngliche Punktwolke einigermaßen dicht war – jedenfalls erwarten wir dieses Phänomen aufgrund unserer Erfahrung.

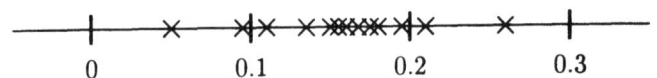

Abb. 1.2

Verlängern wir die Versuchsserie weiter, so "stabilisiert" sich die relative Häufigkeit von A zunehmend, sie "tendiert" gegen einen bestimmten Wert, den wir nicht kennen. Diesen Wert, dessen Existenz wir aufgrund unserer Erfahrung als gesichert ansehen, bezeichnen wir als die **Wahrscheinlichkeit** W(A) des Ereignisses A.

Bei jeder Versuchsserie – bestehend aus n Durchführungen des Zufallsexperiments – gilt für die relativen Häufigkeiten

$$0 \leq h_n(A) \leq 1 \text{ für jedes Ereignis } A \qquad (1.1)$$

$$h_n(\Omega) = 1. \qquad (1.2)$$

Sind A und B unvereinbare Ereignisse, so tritt die Vereinigung $A \cup B$ ein, wenn entweder A oder B eintritt. Die absolute Häufigkeit von $A \cup B$ ist dann die Summe der absoluten Häufigkeiten von A und B. Aus $A \cap B = \emptyset$ folgt also

$$f_n(A \cup B) = f_n(A) + f_n(B)$$

und hieraus nach Division durch n

$$h_n(A \cup B) = h_n(A) + h_n(B). \qquad (1.3)$$

Wegen der oben beschriebenen engen Beziehung zwischen relativen Häufigkeiten von Ereignissen und deren Wahrscheinlichkeiten darf man annehmen, daß in Analogie zu (1.1), (1.2) und (1.3) gilt

(I) $W(A) \geq 0$ für beliebige Ereignisse A

(II) $W(\Omega) = 1$

(III) $W(A \cup B) = W(A) + W(B)$ falls $A \cap B = \emptyset$.

Wenn oben gesagt wurde, die relative Häufigkeit $h_n(A)$ "stabilisiere" sich bei $W(A)$, so darf das nicht so verstanden werden, als läge $h_n(A)$ in jedem Falle um so näher bei $W(A)$, je weiter die Versuchsserie fortgesetzt wird. Der empirische Befund ist vielmehr, daß bei Fortsetzung der Versuchsserie die relativen Häufigkeiten "ausbrechen" können, sich also auch wieder von $W(A)$ entfernen können. Deshalb lassen sich Wahrscheinlichkeiten nicht ohne weiteres als Grenzwerte relativer Häufigkeiten definieren. Es ist nun wichtig, daß alle Eigenschaften von Wahrscheinlichkeiten allein aus den Annahmen (I), (II) und (III) gefolgert werden können. Man kann daher auf das Definieren von Wahrscheinlichkeiten verzichten, wenn man unterstellt, daß die durch das Zufallsexperiment den Ereignissen $A, B, \ldots$ zugeordneten Wahrscheinlichkeiten $W(A), W(B), \ldots$ die Annahmen (I), (II) und (III) erfüllen. Das aber ist – wie oben erläutert – empirisch gesichert. Deshalb sind alle Folgerungen aus den Annahmen (I), (II) und (III) automatisch für beliebige konkrete Wahrscheinlichkeiten richtig. Da es keine Möglichkeit gibt, diese Annahmen aus noch einfacheren Annahmen abzuleiten, bezeichnet man sie als **Axiome** bzw. genauer als **Wahrscheinlichkeitsaxiome**.

8   1. Zufallsexperimente und Wahrscheinlichkeiten

Ob man ein Zufallsexperiment auch bei sehr großer Ergebnismenge Ω unbedingt durch Angabe der Wahrscheinlichkeiten aller Teilmengen von Ω beschreiben sollte, kann dahingestellt bleiben. Es leuchtet ein, daß in vielen Fällen nur einige wenige Ereignisse interessieren und die Wahrscheinlichkeiten aller übrigen Ereignisse belanglos sind. Die mathematischen Probleme, die bei der Festlegung der Klasse der interessierenden Ereignisse entstehen, sollen hier ausgeklammert werden. Wir verweisen in diesem Zusammenhang auf die einschlägigen Lehrbücher, insbesondere auf FISZ (1973), S. 21 ff. Dort wird auch dargelegt, daß es zweckmäßig ist, Axiom (III) durch eine etwas stärkere Forderung zu ersetzen, worauf wir aber der Einfachheit halber verzichten.

1.4 Folgerungen aus den Axiomen

Eine einfache Folgerung aus den Wahrscheinlichkeitsaxiomen ist die **Monotonieeigenschaft** der Wahrscheinlichkeiten. Für Ereignisse A, B mit $A \subset B$ gilt nämlich

$$W(A) \leq W(B).$$

Denn die Ereignisse A und $\bar{A} \cap B$ sind disjunkt (vgl. Abb. 1.3), so daß nach (III)

$$W(B) = W(A) + W(\bar{A} \cap B)$$

erfüllt ist, woraus die Behauptung wegen (I) folgt.

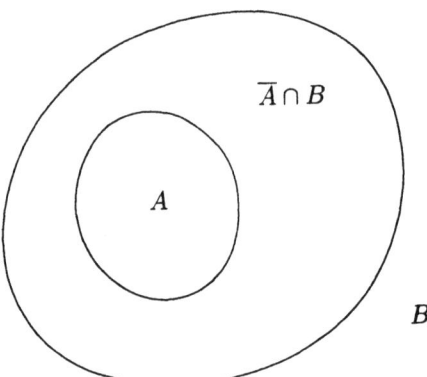

Abb. 1.3

Wenn wir in der obigen Ungleichung speziell $B = \Omega$ setzen, erhalten wir unter Berücksichtigung von (I) und (II): Für jedes Ereignis A gilt

$$0 \leq W(A) \leq 1. \tag{1.4}$$

1.4 Folgerungen aus den Axiomen

Wir wollen nun annehmen, daß uns die Wahrscheinlichkeiten von bestimmten Ereignissen $A, B, \ldots$ bekannt sind und mit den Wahrscheinlichkeitsaxiomen folgern, wie sich dann die Wahrscheinlichkeiten für einige durch Verknüpfung entstandene Ereignisse berechnen lassen.

Wenn A ein Ereignis ist, wird

$$\bar{A} = \{e \in \Omega : e \notin A\}$$

zu A *komplementäre Ereignis* genannt. $\bar{A}$ tritt genau dann ein, wenn A nicht eintritt. Es gilt

$$W(\bar{A}) = 1 - W(A).$$

Denn die Ereignisse A und $\bar{A}$ sind disjunkt (vgl. Abb. 1.4), so daß mit (II) und (III) folgt

$$W(A) + W(\bar{A}) = W(\Omega) = 1.$$

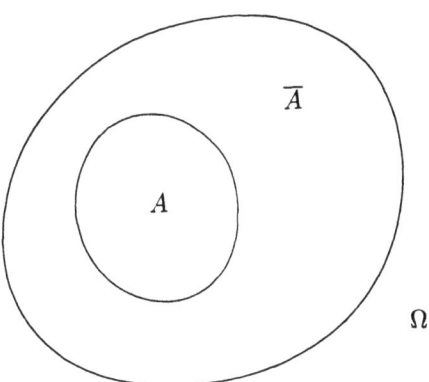

Abb. 1.4

Sind A und B beliebige Ereignisse und sind die Wahrscheinlichkeiten

$$W(A), W(B), W(A \cap B)$$

bekannt, so kann

$$W(A \cup B)$$

berechnet werden. Denn es gilt der **Additionssatz der Wahrscheinlichkeitsrechnung:**

$$W(A \cup B) = W(A) + W(B) - W(A \cap B). \qquad (1.5)$$

10 1. Zufallsexperimente und Wahrscheinlichkeiten

Wir wollen diesen Satz beweisen. Da die Ereignisse A und $\bar{A} \cap B$ disjunkt sind und ihre Vereinigung $A \cup B$ ergibt, hat man nach (III)

$$W(A \cup B) = W(A) + W(\bar{A} \cap B). \qquad (1.6)$$

Auch die Ereignisse $A \cap B$ und $\bar{A} \cap B$ sind disjunkt. Ihre Vereinigung ergibt B (vgl. Abb. 1.5), weshalb

$$W(B) = W(A \cap B) + W(\bar{A} \cap B)$$

und damit gleichbedeutend

$$W(\bar{A} \cap B) = W(B) - W(A \cap B) \qquad (1.7)$$

erfüllt ist. Aus (1.6) und (1.7) folgt die Behauptung (1.5).

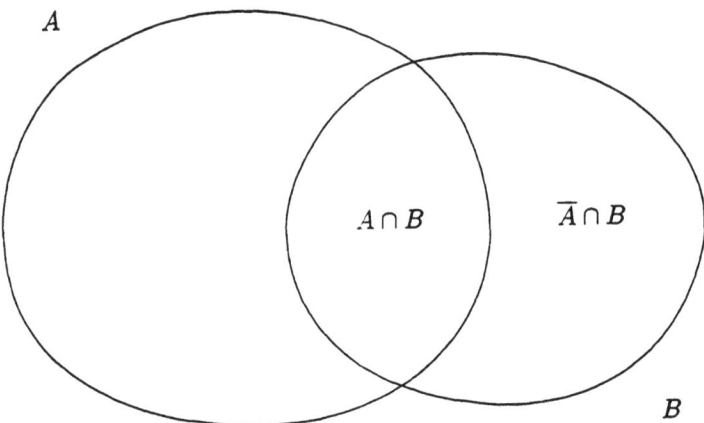

Abb. 1.5

Sind $A_1, A_2, ..., A_K$ Ereignisse eines Zufallsexperiments, so heißt das Ereignis

$$\bigcup_{k=1}^{K} A_k = \{e \in \Omega : e \in A_k \text{ für wenigstens ein } k\}$$

Vereinigung der K Ereignisse $A_1, A_2, ..., A_K$. Es tritt genau dann ein, wenn wenigstens eines der Ereignisse A_k eintritt.

Ereignisse $A_1, A_2, ..., A_K$ heißen *paarweise unvereinbar* oder *paarweise disjunkt* wenn gilt

$$A_k \cap A_l = \emptyset \qquad \text{für } k \neq l;\ k, l = 1, 2, ..., K.$$

Bei der Durchführung eines Zufallsexperiments kann höchstens eines von K paarweise disjunkten Ereignisses eintreten. Axiom III läßt sich auf solche Ereignisse verallgemeinern.

Wenn $A_1, A_2, ..., A_K$ paarweise disjunkt sind, gilt nach (III)

$$W\left(\bigcup_{k=1}^{K} A_k\right) = W\left(\bigcup_{k=1}^{K-1} A_k \bigcup A_K\right) = W\left(\bigcup_{k=1}^{K-1} A_k\right) + W(A_K).$$

In der beschriebenen Weise fortfahrend ergibt sich

$$W\left(\bigcup_{k=1}^{K} A_k\right) = \sum_{k=1}^{K} W(A_k). \qquad (1.8)$$

Sei A ein beliebiges Ereignis. Die Ereignisse $A_1, A_2, ..., A_K$ bilden eine **Zerlegung** von A, wenn sie paarweise disjunkt sind und wenn ihre Vereinigung gleich A ist:

$$A_k \cap A_l = \emptyset \qquad \text{für} \quad k \neq l$$

$$\bigcup_{k=1}^{K} A_k = A.$$

Jedes zu A gehörende Ergebnis des zugrundeliegenden Zufallsexperiments gehört dann zu genau einem Ereignis A_k. Das Resultat (1.8) läßt sich auch so formulieren: Bilden die Ereignisse $A_1, A_2, ..., A_K$ eine Zerlegung von A, so gilt

$$W(A) = \sum_{k=1}^{K} W(A_k).$$

1.5 Zusammenfassung zweier Zufallsexperimente

Wir betrachten zwei Zufallsexperimente E_1 und E_2 mit den Ergebnismengen Ω_1 bzw. Ω_2; beide Experimente sollen gleichzeitig oder nacheinander durchgeführt werden. Wie bei der Definition von Zufallsexperimenten in 1.1 betont, können sich die Zufallsexperimente nicht gegenseitig beeinflussen. Soll dieser Sachverhalt besonders betont werden, so spricht man von der Durchführung **unabhängiger Zufallsexperimente**.

Wenn das erste Zufallsexperiment zum Ergebnis e_1 und das zweite zum Ergebnis e_2 führt, wird man sagen, die Zusammenfassung E der Teilexperimente E_1 und E_2 liefere das Ergebnis (e_1, e_2). Für die Ergebnismenge Ω des Zufallsexperiments E gilt

$$\Omega = \{(e_1, e_2) : e_1 \in \Omega_1, e_2 \in \Omega_2\} = \Omega_1 \times \Omega_2.$$

1. Zufallsexperimente und Wahrscheinlichkeiten

Ω ist also das kartesische Produkt von Ω_1 und Ω_2.

Beispiel 1.3:
Spielt man ein Rouletterad und einen Würfel aus, so hat man

$$\Omega_1 = \{0, 1, 2, ..., 36\}$$
$$\Omega_2 = \{1, 2, 3, 4, 5, 6\}.$$

Als Ergebnis der beiden Ausspielungen wird man das Zahlenpaar (i,j) notieren, wenn Roulette und Würfel die Ergebnisse i bzw. j liefern. Als Ergebnismenge erhält man also die aus $37 \cdot 6 = 222$ Elementen bestehende Menge

$$\Omega = \{(i,j) : i = 0, 1, ..., 36; j = 1, 2, ..., 6\} = \Omega_1 \times \Omega_2.$$

Sind $A_1 \subset \Omega_1$ und $A_2 \subset \Omega_2$ Ereignisse zweier Teilexperimente mit den Ergebnismengen Ω_1 und Ω_2, so ist

$$A = A_1 \times A_2 = \{(e_1, e_2) : e_1 \in A_1, e_2 \in A_2\}$$

ein Ereignis des Gesamtexperiments: A tritt genau dann ein, wenn beim ersten Teilexperiment A_1 eintritt und beim zweiten Teilexperiment A_2. So tritt etwa beim vorangehend erwähnten Roulette-Würfel-Beispiel das Ereignis

$$\{0\} \times \{2, 4, 6\}$$

genau dann ein, wenn die Rouletteausspielung zum Ergebnis 0 führt und beim Würfeln eine gerade Augenzahl auftritt.

Nun seien für die Teilexperimente die Wahrscheinlichkeiten der jeweils interessierenden Ereignisse bekannt. Wie lassen sich dann die Wahrscheinlichkeiten von Ereignissen des Gesamtexperiments bestimmen? Für die oben betrachteten Ereignisse von E, die im gleichzeitigen Eintreten von Ereignissen der Teilexperimente bestehen, soll die Frage hier beantwortet werden.

Ein Zufallsexperiment bestehe aus zwei unabhängigen Teilexperimenten mit den Ergebnismengen Ω_1 und Ω_2. Dann ist für beliebige Ereignisse $A_1 \subset \Omega_1$ und $A_2 \subset \Omega_2$ die Wahrscheinlichkeit von $A_1 \times A_2$ gleich dem Produkt der Wahrscheinlichkeiten von A_1 und A_2:

$$W(A_1 \times A_2) = W(A_1) \cdot W(A_2). \tag{1.9}$$

Im folgenden wollen wir (1.9) begründen. Für $A_1 \subset \Omega_1$ ist $W(A_1)$ die Wahrscheinlichkeit, mit der A_1 eintritt, wenn nur das 1. Teilexperiment durchgeführt wird. $W(A_1 \times \Omega_2)$ ist dagegen die Wahrscheinlichkeit, mit der das 1. Teilexperiment A_1 liefert, falls es zusammen mit dem 2. Teilexperiment durchgeführt wird. Würde gelten

$$W(A_1 \times \Omega_2) \neq W(A_1)$$

so hätte das 2. Teilexperiment Einfluß auf das Eintreten von A_1. Z.B. bedeutet $W(A_1 \times \Omega_2) > W(A_1)$, daß die Durchführung des 2. Teilexperiments das Eintreten von A_1 beim 1. Teilexperiment begünstigt. Nun sollen die beiden Teilexperimente aber unabhängig sein. Also muß gelten

$$W(A_1 \times \Omega_2) = W(A_1). \tag{1.10}$$

Für beliebiges $A_2 \subset \Omega_2$ gilt entsprechend

$$W(\Omega_1 \times A_2) = W(A_2). \tag{1.11}$$

Wir wählen nun zwei Ereignisse $A_1 \subset \Omega_1$ und $A_2 \subset \Omega_2$ der betrachteten Teilexperimente aus. Angenommen, man hätte

$$W(A_1 \times A_2) > W(A_1 \times \Omega_2) W(\Omega_1 \times A_2). \tag{1.12}$$

Dann würde bei häufiger Durchführung des Gesamtexperiments für die relativen Häufigkeiten der Ereignisse $A_1 \times A_2, A_1 \times \Omega_2, \Omega_1 \times A_2$ gelten

$$h_n(A_1 \times A_2) > h_n(A_1 \times \Omega_2) h_n(\Omega_1 \times A_2)$$

d.h.
$$\frac{f_n(A_1 \times A_2)}{n} > \frac{f_n(A_1 \times \Omega_2)}{n} h_n(\Omega_1 \times A_2)$$

d.h.
$$\frac{f_n(A_1 \times A_2)}{f_n(A_1 \times \Omega_2)} > h_n(\Omega_1 \times A_2).$$

Auf der linken Seite der letzten Ungleichung steht die relative Häufigkeit des Ereignisses A_2 unter den Durchführungen des Gesamtexperiments, bei denen im ersten Teilexperiment das Ereignis A_1 eingetreten ist. Die Ungleichung besagt also, daß unter diesen Durchführungen des Gesamtexperiments das Ereignis A_2 häufiger als sonst eintritt, d.h. das Ereignis A_1 begünstigt das Ereignis A_2. Entsprechend bedeutet die Ungleichung

$$W(A_1 \times A_2) < W(A_1 \times \Omega_2) W(\Omega_1 \times A_2) \tag{1.13}$$

daß das Eintreten von A_1 das Eintreten von A_2 behindert. Weil die beiden Teilexperimente unabhängig sind, kann also weder (1.12) noch (1.13) gelten, und es folgt

$$W(A_1 \times A_2) = W(A_1 \times \Omega_2) W(\Omega_1 \times A_2).$$

Da keine Beeinflussung möglich ist, gelten aber auch (1.10) und (1.11), und wir erhalten (1.9).

Beispiel 1.4:
Ein Würfel, bei dem die Augenzahlen 1, 2, 3 je mit Wahrscheinlichkeit $\frac{1}{9}$ und die Augenzahlen 4, 5, 6 je mit Wahrscheinlichkeit $\frac{2}{9}$ auftreten, wird zweimal ausgespielt. Mit welcher Wahrscheinlichkeit ist dabei die erste Augenzahl gerade und die zweite Augenzahl ≥ 4 ?

1. Zufallsexperimente und Wahrscheinlichkeiten

Für die Wahrscheinlichkeiten, mit der beim einmaligen Ausspielen des Würfels die Ereignisse $A_1 = \{2,4,6\}$ bzw. $A_2 = \{4,5,6\}$ eintreten, gilt

$$W(A_1) = W(\{2\}) + W(\{4\}) + W(\{6\}) = \frac{1}{9} + \frac{2}{9} + \frac{2}{9} = \frac{5}{9}$$
$$W(A_2) = W(\{4\}) + W(\{5\}) + W(\{6\}) = \frac{2}{9} + \frac{2}{9} + \frac{2}{9} = \frac{6}{9}.$$

Da A_1 und A_2 Ereignisse sind, deren Eintreten vom Ergebnis unterschiedlicher Teilexperimente bestimmt wird, folgt

$$W(A_1 \times A_2) = W(A_1)\, W(A_2) = \frac{5}{9} \cdot \frac{6}{9} = \frac{10}{27}.$$

Das Resultat (1.9) läßt sich auch ohne Verwendung kartesischer Produkte wie folgt formulieren:

Für ein aus zwei unabhängigen Teilexperimenten bestehendes Zufallsexperiment mit der Ergebnismenge

$$\Omega = \Omega_1 \times \Omega_2$$

sei A ein Ereignis, über dessen Eintreten das Ergebnis des 1. Teilexperiments entscheidet und B ein Ereignis, über dessen Eintreten das Ergebnis des 2. Teilexperiments entscheidet. Dann gilt

$$W(A \cap B) = W(A) \cdot W(B)\ .$$

Denn

aus $(e,f) \in A$ folgt $(e,f') \in A$ für $f' \in \Omega_2$
aus $(e,f) \in B$ folgt $(e',f) \in B$ für $e' \in \Omega_1$.

Es gibt also $A_1 \subset \Omega_1$ und $B_2 \subset \Omega_2$ mit

$$A = A_1 \times \Omega_2$$
$$B = \Omega_1 \times B_2$$

und

$$A \cap B = A_1 \times B_2.$$

Da die Teilexperimente unabhängig sind, gilt - wie wir oben gesehen haben -

$$W(A_1 \times \Omega_2) = W(A_1)$$
$$W(\Omega_1 \times B_2) = W(B_2)$$
$$W(A_1 \times B_2) = W(A_1) \cdot W(B_2)$$

und man hat

$$\begin{aligned} W(A \cap B) &= W(A_1 \times B_2) = W(A_1) \cdot W(B_2) \\ &= W(A_1 \times \Omega_2)\, W(\Omega_1 \times B_2) \\ &= W(A) \cdot W(B). \end{aligned}$$

Beispiel 1.5:
Von einem Automaten werden Rohlinge zu Walzen verarbeitet. Dabei werden in zwei unabhängigen Arbeitsgängen zunächst die Rohlinge zu Zylindern gedreht und anschließend in der Länge zugeschnitten. Brauchbar sind nur Walzen, die in Durchmesser und Länge maßhaltig sind. Es sei bekannt, daß beim Drehen der Walzen mit Wahrscheinlichkeit 0,2 der Durchmesser und beim Zuschneiden mit Wahrscheinlichkeit 0,1 die Länge fehlerhaft ist. Mit welcher Wahrscheinlichkeit wird dann ein bearbeiteter Rohling eine brauchbare Walze?
Bezeichnen wir mit A das Ereignis, der Durchmesser einer produzierten Walze ist maßhaltig und mit B das Ereignis, die Länge ist maßhaltig, so gilt für das interessierende Ereignis A∩B wegen der Unabhängigkeit der beiden Arbeitsgänge

$$W(A \cap B) = W(A) \cdot W(B) = (1 - 0,2)(1 - 0,1) = 0,72.$$

1.6 n-malige Durchführung eines Zufallsexperiments

Wir betrachten nun allgemeiner ein Zufallsexperiment E, das aus n unabhängigen Teilexperimenten $E_1, E_2, ..., E_n$ zusammengesetzt ist. Alle Überlegungen des vorangehenden Abschnitts übertragen sich auf den allgemeineren Fall völlig analog.

Die Ergebnismenge Ω eines Zufallsexperiments, das sich aus n Zufallsexperimenten mit den Ergebnismengen $\Omega_1, \Omega_2, ..., \Omega_n$ zusammensetzt, ist das kartesische Produkt der Mengen $\Omega_1, \Omega_2, ..., \Omega_n$:

$$\begin{aligned}\Omega &= \Omega_1 \times \Omega_2 \times ... \times \Omega_n \\ &= \{(e_1, e_2, ..., e_n) : e_1 \in \Omega_1, e_2 \in \Omega_2, ..., e_n \in \Omega_n\}.\end{aligned}$$

Sind $A_1 \subset \Omega_1, A_2 \subset \Omega_2, ..., A_n \subset \Omega_n$ Ereignisse für die Teilexperimente, so ist bei der Durchführung des Gesamtexperiments

$$\begin{aligned}A &= A_1 \times A_2 \times ... \times A_n \\ &= \{(e_1, e_2, ..., e_n) : e_1 \in A_1, e_2 \in A_2, ..., e_n \in A_n\}\end{aligned}$$

das Ereignis, die Ausführung des i-ten Teilexperiments hat zu A_i geführt, $i = 1, 2, ..., n$. Überträgt man die obigen Überlegungen, so folgt aus der Unabhängigkeit der Teilexperimente:

Ein zusammengesetztes Zufallsexperiment bestehe aus n unabhängigen Teilexperimenten E_i ($i = 1, ..., n$) mit den Ergebnismengen Ω_i ($i = 1, ..., n$). Sind $A_i \subset \Omega_i$ Ereignisse der Teilexperimente, so gilt

$$W(A_1 \times A_2 \times ... \times A_n) = W(A_1) \cdot W(A_2) \cdots W(A_n).$$

1. Zufallsexperimente und Wahrscheinlichkeiten

Beispiel 1.6:
Nehmen wir an, man spiele einen Würfel n-mal aus. Dann ist jede einzelne Ausspielung ein Zufallsexperiment, und die n Ausspielungen zusammen stellen ebenfalls ein Zufallsexperiment dar. Für die Ergebnismengen $\Omega_1, \Omega_2, ..., \Omega_n$ der n Teilexperimente gilt offensichtlich

$$\Omega_1 = \Omega_2 = ... = \Omega_n = \{1, 2, ..., 6\}.$$

Für die Ergebnismenge Ω des Gesamtexperiments hat man

$$\Omega = \{(i_1, i_2, ..., i_n) : i_1, i_2, ..., i_n = 1, 2, ..., 6\}.$$

Im Falle $n = 2$ ist Ω also speziell die Menge aller 36 Zahlenpaare, die mit Hilfe der Zahlen 1, 2, ..., 6 gebildet werden können.

Wenn – wie in Beispiel 1.6 – das zusammengesetzte Zufallsexperiment aus n identischen Teilexperimenten besteht, spricht man auch von der **n-maligen unabhängigen Durchführung eines Basisexperiments**.

Sei nun ein Zufallsexperiment mit Ergebnismenge Ω_0 gegeben und $A \subset \Omega_0$ ein Ereignis. Zur Abkürzung werde gesetzt

$$\theta = W(A).$$

Nun führe man das Zufallsexperiment n-mal unabhängig durch. Mit welcher Wahrscheinlichkeit tritt dabei A genau m-mal ein, wenn m eine der Zahlen $0, 1, 2, ..., n$ ist?
Die Wahrscheinlichkeit des Ereignisses

$$\underbrace{A \times A \times ... \times A}_{m\ Faktoren} \times \underbrace{\bar{A} \times \bar{A} \times ... \times \bar{A}}_{n-m\ Faktoren}$$

ist offensichtlich

$$\underbrace{\theta \cdot \theta \cdots \theta}_{m\ Faktoren} \cdot \underbrace{(1-\theta) \cdot (1-\theta) \cdots (1-\theta)}_{n-m\ Faktoren} = \theta^m (1-\theta)^{n-m}$$

Das Ereignis

$$\underbrace{A \times ... \times A}_{m-1\ Faktoren} \times \bar{A} \times A \times \underbrace{\bar{A} \times ... \times \bar{A}}_{n-m-1\ Faktoren}$$

tritt mit der Wahrscheinlichkeit

$$\underbrace{\theta \cdot \theta \cdots \theta}_{m-1\ Faktoren} \cdot (1-\theta) \cdot \theta \cdot \underbrace{(1-\theta) \cdot (1-\theta) \cdots (1-\theta)}_{n-m-1\ Faktoren} = \theta^m (1-\theta)^{n-m}$$

ein. Mit derselben Wahrscheinlichkeit $\theta^m (1-\theta)^{n-m}$ tritt jedes kartesische Produkt ein, das m-mal den Faktor A und (n-m)-mal den Faktor $\bar{A}$ enthält. Da es $\binom{n}{m}$ derartige Produkte gibt (vgl. A 1.3), ist

$$\binom{n}{m} \theta^m (1-\theta)^{n-m}$$

die gesuchte Wahrscheinlichkeit.

Tritt das Ereignis A bei der Durchführung eines Zufallsexperiments mit der Wahrscheinlichkeit θ ein, so ist die Wahrscheinlichkeit, mit der A bei n unabhängigen Durchführungen des Zufallsexperiments genau m-mal auftritt, gleich

$$\binom{n}{m} \theta^m (1-\theta)^{n-m}. \qquad (1.14)$$

Beispiel 1.7:
Ein Würfel liefere die Augenzahl 6 mit der Wahrscheinlichkeit $\frac{1}{6}$. Dieser Würfel werde nun 10-mal ausgespielt. Die Wahrscheinlichkeit dafür, daß genau einmal die Augenzahl 6 erscheint, ist nach (1.14)

$$\binom{10}{1} \left(\frac{1}{6}\right)^1 \left(\frac{5}{6}\right)^{10-1} = 0,323.$$

1.7 Symmetrische Zufallsexperimente

Wir wollen nun eine Klasse von Zufallsexperimenten betrachten, bei denen sich die Wahrscheinlichkeiten von Ereignissen besonders einfach bestimmen lassen.

Ein Zufallsexperiment mit endlich vielen Ergebnissen $e_1, e_2, ..., e_K$ heißt *symmetrisch*, wenn alle Elementarereignisse die gleiche Wahrscheinlichkeit besitzen:

$$W(\{e_1\}) = W(\{e_2\}) = ... = W(\{e_K\}).$$

Da die Elementarereignisse $\{e_1\}, \{e_2\}, ..., \{e_K\}$ eine Zerlegung des sicheren Ereignisses Ω bilden, gilt

$$\sum_{k=1}^{K} W(\{e_k\}) = W(\Omega) = 1$$

und es folgt für $k = 1, 2, ..., K$

$$W(\{e_k\}) = \frac{1}{K}.$$

18   1. Zufallsexperimente und Wahrscheinlichkeiten

Nun sei A ein beliebiges Ereignis. Da die Elementarereignisse $\{e_i\}$ mit $e_i \in A$ eine Zerlegung von A bilden, gilt (zur Schreibweise $|A|$ vgl. A 1.2)

$$W(A) = \sum_{e_k \in A} W(\{e_k\}) = \frac{1}{K} |A|.$$

Bei symmetrischen Zufallsexperimenten ist die Wahrscheinlichkeit eines Ereignisses A gleich dem Quotienten aus der Anzahl der in A zusammengefaßten und der Anzahl aller möglichen Ergebnisse

$$W(A) = \frac{|A|}{|\Omega|}.$$

Das Ausspielen eines völlig regelmäßigen und homogenen Würfels ist ein symmetrisches Zufallsexperiment, da keine Augenzahl in irgendeiner Weise vor den übrigen ausgezeichnet ist. Jede Augenzahl tritt dann mit der Wahrscheinlichkeit 1/6 auf. Einen Würfel, bei dem alle Augenzahlen gleichwahrscheinlich sind, nennen wir *echt* oder *unverfälscht*. Beim Ausspielen eines solchen Würfels erhält man mit der Wahrscheinlichkeit 1/2 eine gerade Augenzahl. Auch das Werfen einer (fairen) Münze und das Drehen eines Rouletterades sind symmetrische Zufallsexperimente. Die Wahrscheinlichkeit für eine "rote" Zahl beim Ausspielen eines Rouletterades ist 18/37. Denn von den beim Ausspielen möglichen Zahlen 0,1,...,36 sind 18 "rot".

Ein Zufallsexperiment sei aus zwei unabhängigen symmetrischen Teilexperimenten mit den Ergebnismengen Ω_1 und Ω_2 zusammengesetzt. Die Ergebnismenge des Gesamtexperiments ist dann

$$\Omega = \Omega_1 \times \Omega_2.$$

Nun seien Ereignisse $A_1 \subset \Omega_1$, $A_2 \subset \Omega_2$ vorgegeben. Nach (1.9) gilt wegen der Unabhängigkeit der Experimente

$$W(A_1 \times A_2) = W(A_1) \, W(A_2).$$

Weil die Teilexperimente symmetrisch sind, hat man für $i = 1, 2$

$$W(A_i) = \frac{|A_i|}{|\Omega_i|}$$

und es folgt

$$W(A_1 \times A_2) = \frac{|A_1|}{|\Omega_1|} \cdot \frac{|A_2|}{|\Omega_2|}.$$

Nun gilt aber (vgl. A 1.2)

$$|A_1| \cdot |A_2| = |A_1 \times A_2|$$

$$|\Omega_1|\cdot|\Omega_2|=|\Omega_1\times\Omega_2|=|\Omega|$$

so daß sich ergibt
$$W(A_1\times A_2)=\frac{|A_1\times A_2|}{|\Omega|}.$$

Wenn A_1 und A_2 Elementarereignisse sind, erhält man insbesondere
$$W(A_1\times A_2)=\frac{1}{|\Omega|}.$$

Demnach besitzen alle Elementarereignisse des zusammengesetzten Zufallsexperiments dieselbe Wahrscheinlichkeit, d.h. das zusammengesetzte Zufallsexperiment ist ebenfalls symmetrisch. Beispielsweise ist das zweimalige Ausspielen eines echten Würfels ein symmetrisches Zufallsexperiment. Wie oben läßt sich allgemeiner zeigen:

Ein aus n unabhängigen symmetrischen Teilexperimenten zusammengesetztes Zufallsexperiment ist selbst symmetrisch, d.h. es ordnet allen seinen Elementarereignissen dieselbe Wahrscheinlichkeit zu.

1.8 Ziehen mit bzw. ohne Zurücklegen

Eine Urne sei mit N gleichartigen Kugeln gefüllt, die die Nummern 1 bis N tragen. Man mischt die Kugeln und greift willkürlich eine Kugel heraus. Die Nummer der herausgegriffenen Kugel bezeichnet man als Ergebnis. Dieser Vorgang ist offenbar ein symmetrisches Zufallsexperiment mit der Ergebnismenge
$$\Omega_0=\{1,2,...,N\}.$$
Man greift nun nacheinander n Kugeln heraus.

Wird jede gezogene Kugel in die Urne zurückgelegt, bevor die nächste Kugel gezogen wird, so spricht man vom n-maligen *Ziehen mit Zurücklegen*. Dieses Zufallsexperiment besteht also aus dem n-maligen unabhängigen Durchführen des Zufallsexperimentes: Auswählen einer Kugel aus der vollen Urne. Im Falle $N=3$ und $n=2$ besteht die Ergebnismenge Ω aus den folgenden Zahlenpaaren

$$(1,1),\ (1,2),\ (1,3)$$
$$(2,1),\ (2,2),\ (2,3)$$
$$(3,1),\ (3,2),\ (3,3)$$

Allgemein hat man beim 2-maligen Ziehen mit Zurücklegen die Ergebnismenge
$$\Omega=\Omega_0\times\Omega_0.$$

Entsprechend hat man beim n-maligen Ziehen mit Zurücklegen die Ergebnismenge

$$\underbrace{\Omega_0 \times \Omega_0 \times ... \times \Omega_0}_{n\ Faktoren}.$$

Jedes aus den Zahlen 1, 2, ..., N gebildete n-Tupel ist Element dieser Menge; insbesondere gehören auch die n-Tupel, in denen einige der Zahlen 1, 2, ..., N mehrfach vorkommen, zur Ergebnismenge.
Alle Elementarereignisse des n-maligen Ziehens mit Zurücklegen besitzen dieselbe Wahrscheinlichkeit, da das Ziehen mit Zurücklegen die Zusammenfassung unabhängiger Einzelziehungen ist, die ja symmetrische Zufallsexperimente sind. Also ist auch das n-malige Ziehen mit Zurücklegen ein symmetrisches Zufallsexperiment.

Wir betrachten nun den Fall, daß die bereits gezogenen Kugeln vor der nächsten Ziehung nicht in die Urne zurückgelegt werden. Man wählt also bei der zweiten Ziehung eine der $N-1$ in der Urne verbliebenen Kugeln aus, anschließend eine der restlichen $N-2$ Kugeln, usw. Man spricht dann von n-maligem *Ziehen ohne Zurücklegen.* Die Ergebnismenge Ω dieses Zufallsexperiments ist die Gesamtheit aller n-Tupel, die unter Verwendung von Elementen der Menge $\{1, 2, ..., N\}$ ohne Wiederholung gebildet werden können. Im Falle $N=3$ und $n=2$ gilt also beispielsweise

$$\Omega = \{(1,2),(1,3),(2,1),(2,3),(3,1),(3,2)\}.$$

Auch das n-malige Ziehen ohne Zurücklegen ist ein symmetrisches Zufallsexperiment, da keines der möglichen n-Tupel durch die Ziehungsvorschrift begünstigt wird. Zusammen mit dem entsprechenden Resultat für das Ziehen mit Zurücklegen haben wir:

Das n-malige Ziehen mit Zurücklegen und das n-malige Ziehen ohne Zurücklegen aus einer Urne mit N gleichartigen Kugeln sind symmetrische Zufallsexperimente.

1.9 Unabhängige Ereignisse

Wir betrachten ein Zufallsexperiment mit der Ergebnismenge Ω. Man nennt Ereignisse $A, B \subset \Omega$ **unabhängig**, wenn gilt

$$W(A \cap B) = W(A) \cdot W(B).$$

Für symmetrische Zufallsexperimente sind Ereignisse A, B also unabhängig, wenn gilt

$$\frac{|A \cap B|}{|\Omega|} = \frac{|A|}{|\Omega|} \frac{|B|}{|\Omega|}$$

oder, falls $W(A) > 0$,
$$\frac{|A \cap B|}{|A|} = \frac{|B|}{|\Omega|}.$$

Da $A \cap B$ die Menge der "B-Ergebnisse" ist, die zu A gehören, besagt die letzte Gleichung: A und B sind unabhängig, wenn der Anteil der "B-Ergebnisse" in A ebenso groß ist wie in Ω. In diesem Falle läßt also die Information, bei einer Durchführung des Zufallsexperiments sei A eingetreten, keinen zusätzlichen Rückschluß darauf zu, ob auch B eingetreten ist. Im Falle $W(B) > 0$ gilt auch die Umkehrung.

Beispiel 1.8:
Es werde ein echter Würfel ausgespielt. Die Ereignisse

$$\begin{aligned} A &= \{2, 4, 6\} \\ B &= \{5, 6\} \end{aligned}$$

sind unabhängig, denn es gilt

$$W(A \cap B) = W(\{6\}) = \frac{1}{6} = \frac{1}{2} \cdot \frac{1}{3} = W(A) W(B).$$

Der Anteil der geraden Zahlen ist in B genauso groß wie in Ω. Umgekehrt ist auch der Anteil der Augenzahlen ≥ 5 in A genauso groß wie in Ω. Die Information, es sei eine gerade Augenzahl ausgespielt worden, erleichtert die Prognose, ob die Augenzahl ≤ 5 ausgefallen ist, ebensowenig wie im umgekehrten Falle.

Die Aussage, daß Ereignisse, die sich im oben beschriebenen Sinne gegenseitig nicht beeinflussen, unabhängige Ereignisse sind, gilt nicht nur für symmetrische Zufallsexperimente sondern ganz allgemein. Z.B. wurde in 1.5 gezeigt:

Ereignisse A, B, deren Eintreten vom Ergebnis unterschiedlicher Teilexperimente bestimmt wird, sind unabhängig.

Sind A und B disjunkte Ereignisse, die beide positive Wahrscheinlichkeit haben, so können sie nicht unabhängig sein. Denn die Information "A ist eingetreten" bedeutet in diesem Falle, B ist nicht eingetreten, d.h. A und B "beeinflussen" sich.

1.10 Aufgaben

Aufgabe 1:
Ein Würfel wird zweimal ausgespielt.
a) Geben Sie die Ergebnismenge und die folgenden Ereignisse an:

    A: Die beiden Augenzahlen sind verschieden.

    B: Die Augensumme ist gerade.

    C: Die Augensumme ist höchstens 4.

    D: Die zweite Augenzahl ist gerade.

    E: Die zweite Augenzahl ist nicht größer als die erste.

b) Um welche Ereignisse handelt es sich bei

$$A \cup B, \quad A \cap C, \quad B \cap D, \quad \bar{D} \cap \bar{E}?$$

Lösung:
a) Die Ergebnismenge für das zweimalige Ausspielen eines Würfels ist

$$\Omega = \{(i,j) : i,j = 1, 2, ..., 6\}\ .$$

Es gilt

$$
\begin{aligned}
A &= \{(i,j) : i,j = 1, 2, ..., 6;\ i \neq j\} \\
  &= \{(1,2),(1,3),...,(1,6),(2,1),(2,3),...,(2,6),...,(6,1),(6,2),...,(6,5)\}\ .
\end{aligned}
$$

$$
\begin{aligned}
B &= \{(i,j) : i,j = 1,2,...,6;\ i+j\ gerade\} \\
  &= \{(1,1),(1,3),(1,5),(2,2),(2,4),(2,6),..., \\
  &\qquad\qquad\qquad\qquad (5,1),(5,3),(5,5),(6,2),(6,4),(6,6)\}.
\end{aligned}
$$

$$
\begin{aligned}
C &= \{(i,j) : i,j = 1,2,...,6;\ i+j \leq 4\} \\
  &= \{(1,1),(1,2),(1,3),(2,1),(2,2),(3,1)\}\ .
\end{aligned}
$$

$$
\begin{aligned}
D &= \{(i,j) : i = 1,2,...,6;\ j = 2,4,6\} \\
  &= \{(1,2),(1,4),(1,6),(2,2),(2,4),(2,6),...,(6,2),(6,4),(6,6)\}\ .
\end{aligned}
$$

$$
\begin{aligned}
E &= \{(i,j) : i,j = 1,2,...,6;\ j \leq i\} \\
  &= \{(1,1),(2,1),(2,2),(3,1)(3,2),(3,3),...,(6,1),(6,2),...,(6,6)\}\ .
\end{aligned}
$$

b) Man hat

$$A \cup B = \Omega$$
$$A \cap C = \{(1,2), (1,3), (2,1), (3,1)\}.$$

$$\begin{aligned}B \cap D &= \{(i,j): i,j = 2,4,6\} \\ &= \{(2,2),(2,4),(2,6),(4,2),(4,4),(4,6),(6,2),(6,4),(6,6)\}.\end{aligned}$$

$$\begin{aligned}\bar{D} \cap \bar{E} &= \{(i,j): i = 1,2,...,6;\ j = 1,3,5;\ i < j\} \\ &= \{(1,3),(2,3),(1,5),(2,5),(3,5),(4,5)\}.\end{aligned}$$

Aufgabe 2:
Zeigen Sie, daß für drei beliebige Ereignisse A, B, C gilt

$$\begin{aligned}W(A \cup B \cup C) = {}& W(A) + W(B) + W(C) \\ & - W(A \cap B) - W(A \cap C) - W(B \cap C) \\ & + W(A \cap B \cap C).\end{aligned}$$

Lösung:
Wir setzen
$$D = A \cup B.$$
Dann gilt $A \cup B \cup C = D \cup C$ und deshalb
$$W(A \cup B \cup C) = W(D \cup C). \tag{1.15}$$
Auf die rechte Seite von (1.15) wenden wir den Additionssatz an und erhalten
$$W(D \cup C) = W(D) + W(C) - W(D \cap C). \tag{1.16}$$
Nach dem Additionssatz gilt auch
$$W(D) = W(A \cup B) = W(A) + W(B) - W(A \cap B). \tag{1.17}$$
Aus (1.15), (1.16) und (1.17) ergibt sich
$$W(A \cup B \cup C) = W(A) + W(B) + W(C) - W(A \cap B) - W(D \cap C) \tag{1.18}$$
Nun gilt
$$\begin{aligned}D \cap C &= (A \cup B) \cap C \\ &= (A \cap C) \cup (B \cap C).\end{aligned}$$

Vgl. Abb. 1.6, in der $(A \cup B) \cap C$ als schraffierte Fläche dargestellt ist.

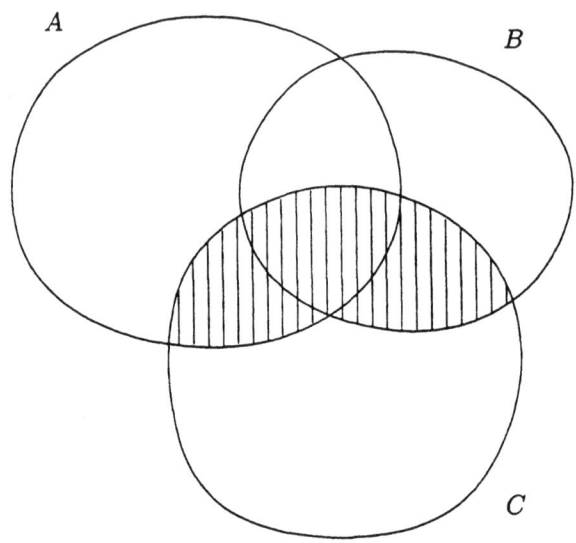

Abb. 1.6

Aus dem Additionssatz erhält man also

$$W(D \cap C) = W(A \cap C) + W(B \cap C) - W((A \cap C) \cap (B \cap C))$$

und wegen $(A \cap C) \cap (B \cap C) = A \cap B \cap C$

$$W(D \cap C) = W(A \cap C) + W(B \cap C) - W(A \cap B \cap C). \tag{1.19}$$

Aus (1.18) und (1.19) folgt die Behauptung.

Aufgabe 3:
Zeigen Sie: Sind A, B unabhängige Ereignisse, so auch $A, \bar{B}$ und $\bar{A}, \bar{B}$.

Lösung:
Da $A \cap B$ und $A \cap \bar{B}$ eine Zerlegung von A bilden, gilt:

$$W(A) = W(A \cap B) + W(A \cap \bar{B})$$

oder

$$W(A \cap \bar{B}) = W(A) - W(A \cap B)$$

Wegen der Unabhängigkeit von A und B folgt

$$\begin{aligned} W(A \cap \bar{B}) &= W(A) - W(A)W(B) \\ &= W(A) \cdot [1 - W(B)] \\ &= W(A) \cdot W(\bar{B}) \end{aligned}$$

Also sind A und $\bar{B}$ unabhängig. Aus Symmetriegründen sind natürlich auch $\bar{A}$, B unabhängig. Wendet man die obige Überlegung auf die Ereignisse $\bar{A}$, B an, so folgt, daß auch $\bar{A}$, $\bar{B}$ unabhängig sind.

Aufgabe 4:
Ein Gerät besteht aus drei (voneinander unabhängigen) Teilen, die jeweils mit der Wahrscheinlichkeit 0,1 im Laufe eines Jahres defekt werden. Das Gerät ist defekt, wenn eines der Teile ausfällt. Mit welcher Wahrscheinlichkeit muß das Gerät während des Jahres repariert werden?

Lösung:
Wir numerieren die drei Teile von 1 bis 3 und bezeichnen mit A_i das Ereignis: Teil i wird im Laufe des Jahres defekt (i=1, 2, 3). A sei das Ereignis: Das Gerät muß während des Jahres repariert werden. Es ist dann

$$\bar{A} = \bar{A}_1 \times \bar{A}_2 \times \bar{A}_3 .$$

Wegen der Unabhängigkeit der einzelnen Teile folgt

$$W(\bar{A}) = W(\bar{A}_1)\, W(\bar{A}_2)\, W(\bar{A}_3) .$$

Nach Annahme gilt für i=1, 2, 3

$$W(\bar{A}_i) = 1 - W(A_i) = 0,9$$

und damit

$$W(\bar{A}) = 0,9 \cdot 0,9 \cdot 0,9 = 0,729 .$$

Es ergibt sich

$$W(A) = 1 - W(\bar{A}) = 0,271 .$$

Das Gerät muß also mit der Wahrscheinlichkeit 0,271 während des Jahres repariert werden.

Aufgabe 5:
Wie oft muß man einen echten Würfel ausspielen, um mit einer Wahrscheinlichkeit von (mindestens) 0,9 wenigstens eine 6 zu erhalten?

Lösung:
Die Ergebnismenge Ω für das n-malige Ausspielen eines Würfels ist das n-fache Produkt $\Omega_1 \times \Omega_1 \times ... \times \Omega_1$ der Ergebnismenge $\Omega_1 = \{1, 2, ..., 6\}$ für das einmalige Ausspielen des Würfels. Wir bezeichnen mit A das Ereignis, daß wenigstens eine 6 auftritt. Das Komplement $\bar{A}$ tritt genau dann ein, wenn bei allen n Würfeln keine 6 erscheint: $\bar{A}$ ist daher gleich dem n-fachen Produkt $A_1 \times A_1 \times ... \times A_1$ mit $A_1 = \{1, 2, ..., 5\} \subset \Omega_1$. Es folgt

$$W(\bar{A}) = [W(A_1)]^n = \left(\frac{5}{6}\right)^n$$

d.h.

$$W(A) = 1 - W(\bar{A}) = 1 - \left(\frac{5}{6}\right)^n .$$

Um

$$W(A) \geq 0,9$$

zu erreichen, muß $n \geq x$ gewählt werden, wobei gilt

$$1 - \left(\frac{5}{6}\right)^x = 0,9$$

26   1. Zufallsexperimente und Wahrscheinlichkeiten

d.h.
$$\left(\frac{5}{6}\right)^x = 0,1$$

d.h.
$$x = 12,6.$$

Der Würfel muß also mindestens 13-mal ausgespielt werden, damit die Wahrscheinlichkeit, wenigstens eine 6 zu erhalten, nicht unter 0,9 liegt.

Aufgabe 6:

a) Aus einer mit N Kugeln gefüllten Urne werden n Kugeln mit Zurücklegen gezogen. Wie groß ist die Wahrscheinlichkeit dafür, daß wenigstens eine Kugel mehrfach auftritt?

b) Wie groß ist die Wahrscheinlichkeit dafür, daß in einer Gesellschaft von 30 Personen wenigstens zwei am selben Tag Geburtstag haben (wenn man näherungsweise annimmt, daß sich die Geburtenhäufigkeit gleichmäßig über das ganze Jahr verteilt und außerdem von Schaltjahren abgesehen wird)?

Lösung:

a) Wir denken uns die Kugeln in der Urne von 1 bis N numeriert. Die Ergebnismenge Ω beim n-maligen Ziehen mit Zurücklegen ist die Menge aller n-Tupel $(i_1, i_2, ..., i_n)$, die sich aus den Zahlen $1, 2, ... , N$ bilden lassen, und es gilt $|\Omega| = N^n$. A sei das Ereignis, daß wenigstens eine Kugel mehrfach auftritt. Das Komplement $\bar{A}$ ist dann das Ereignis, daß alle n gezogenen Kugeln verschieden sind. $\bar{A}$ besteht also aus allen n-Tupeln ohne Wiederholungen, die sich aus den Zahlen $1, 2, ... , N$ bilden lassen; es gilt daher

$$|\bar{A}| = N(N-1) ... (N-n+1)$$

(vgl. A 1.3). Da das Ziehen mit Zurücklegen ein symmetrisches Zufallsexperiment ist, folgt

$$W(\bar{A}) = \frac{|\bar{A}|}{|\Omega|} = \frac{N(N-1) ... (N-n+1)}{N^n}$$

d.h.
$$W(A) = 1 - \frac{N(N-1) ... (N-n+1)}{N^n}.$$

b) Unter den obigen vereinfachenden Annahmen ergibt sich die gesuchte Wahrscheinlichkeit nach der in a) erhaltenen Formel mit $N = 365$ und $n = 30$

$$W(A) = 1 - \frac{365 \cdot 364 \cdot ... \cdot 336}{365^{30}} = 1 - 0,29 = 0,71.$$

Die Wahrscheinlichkeit dafür, daß von 30 Personen mindestens zwei denselben Geburtstag haben, ist (näherungsweise) 0,71.

2
Verteilung einer Zufallsvariablen

2.1 Zufallsvariablen

Beispiel 2.1:
Ein Roulettespieler habe den Betrag 1 auf Rot gesetzt. Man zahlt ihm den Betrag 2 aus, falls die anschließend vorgenommene Ausspielung eine rote Zahl liefert; und man zahlt ihm nichts aus, wenn eine schwarze Zahl oder die Null ausgespielt wird. Der Gewinn dieses Spielers sei mit X bezeichnet. Wenn eine rote Zahl ausgespielt wird, nimmt X den Wert 1 an, andernfalls den Wert -1. Bezeichnet Ω die Ergebnismenge des Zufallsexperiments "Drehen eines Rouletterades", so gilt für $e \in \Omega$

$$X(e) = \begin{cases} 1 & \text{falls } e \text{ eine rote Zahl ist} \\ -1 & \text{sonst.} \end{cases}$$

X ist also eine Funktion auf Ω und nimmt den Wert 1 an, wenn bei dem Zufallsexperiment das Ereignis "Rot" eintritt, andernfalls den Wert -1. Die Funktion X ist ein Beispiel für eine Zufallsvariable.

Jede auf der Ergebnismenge eines Zufallsexperiments definierte reellwertige Funktion wird als *Zufallsvariable* bezeichnet. Eine Zufallsvariable ordnet also jedem möglichen Ergebnis des betrachteten Zufallsexperiments eine reelle Zahl zu. Wenn man X als Symbol für eine Zufallsvariable verwendet, bezeichnet man die reelle Zahl, die einem Ergebnis e durch X zugeordnet wird, mit $X(e)$.
Die vorangehende Definition ist völlig unproblematisch, wenn die Ergebnismenge des Zufallsexperiments endlich ist. Wegen der Schwierigkeiten, die

28 2. Verteilung einer Zufallsvariablen

unendliche Ergebnismengen mit sich bringen, verweisen wir auf die Literatur, insbesondere auf HOEL (1984), S. 39 ff.

Beispiel 2.2:
Die beim Ausspielen eines Würfels auftretende Augenzahl X ist eine Zufallsvariable. Durch X werden nämlich den Ergebnissen 1, 2, ..., 6 des Zufallsexperiments "Würfeln" die Zahlen

$$X(1) = 1 \; , \; X(2) = 2 \; , ..., \; X(6) = 6$$

zugeordnet.

Beispiel 2.3:
Wir spielen einen Würfel zweimal aus und bezeichnen mit X die auftretende Augensumme, d.h.

$$X(i,j) = i + j \quad für \quad i,j = 1,2,...,6.$$

X ist offensichtlich eine Zufallsvariable.

Mit Hilfe von Zufallsvariablen lassen sich in naheliegender Weise Ereignisse beschreiben.

Nehmen wir an, X sei eine auf der Ergebnismenge Ω eines Zufallsexperiments definierte Zufallsvariable. Wenn x irgendeine reelle Zahl ist, ist die Menge

$$\{e \in \Omega : X(e) = x\}$$

für die wir auch kurz

$$\{X = x\}$$

schreiben wollen, eine Teilmenge von Ω - ein Ereignis also. Wenn bei der Durchführung des Zufallsexperiments $\{X = x\}$ eingetreten ist, nennt man x **Realisation** oder **Wert** von X.

Beispiel 2.4:
Ist X etwa die beim zweimaligen Ausspielen eines Würfels auftretende Augensumme (vgl. Beispiel 2.3), so hat man z. B.

$$\begin{aligned}\{X = 3\} &= \{(1,2),(2,1)\} \\ \{X = 4\} &= \{(1,3),(2,2),(3,1)\}\,.\end{aligned}$$

Ergibt eine Durchführung des Zufallsexperiments das Augenpaar (3,1), so hat die Augensumme bei dieser Durchführung die Realisation 4.

Wenn X eine Zufallsvariable ist, sind natürlich auch die Mengen

$$\begin{aligned}\{X \geq a\} &= \{e \in \Omega : X(e) \geq a\} \\ \{a < X \leq b\} &= \{e \in \Omega : a < X(e) \leq b\}\end{aligned}$$

Ereignisse, gleichgültig wie man die reellen Zahlen a und b mit $a < b$ vorgibt. An Stelle von

$$W(\{X = a\}) \; , \; W(\{X \geq a\}) \; , \; W(\{a < X \leq b\})$$

schreibt man oft kürzer
$$W(X = a)\ ,\ W(X \geq a)\ ,\ W(a < X \leq b).$$

Beispiel 2.5:
Wir bezeichnen mit X die beim zweimaligen Ausspielen eines unverfälschten Würfels auftretende Augensumme (vgl. Beispiel 2.3). Dann gilt beispielsweise

$$W(X \geq 11) = \frac{3}{36}$$

denn es ist erfüllt
$$\{X \geq 11\} = \{(5,6),(6,5),(6,6)\}.$$
Wegen
$$\{X = 6\} = \{(1,5),(2,4),(3,3),(4,2),(5,1)\}$$
hat man weiter
$$W(X = 6) = \frac{5}{36}.$$

2.2 Funktionen von Zufallsvariablen

Beispiel 2.6:
Wir nehmen wieder an, jemand setze beim Roulettespiel den Betrag 1 DM auf Rot und es gelte für seinen Gewinn X

$$X(e) = \begin{cases} 1 & \text{falls } e \text{ eine rote Zahl ist} \\ -1 & \text{sonst.} \end{cases}$$

Wenn V die Auszahlung an den Spieler ist, hat man offensichtlich

$$V(e) = \begin{cases} 2 & \text{falls } e \text{ eine rote Zahl ist} \\ 0 & \text{sonst.} \end{cases}$$

Es gilt also
$$V(e) = X(e) + 1 \text{ für alle } e \in \Omega.$$
Wir schreiben dafür kurz
$$V = X + 1.$$
Nun sei Z die Auszahlung an den Spieler, jetzt aber in Pfennigen. Dann gilt
$$Z(e) = 100\, V(e) = 100\, X(e) + 100 \text{ für alle } e \in \Omega$$
bzw. in abgekürzter Schreibweise
$$Z = 100\, X + 100.$$

Die Zufallsvariablen V und Z sind mit Hilfe der Zufallsvariablen X definiert; sie sind Funktionen der Zufallsvariablen X, wie man auch sagt.

30   2. Verteilung einer Zufallsvariablen

Vielfach definiert man von einer Zufallsvariablen oder von mehreren Zufallsvariablen ausgehend eine weitere Zufallsvariable. Sind X und Y Zufallsvariablen auf der Ergebnismenge Ω eines Zufallsexperiments, und ist $u(x,y)$ eine reellwertige Funktion, so wird die Zufallsvariable, die dem Ergebnis $e \in \Omega$ die Zahl
$$u(X(e), Y(e))$$
zuordnet, mit $u(X,Y)$ bezeichnet. Speziell für $u(x,y) = x+y$ bzw. $u(x,y) = xy$ erhält man die Summe $X+Y$ und das Produkt XY der Zufallsvariablen X und Y.

Für die Addition und Multiplikation von Zufallsvariablen gelten die üblichen Rechengesetze (Kommutativ-, Assoziativ- und Distributivgesetz). Zum Beispiel gilt für beliebige Zufallsvariablen X, Y, Z
$$(X+Y)Z = XZ + YZ$$
da für jedes Ergebnis $e \in \Omega$ erfüllt ist
$$[X(e) + Y(e)]\, Z(e) = X(e)\, Z(e) + Y(e)\, Z(e).$$

2.3 Massefunktionen

X sei eine Zufallsvariable. Wir nehmen an, es gebe endlich viele $x_1, x_2, ..., x_I$ mit
$$W(X = x_i) > 0 \quad \text{für} \quad i = 1, 2, ..., I$$
$$\sum_{i=1}^{I} W(X = x_i) = 1.$$

Dann bezeichnet man X als *diskrete Zufallsvariable* und $x_1, x_2, ..., x_I$ als *Ausprägungen* von X.

Wenn X eine diskrete Zufallsvariable ist, nennt man die Funktion
$$f(x) = W(X = x) \quad x \in \Re$$
Massefunktion von X. Sind $x_1, x_2, ..., x_I$ die Ausprägungen von X, so hat man
$$\begin{aligned} f(x_i) &> 0 \text{ für } i = 1, 2, ..., I \\ f(x) &= 0 \text{ für alle } x \neq x_1, x_2, ..., x_I. \end{aligned}$$

Eine Tabelle, in der neben den Ausprägungen die zugehörigen Wahrscheinlichkeiten notiert sind, heißt *Wahrscheinlichkeitstabelle* von X.

Beispiel 2.7:
X sei die beim Ausspielen eines unverfälschten Würfels auftretende Augenzahl. Dann ist
$$f(x) = W(X = x) = \begin{cases} 1/6 & \text{für } x = 1, 2, ..., 6 \\ 0 & \text{sonst.} \end{cases}$$
die Massefunktion von X (vgl. Abb. 2.1).

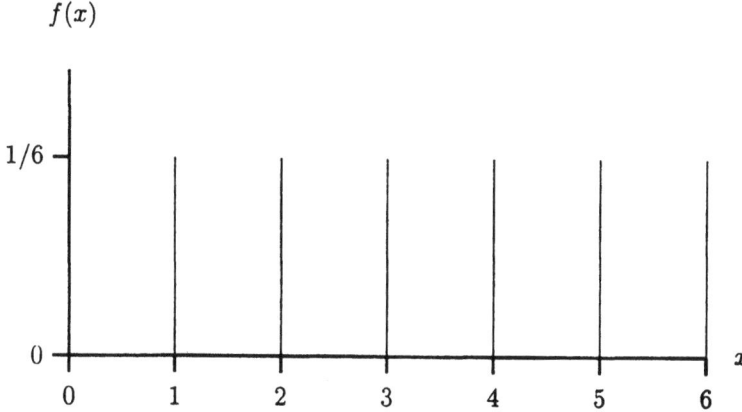

Abb. 2.1

Für die Wahrscheinlichkeitstabelle von X erhält man

x	$f(x)$
1	1/6
2	1/6
3	1/6
4	1/6
5	1/6
6	1/6

X sei eine diskrete Zufallsvariable mit den Ausprägungen $x_1, x_2, ..., x_I$ und der Massefunktion $f(x)$. $u(x)$ sei eine beliebige Funktion. Dann ist nach 2.2 auch

$$Y = u(X)$$

eine Zufallsvariable; sie kann offensichtlich nur die Werte

$$u(x_1), u(x_2), ..., u(x_I)$$

annehmen, die nicht alle voneinander verschieden sein müssen. Wenn $y_1, y_2, ..., y_J$ die Ausprägungen von Y sind, gilt für mindestens eine der Zahlen $i = 1, 2, ..., I$

$$u(x_i) = y_1.$$

Alle $i = 1, 2, ..., I$ mit

$$u(x_i) = y_1$$

fassen wir zur Menge A_1 zusammen. Entsprechend definieren wir $A_2, A_3, ..., A_J$. Wir haben also für $j = 1, 2, ..., J$

$$A_j = \{i : u(x_i) = y_j\}.$$

2. Verteilung einer Zufallsvariablen

Die Mengen $A_1, A_2, ..., A_J$ bilden eine Zerlegung der Indexmenge $\{1, 2, ..., I\}$. Jetzt wählen wir $j = 1, 2, ..., J$. Für $i \in A_j$ hat man offenbar $u(x_i) = y_j$ und folglich

$$W(Y = y_j) = \sum_{i \in A_j} f(x_i). \tag{2.1}$$

Die Massefunktion $g(y)$ von $Y = u(X)$ ist dann

$$g(y) = \begin{cases} g(y_j) & \text{für } j = 1, ..., J \\ 0 & \text{sonst} \end{cases}$$

wobei $g(y_j) = W(Y = y_j)$ gemäß (2.1) bestimmt wird.

Beispiel 2.8:
X sei eine diskrete Zufallsvariable mit der Wahrscheinlichkeitstabelle

x	f(x)
-1	1/4
0	3/8
1	3/8

Man interessiert sich für die Wahrscheinlichkeitstabelle der Zufallsvariablen $Y = X^2$.
Mit $x_1 = -1$, $x_2 = 0$, $x_3 = 1$ und $u(x) = x^2$ hat man

$$u(x_1) = u(x_3) = 1, \ u(x_2) = 0.$$

Setzt man

$$\begin{aligned} y_1 &= 0 = u(x_2) \\ y_2 &= 1 = u(x_1) = u(x_3) \end{aligned}$$

so wird die Indexmenge $\{1, 2, 3\}$ zerlegt in $A_1 = \{2\}$, $A_2 = \{1, 3\}$. Aus (2.1) ergibt sich

$$\begin{aligned} W(Y = 0) &= \sum_{i \in A_1} f(x_i) = f(x_2) = 3/8 \\ W(Y = 1) &= \sum_{i \in A_2} f(x_i) = f(x_1) + f(x_3) = 1/4 + 3/8 = 5/8. \end{aligned}$$

Die Wahrscheinlichkeitstabelle von Y ist dann

y	g(y)
0	3/8
1	5/8

2.4 Dichtefunktionen

Man nennt jede Funktion f mit den Eigenschaften

$$f(x) \geq 0 \ \textit{für alle } x$$

$$\int_{-\infty}^{+\infty} f(x)\, dx = 1$$

Dichtefunktion.

Eine Zufallsvariable X heißt **stetig**, wenn es eine Dichtefunktion $f(x)$ gibt, so daß für beliebige reelle Zahlen $a \leq b$, gilt:

$$W(a \leq X \leq b) = \int_a^b f(x)\, dx.$$

(vgl. Abb. 2.2). $f(x)$ wird **Dichtefunktion der Zufallsvariablen X** genannt.

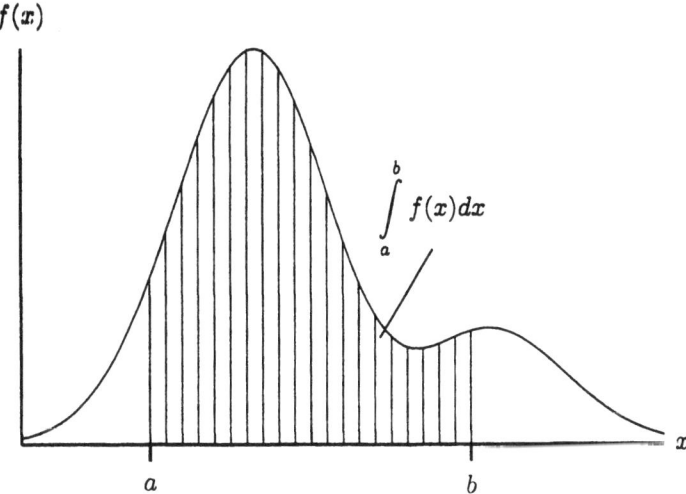

Abb. 2.2

Beispielsweise ist für $c < d$

$$f(x) = \begin{cases} 1/(d-c) & \textit{für } c \leq x \leq d \\ 0 & \textit{sonst} \end{cases}$$

eine Dichtefunktion. Denn $f(x)$ ist nirgends negativ und schließt mit der x-Achse die Fläche 1 ein. Eine Zufallsvariable mit dieser Dichtefunktion heißt **rechteckverteilt** über dem Intervall $[c; d]$.

34   2. Verteilung einer Zufallsvariablen

Beispiel 2.9:
Die Durchführung eines Produktionsprozesses liefere ein Objekt, dessen Länge X rechteckverteilt ist im Intervall [4; 4,5], d.h. X besitzt die Dichtefunktion

$$f(x) = \begin{cases} 2 & \text{für } x \in [4; 4,5] \\ 0 & \text{sonst.} \end{cases}$$

$f(x)$ ist in Abb. 2.3 dargestellt.

D.h. die Wahrscheinlichkeit dafür, daß X Werte aus dem Intervall $[a; b] \subset [4; 4, 5]$ annimmt, ist gleich dem Inhalt des in Abb. 2.3 schraffierten Rechtecks.

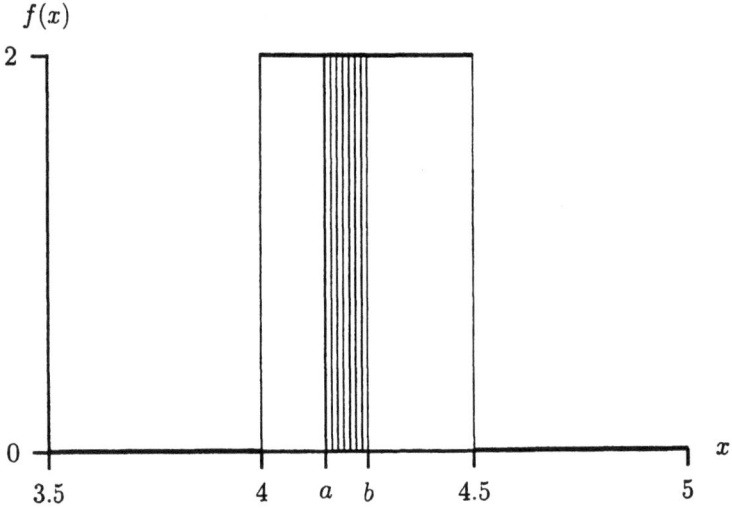

Abb. 2.3

Offenbar gilt für eine stetige Zufallsvariable X mit Dichte $f(x)$ für beliebiges a

$$W(X = a) = \int_a^a f(x)dx = 0 \ . \tag{2.2}$$

Bei beliebigen a, b mit $a < b$ hat man daher auch

$$\begin{aligned} W(a < X \leq b) &= W(a \leq X \leq b) \\ &= W(a \leq X < b) = W(a < X < b). \end{aligned}$$

2.5 Verteilungsfunktionen

Wenn X eine Zufallsvariable ist, nennt man die Funktion

$$F(x) = W(X \leq x) \quad x \in \Re$$

Verteilungsfunktion von X.

Nehmen wir an, X sei eine diskrete Zufallsvariable mit den Ausprägungen $x_1, x_2, ..., x_I$ und der Massefunktion $f(x)$. Wenn für eine reelle Zahl x gilt

$$x_1, x_2, x_3 \leq x$$
$$x_4, x_5, ..., x_I > x$$

bilden die Ereignisse

$$\{X = x_1\}, \{X = x_2\}, \{X = x_3\}$$

eine Zerlegung des Ereignisses

$$\{X \leq x\}$$

so daß gilt

$$W(X \leq x) = W(X = x_1) + W(X = x_2) + W(X = x_3).$$

Die letzte Gleichung ist gleichbedeutend mit der folgenden

$$F(x) = f(x_1) + f(x_2) + f(x_3).$$

Allgemeiner gilt

$$F(x) = \sum_{x_i \leq x} f(x_i).$$

Die Verteilungsfunktion einer diskreten Zufallsvariablen X ist daher eine monoton von 0 bis 1 steigende Treppenfunktion mit Sprungstellen bei den Ausprägungen $x_1, x_2, ..., x_I$ von X. Die Sprunghöhe an der Stelle x_i ist gleich $f(x_i)$; an der Stelle x_i gilt für die Verteilungsfunktion der größere der beiden in Frage kommenden Werte ($i = 1, 2, ..., I$).

Beispiel 2.10:
Die Verteilungsfunktion der Augenzahl X beim Ausspielen eines unverfälschten Würfels lautet beispielsweise

$$F(x) = \begin{cases} 0 & \text{für} & x < 1 \\ i/6 & \text{für} & i \leq x < i+1; \quad i = 1, 2, ..., 5 \\ 1 & \text{für} & 6 \leq x. \end{cases}$$

Sie ist in Abb. 2.4 dargestellt.

36   2. Verteilung einer Zufallsvariablen

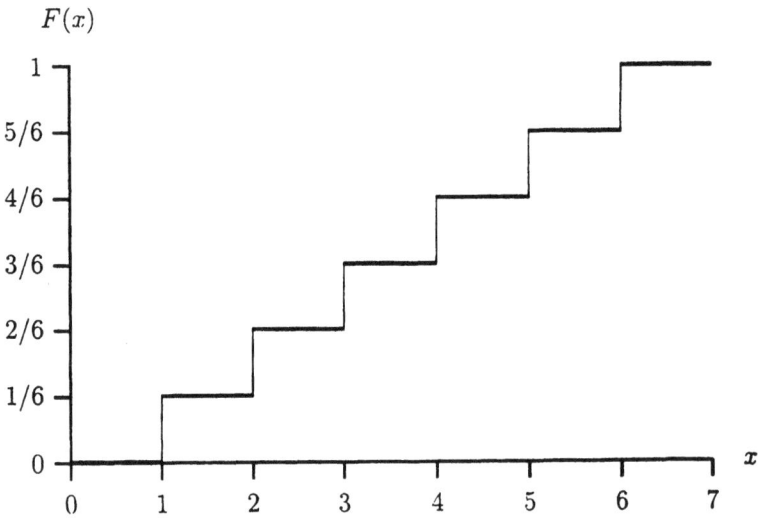

Abb. 2.4

Nun sei X eine stetige Zufallsvariable mit Dichtefunktion $f(x)$. Für die Verteilungsfunktion von X hat man dann:

$$F(x) = W(X \leq x) = \int_{-\infty}^{x} f(t)dt \qquad x \in \Re.$$

Die Verteilungsfunktion einer stetigen Zufallsvariablen ist daher eine stetige, monoton von 0 bis 1 steigende Funktion.

Beispiel 2.11:
X habe die Dichtefunktion

$$f(x) = \begin{cases} 0{,}5 & \text{für} \quad 4 \leq x \leq 6 \\ 0 & \text{sonst.} \end{cases}$$

Dann ergibt sich die Verteilungsfunktion

$$F(x) = \begin{cases} 0 & \text{für} \quad x < 4 \\ 0{,}5x - 2 & \text{für} \quad 4 \leq x < 6 \\ 1 & \text{für} \quad x \geq 6. \end{cases}$$

Die Funktionen $f(x)$ und $F(x)$ sind in Abb. 2.5 dargestellt.

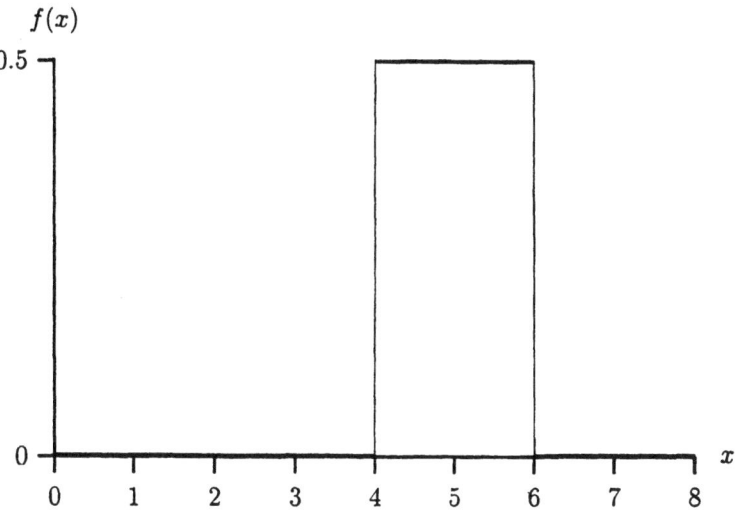

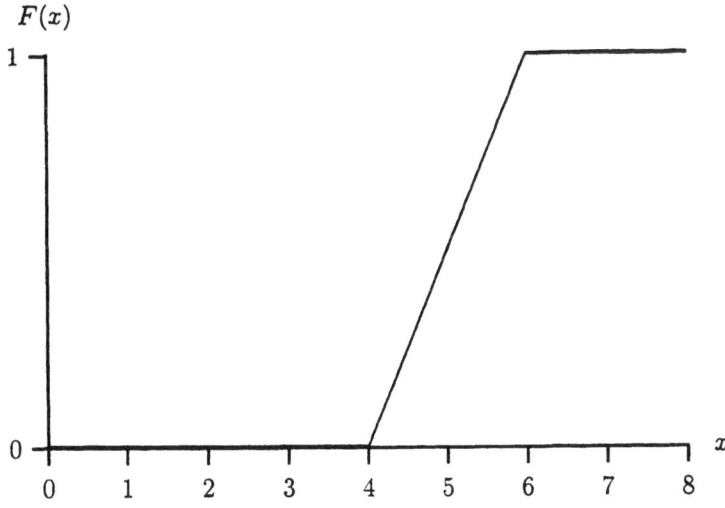

Abb. 2.5

Sei X eine (diskrete oder stetige) Zufallsvariable. Da für $x_1 < x_2$, die Ereignisse
$$\{X \leq x_1\}, \{x_1 < X \leq x_2\}$$
eine Zerlegung des Ereignisses
$$\{X \leq x_2\}$$
bilden, folgt
$$W(X \leq x_2) = W(X \leq x_1) + W(x_1 < X \leq x_2)$$
wofür wir nach Definition der Verteilungsfunktion $F(x)$ von X auch schreiben können
$$W(x_1 < X \leq x_2) = F(x_2) - F(x_1).$$
Da für stetige Zufallsvariablen Punktwahrscheinlichkeiten nach (2.2) gleich 0 sind, hat man sogar
$$\begin{aligned} F(x_2) - F(x_1) &= W(x_1 < X \leq x_2) = W(x_1 \leq X \leq x_2) \\ &= W(x_1 \leq X < x_2) = W(x_1 < X < x_2). \end{aligned}$$

2.6 Erwartungswerte von Zufallsvariablen

X sei eine diskrete Zufallsvariable mit den Ausprägungen $x_1, x_2, ..., x_I$ und der Massefunktion $f(x)$. Wir führen das Zufallsexperiment, auf dessen Ergebnismenge X definiert ist, n mal durch. Die Ausprägung x_i trete dabei n_i-mal auf ($i = 1, 2, ..., I$). Das arithmetische Mittel der beobachteten Werte ist dann gleich

$$\frac{\sum_{i=1}^{I} x_i n_i}{n} = \sum_{i=1}^{I} x_i \frac{n_i}{n}. \tag{2.3}$$

Nach 1.3 nähern sich die relativen Häufigkeiten n_1/n, n_2/n, ..., n_I/n bei wachsendem n den Wahrscheinlichkeiten $f(x_1), f(x_2), ..., f(x_I)$ an. Das arithmetische Mittel (2.3) tendiert also gegen

$$\sum_{i=1}^{I} x_i f(x_i).$$

Dieses gewogene arithmetische Mittel der Ausprägungen $x_1, x_2, ..., x_I$ heißt **Erwartungswert** der Zufallsvariablen X:

$$EX = \sum_{i=1}^{I} x_i f(x_i).$$

Beispiel 2.12:
Für die beim Ausspielen eines unverfälschten Würfels auftretende Augenzahl X beispielsweise gilt

$$EX = \sum_{i=1}^{6} i \cdot \frac{1}{6} = \frac{1}{6}(1+2+3+4+5+6) = 3,5.$$

Bei häufiger Ausspielung des Würfels wird sich demnach als durchschnittliche Augenzahl etwa 3,5 ergeben.

X sei eine stetige Zufallsvariable mit der Dichtefunktion $f(x)$. Dann bezeichnet man

$$EX = \int_{-\infty}^{\infty} x f(x)\,dx \qquad (2.4)$$

als *Erwartungswert* von X, sofern das Integral (2.4) existiert, d.h. wenn die Funktion $xf(x)$ absolut integrierbar ist:

$$\int_{-\infty}^{\infty} |x|\,f(x)\,dx < \infty.$$

Beispiel 2.13:
Nehmen wir an, X besitze die Dichtefunktion

$$f(x) = \begin{cases} 0,5 & \text{für} \quad 0 \le x \le 2 \\ 0 & \text{sonst} \end{cases}$$

so gilt

$$\int_{-\infty}^{\infty} x f(x)\,dx = \int_{0}^{2} 0,5x\,dx = 1.$$

X besitzt also den Erwartungswert 1.

2.7 Erwartungswerte von Funktionen einer Zufallsvariablen

Sei X eine diskrete Zufallsvariable mit den Ausprägungen $x_1, x_2, ..., x_I$ und der Massefunktion $f(x)$. Bei beliebiger Funktion $u(x)$ ist dann auch $Y = u(X)$ eine diskrete Zufallsvariable. Die Massefunktion von Y läßt sich gemäß (2.1) bestimmen. Wenn Y die Ausprägungen $y_1, y_2, ..., y_J$ und die Massefunktion $g(y)$ besitzt, gilt definitionsgemäß

$$EY = \sum_{j=1}^{J} y_j \cdot g(y_j).$$

40   2. Verteilung einer Zufallsvariablen

Beispiel 2.14:
(vgl. Beispiel 2.8): X sei eine diskrete Zufallsvariable mit der Wahrscheinlichkeitstabelle

x	$f(x)$
-1	$1/4$
0	$3/8$
1	$3/8$

Dann gilt
$$EX = (-1)\cdot\frac{1}{4} + 0\cdot\frac{3}{8} + 1\cdot\frac{3}{8} = \frac{1}{8}.$$
Nun interessiere man sich für die Zufallsvariable
$$Y = X^2.$$
Gemäß Beispiel 2.8 besitzt Y die Wahrscheinlichkeitstabelle

y	$g(y)$
0	$3/8$
1	$5/8$

und damit den Erwartungswert
$$EY = 0\cdot\frac{3}{8} + 1\cdot\frac{5}{8} = \frac{5}{8}. \tag{2.5}$$

Den Erwartungswert der Zufallsvariablen $Y = u(X)$ kann man nach der Formel
$$Eu(X) = \sum_{i=1}^{I} u(x_i)\cdot f(x_i) \tag{2.6}$$
berechnen, ohne vorher die Massefunktion von Y zu bestimmen.

Man zeigt dies wie folgt: Die in 2.3 eingeführten Mengen $A_1, A_2, ..., A_J$ bilden eine Zerlegung der Menge $\{1, 2, ..., I\}$ und es gilt:

aus $i \in A_j$ folgt $u(x_i) = y_j$ für $i = 1, 2, ..., I$ und $j = 1, 2, ..., J$

und
$$\sum_{i\in A_j} f(x_i) = W(Y = y_j).$$

Daher hat man
$$\sum_{i=1}^{I} u(x_i)\cdot f(x_i)$$
$$= \sum_{j=1}^{J} \sum_{i\in A_j} u(x_i) f(x_i)$$
$$= \sum_{j=1}^{J} y_j \sum_{i\in A_j} f(x_i)$$
$$= \sum_{j=1}^{J} y_j W(Y = y_j) = EY.$$

Damit ist (2.6) bewiesen.

Beispiel 2.15:
X besitze die Wahrscheinlichkeitstabelle

x	$f(x)$
-1	$1/4$
0	$3/8$
1	$3/8$

Wir wollen den Erwartungswert der Zufallsvariablen

$$Y = X^2$$

berechnen, ohne vorher die Massefunktion dieser Zufallsvariablen zu ermitteln. In (2.6) ist also $u(x) = x^2$ zu setzen. Wir erhalten

$$EY = \sum x_i^2 f(x_i) = (-1)^2 \cdot \frac{1}{4} + 0^2 \cdot \frac{3}{8} + 1^2 \cdot \frac{3}{8} = \frac{5}{8}$$

in Übereinstimmung mit Resultat (2.5).

Entsprechend gilt für eine stetige Zufallsvariable X mit Dichtefunktion $f(x)$ und eine beliebige Funktion u:

$$Eu(X) = \int u(x) f(x) \, dx$$

sofern das auf der rechten Seite dieser Gleichung stehende Integral existiert.

2.8 Varianzen von Zufallsvariablen

Die Wahrscheinlichkeitsverteilung einer Zufallsvariablen X läßt sich für viele Zwecke ausreichend charakterisieren durch den Erwartungswert und eine zweite Kennzahl, die angibt, wie stark die Realisationen der Zufallsvariablen um ihren Erwartungswert streuen. Als zweckmäßigstes Maß für die Streuung erweist sich der Erwartungswert der Zufallsvariablen $(X - EX)^2$, der als **Varianz** der Zufallsvariablen X bezeichnet wird:

$$\text{var} X = E(X - EX)^2.$$

Die Varianz einer Zufallsvariablen ist demnach die mittlere quadratische Abweichung dieser Zufallsvariablen von ihrem Erwartungswert; wird das zugrundeliegende Zufallsexperiment sehr oft durchgeführt, so ist der Durchschnittswert aller auftretenden quadratischen Abweichungen der Zufallsvariablen X von EX ungefähr gleich var X.

Die Varianz einer Zufallsvariablen X ist nicht negativ. Ist X eine stetige Zufallsvariable oder eine diskrete Zufallsvariable mit mehr als einer Ausprägung, gilt

$$\text{var} X > 0.$$

2. Verteilung einer Zufallsvariablen

Die (positive) Wurzel aus der Varianz heißt *Standardabweichung* von X.

Für eine diskrete Zufallsvariable X mit den Ausprägungen $x_1, x_2, ..., x_I$ und der Massefunktion $f(x)$ gilt nach (2.6)

$$var X = \sum_{i=1}^{I} (x_i - EX)^2 f(x_i).$$

Für eine stetige Zufallsvariable X mit der Dichtefunktion $f(x)$ hat man entsprechend

$$var X = \int_{-\infty}^{\infty} (x - EX)^2 f(x) dx$$

sofern das rechtsstehende Integral existiert.

Beispiel 2.16:
Ist X die beim Ausspielen eines unverfälschten Würfels auftretende Augenzahl, so gilt wegen $EX = 3,5$ (vgl. Beispiel 2.12)

$$\begin{aligned} var X &= \sum_{i=1}^{6} (i - 3,5)^2 \cdot \frac{1}{6} \\ &= \frac{1}{6} (2,5^2 + 1,5^2 + 0,5^2 + 0,5^2 + 1,5^2 + 2,5^2) \\ &= \frac{35}{12} = 2,9167. \end{aligned}$$

Die Standardabweichung von X ist somit

$$\sqrt{var X} = \sqrt{2,9167} = 1,7078.$$

Bei der Berechnung der Varianz ist es oft zweckmäßig, die Formel

$$var X = EX^2 - (EX)^2$$

anzuwenden. Sie ergibt sich für eine diskrete Zufallsvariable X wie folgt:

$$\begin{aligned} var X &= E(X - EX)^2 \\ &= \sum (x_i - EX)^2 f(x_i) \\ &= \sum \left[x_i^2 - 2x_i EX + (EX)^2 \right] f(x_i) \\ &= \sum x_i^2 f(x_i) - 2EX \sum x_i f(x_i) + (EX)^2 \sum f(x_i) \\ &= EX^2 - 2EX\,EX + (EX)^2 \\ &= EX^2 - (EX)^2. \end{aligned}$$

Beispiel 2.17:
Für die Varianz der beim Ausspielen eines unverfälschten Würfels auftretenden Augenzahl X gilt

$$EX^2 = \sum_{i=1}^{6} i^2 \cdot \frac{1}{6} = \frac{1}{6}(1 + 4 + 9 + 16 + 25 + 36) = \frac{91}{6}.$$

Wegen $EX = 3,5$ erhält man

$$var X = EX^2 - (EX)^2 = \frac{91}{6} - (3,5)^2 = \frac{35}{12}.$$

2.9 Standardisierte Zufallsvariablen

Sei X eine diskrete Zufallsvariable mit den Ausprägungen $x_1, x_2, ..., x_I$ und der Massefunktion $f(x)$. Dann ist $Y = aX + c$ mit $a, c \in \Re$ eine Zufallsvariable, für deren Erwartungswert nach (2.6) gilt:

$$EY = \sum(ax_i + c)f(x_i). \tag{2.7}$$

Aus (2.7) gewinnen wir die im folgenden wichtige Aussage

$$E(aX + c) = aEX + c \tag{2.8}$$

denn man hat:

$$\begin{aligned}
\sum(ax_i + c)f(x_i) &= \sum ax_i f(x_i) + \sum c f(x_i) \\
&= a\sum x_i f(x_i) + c\sum f(x_i) \\
&= aEX + c.
\end{aligned}$$

Ganz analog zeigt man, daß (2.8) auch für stetige Zufallsvariablen zutrifft.

Für die Varianz einer linearen Funktion $aX + c$ der Zufallsvariablen X gilt

$$var(aX + c) = a^2 var X. \tag{2.9}$$

Dies ergibt sich wegen $E(aX + c) = aEX + c$ wie folgt:

$$\begin{aligned}
var(aX + c) &= E[aX + c - E(aX + c)]^2 \\
&= E[a(X - EX)]^2 \\
&= Ea^2(X - EX)^2 \\
&= a^2 E(X - EX)^2 \\
&= a^2 var X.
\end{aligned}$$

Sei X eine beliebige Zufallsvariable mit $varX > 0$. Aus (2.8) und (2.9) folgt insbesondere, daß die Zufallsvariable

$$X' = \frac{X - EX}{\sqrt{varX}}$$

den Erwartungswert 0 und die Varianz 1 besitzt. Mit den Abkürzungen

$$\mu = EX, \ \sigma^2 = varX$$

gilt nämlich

$$EX' = E\frac{1}{\sigma}(X - \mu) = \frac{1}{\sigma}(EX - \mu) = 0$$
$$varX' = var\frac{1}{\sigma}(X - \mu) = \frac{1}{\sigma^2}varX = 1.$$

X' wird als **Standardisierung** von X oder auch kurz als *standardisierte* Zufallsvariable bezeichnet.

2.10 *Ungleichung von TSCHEBYSCHEFF

Wir wollen eine Abschätzung für die Wahrscheinlichkeit angeben, mit der eine Zufallsvariable X Werte in einem Intervall $[EX - c, \ EX + c]$ mit $c > 0$ annimmt. Wir setzen dabei $varX > 0$ voraus; andernfalls wäre $W(EX - c \leq X \leq EX + c) = 1$. Die interessierende Abschätzung lautet

$$W(EX - c \leq X \leq EX + c) > 1 - \frac{varX}{c^2} \qquad (2.10)$$

und wird *Ungleichung von TSCHEBYSCHEFF* genannt.

Diese Ungleichung gilt für stetige und für diskrete Zufallsvariablen. Wir wollen hier nur den diskreten Fall betrachten und verweisen für den stetigen Fall auf FISZ (1989), S. 98 ff.

Nehmen wir also an, X sei eine diskrete Zufallsvariable mit den Ausprägungen $x_1, x_2, ..., x_I, I \geq 2$, und der Massefunktion $f(x)$. Das Intervall $[EX - c, \ EX + c]$ bezeichnen wir mit A (vgl. Abb. 2.6).

2.10 *Ungleichung von TSCHEBYSCHEFF   45

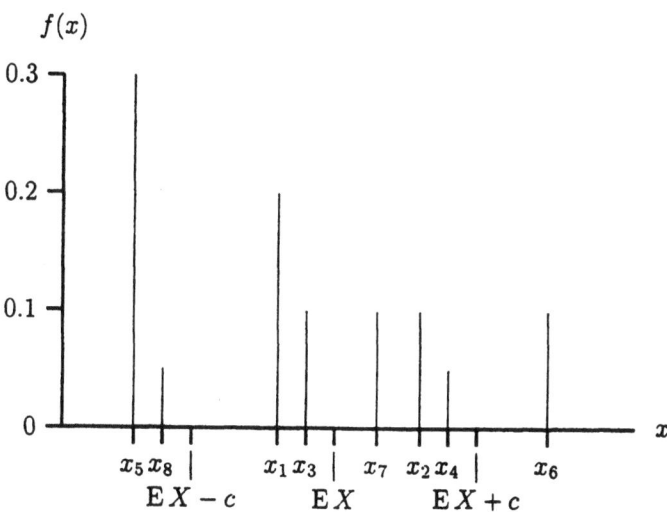

Abb. 2.6

Man hat
$$\begin{aligned} \operatorname{var} X &= \sum (x_i - EX)^2 f(x_i) \\ &= \sum_{x_i \in A} (x_i - EX)^2 f(x_i) + \sum_{x_i \notin A} (x_i - EX)^2 f(x_i) \\ &> \sum_{x_i \notin A} c^2 f(x_i). \end{aligned}$$

Diese Abschätzung gilt, da es nach Voraussetzung wenigstens ein x_{i_0} gibt mit
$$x_{i_0} \neq EX$$
woraus folgt
$$(x_{i_0} - EX)^2 > 0$$
und, falls $x_{i_0} \notin A$, sogar
$$(x_{i_0} - EX)^2 > c^2.$$

Aus der damit bewiesenen Ungleichung ergibt sich
$$\frac{\operatorname{var} X}{c^2} > \sum_{x_i \notin A} f(x_i) = 1 - W(EX - c \leq X \leq EX + c)$$

und somit (2.10).

Wir setzen wiederum zur Abkürzung
$$\mu = EX, \ \sigma^2 = \operatorname{var} X.$$

46 2. Verteilung einer Zufallsvariablen

Gibt man die Konstante c in Vielfachen von σ an, definiert man also $c = t\sigma$, so läßt sich die Ungleichung (2.10) in der folgenden Form schreiben:

$$W(\mu - t\sigma \leq X \leq \mu + t\sigma) > 1 - \frac{1}{t^2}. \qquad (2.11)$$

Für $t < 1$ ist die Abschätzung (2.11) trivial, da die rechte Seite dann negativ ist. Aber schon für $t = 1$ erhält man die nicht-triviale Aussage

$$W(\mu - \sigma \leq X \leq \mu + \sigma) > 0.$$

Weitere Spezialfälle der Ungleichung (2.11) sind

$$\begin{aligned} W(\mu - 1{,}5\sigma \leq X \leq \mu + 1{,}5\sigma) &> 0{,}\overline{5} \\ W(\mu - 2\sigma \leq X \leq \mu + 2\sigma) &> 0{,}75 \\ W(\mu - 3\sigma \leq X \leq \mu + 3\sigma) &> 0{,}\overline{8}. \end{aligned}$$

2.11 Aufgaben

Aufgabe 1:
Ein unverfälschter Würfel wird zweimal ausgespielt. X sei die Summe der beiden auftretenden Augenzahlen.
a) Geben Sie die Wahrscheinlichkeitstabelle von X an.
b) Berechnen und zeichnen Sie die Massefunktion und die Verteilungsfunktion von X.
c) Berechnen Sie den Erwartungswert, die Varianz und die Standardabweichung von X.

Lösung:
a) Das zweimalige Ausspielen eines unverfälschten Würfels ist ein symmetrisches Zufallsexperiment mit der Ergebnismenge

$$\Omega = \{(i,j) : i,j = 1, 2, ..., 6\} \ .$$

Die Augensumme X ordnet jedem Ergebnis (i,j) die Zahl $i+j$ zu. X ist eine diskrete Zufallsvariable mit den Ausprägungen $2, 3, ..., 12$. Die Wahrscheinlichkeit, mit der X den Wert x ($x = 2, 3, ..., 12$) annimmt, ist gleich dem Quotienten aus der Anzahl aller Ergebnisse (i,j) mit $i + j = x$ und der Anzahl $|\Omega|$ aller möglichen Ergebnisse. Es gilt $|\Omega| = 36$. Die Anzahl der Ergebnisse (i,j) mit $i + j = x$ entnehmen wir einer Wertetabelle, in der für jedes Ergebnis (i,j) die Summe $i + j$ notiert ist.

$i \backslash j$	1	2	3	4	5	6
1	2	3	4	5	6	7
2	3	4	5	6	7	8
3	4	5	6	7	8	9
4	5	6	7	8	9	10
5	6	7	8	9	10	11
6	7	8	9	10	11	12

Wir erhalten für X die folgende Wahrscheinlichkeitstabelle:

x	$W(X = x)$
2	1/36
3	2/36
4	3/36
5	4/36
6	5/36
7	6/36
8	5/36
9	4/36
10	3/36
11	2/36
12	1/36

b) Die Massefunktion der Zufallsvariablen lautet:

$$f(x) = \begin{cases} 1/36 & \text{für } x = 2;\ 12 \\ 2/36 & \text{für } x = 3;\ 11 \\ 3/36 & \text{für } x = 4;\ 10 \\ 4/36 & \text{für } x = 5;\ 9 \\ 5/36 & \text{für } x = 6;\ 8 \\ 6/36 & \text{für } x = 7 \\ 0 & \text{sonst.} \end{cases}$$

Für die Verteilungsfunktion $F(x)$ erhalten wir:

$$F(x) = \begin{cases} 0 & \text{für } x < 2 \\ 1/36 & \text{für } 2 \leq x < 3 \\ 3/36 & \text{für } 3 \leq x < 4 \\ 6/36 & \text{für } 4 \leq x < 5 \\ 10/36 & \text{für } 5 \leq x < 6 \\ 15/36 & \text{für } 6 \leq x < 7 \\ 21/36 & \text{für } 7 \leq x < 8 \\ 26/36 & \text{für } 8 \leq x < 9 \\ 30/36 & \text{für } 9 \leq x < 10 \\ 33/36 & \text{für } 10 \leq x < 11 \\ 35/36 & \text{für } 11 \leq x < 12 \\ 1 & \text{für } x \geq 12\,. \end{cases}$$

$f(x)$ *und* $F(x)$ *sind in Abb. 2.7 dargestellt.*

48   2. Verteilung einer Zufallsvariablen

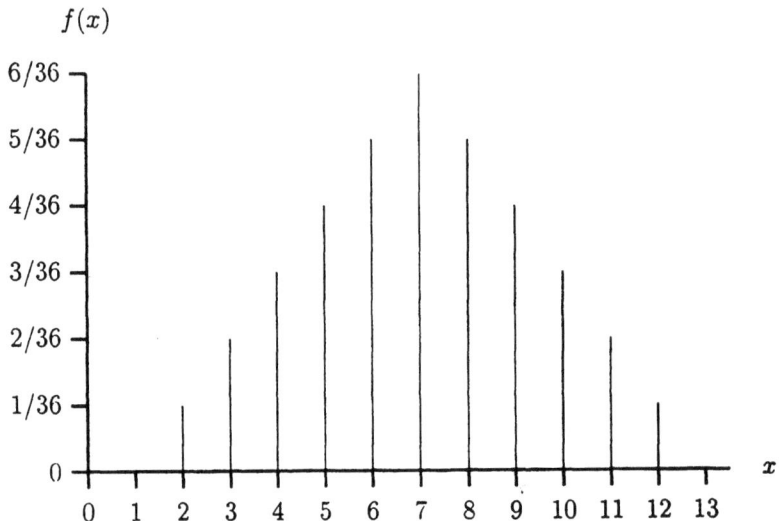

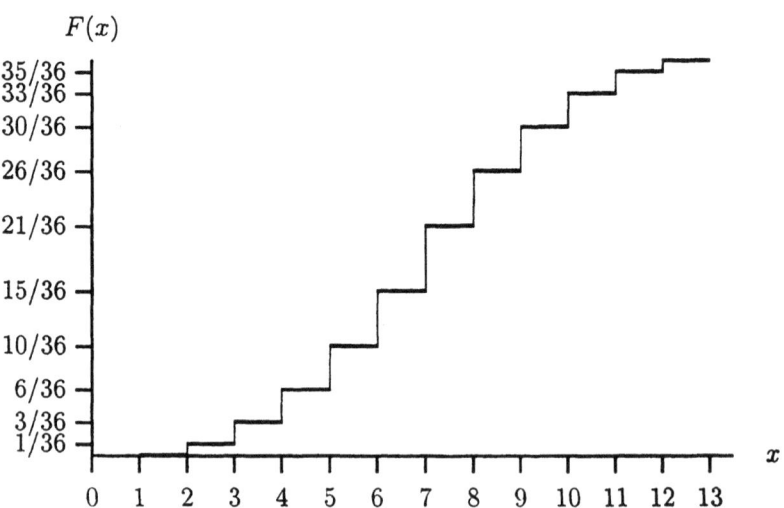

Abb. 2.7

c) *Für die Berechnung des Erwartungswerts und der Varianz von X legen wir eine Hilfstabelle an:*

x_i	$f(x_i) \cdot 36$	$x_i\, f(x_i) \cdot 36$	x_i^2	$x_i^2\, f(x_i) \cdot 36$
2	1	2	4	4
3	2	6	9	18
4	3	12	16	48
5	4	20	25	100
6	5	30	36	180
7	6	42	49	294
8	5	40	64	320
9	4	36	81	324
10	3	30	100	300
11	2	22	121	242
12	1	12	144	144
$\sum$	–	252	–	1974

Es ergibt sich

$$EX = \sum x_i\, f(x_i) = \frac{252}{36} = 7$$

$$EX^2 = \sum x_i^2\, f(x_i) = \frac{1974}{36} = \frac{329}{6}$$

$$\mathrm{var}\, X = EX^2 - (EX)^2 = \frac{329}{6} - 49 = 5,8333\,.$$

Die Standardabweichung von X beträgt somit

$$\sqrt{\mathrm{var}\, X} = \sqrt{5,8333} = 2,4152\,.$$

Aufgabe 2:
Eine Rouletteausspielung führt zu einer der Zahlen 0, 1, 2, ... , 36. Von den ungeraden Zahlen 1, 3, ... , 35 sind insgesamt 10 (darunter die Zahl 1) rot; unter den geraden Zahlen 2, 4, ... , 36 befinden sich 8 rote Zahlen. Jemand setzt nun je eine Spielmarke auf 1, Rot und Gerade. X sei der Betrag, den die Bank ihm nach der Ausspielung zahlt.
a) Geben Sie die Wahrscheinlichkeitstabelle von X an.
b) Berechnen Sie den Erwartungswert, die Varianz und die Standardabweichung von X.

Lösung:
a) *Der Spieler setzt eine Marke auf die Zahl 1 und erhält dafür, wenn sich bei der Ausspielung diese Zahl ergibt, den 36-fachen Einsatz zurück. Er setzt eine weitere Marke auf Rot und erhält den doppelten Einsatz zurück, falls Rot auftritt. Ebensoviel gewinnt der Spieler mit der dritten gesetzten Marke, wenn die Ausspielung eine (von 0 verschiedene) gerade Zahl ergibt. Der Spieler erhält folglich immer dann Geld zurück, wenn die 1, eine rote oder eine gerade Zahl gewinnt. Er zieht sogar aus zwei Spielmarken Gewinn, wenn die Ausspielung eine gerade*

50   2. Verteilung einer Zufallsvariablen

rote Zahl oder die 1 ergibt (denn 1 ist eine rote Zahl). Für die Zufallsvariable X gilt daher

$$X(i) = \begin{cases} 36+2 = 38 & \text{für } i = 1 \\ 2+2 = 4 & \text{für } i \text{ gerade, rot} \\ 2 & \text{für } i \text{ gerade, schwarz oder ungerade, rot}, \neq 1 \\ 0 & \text{sonst}. \end{cases}$$

Da es 8 gerade rote, 10 gerade schwarze und 9 von der 1 verschiedene ungerade rote Zahlen gibt, lautet die Wahrscheinlichkeitstabelle von X

x_i	$W(X = x_i)$
38	1/37
4	8/37
2	19/37
0	9/37

b) Aus der Tabelle

x_i	$f(x_i) \cdot 37$	$x_i f(x_i) \cdot 37$	x_i^2	$x_i^2 f(x_i) \cdot 37$
38	1	38	1444	1444
4	8	32	16	128
2	19	38	4	76
0	9	0	0	0
$\sum$	-	108	-	1648

erhalten wir

$$EX = \frac{108}{37} = 2,9189$$

$$EX^2 = \frac{1648}{37}$$

$$\text{var} X = \frac{1648}{37} - \left(\frac{108}{37}\right)^2 = 36,0205.$$

Die Standardabweichung von X ist also

$$\sqrt{\text{var} X} = \sqrt{36,0205} = 6,0017.$$

Aufgabe 3:
Die Zufallsvariable X besitze die Dichtefunktion

$$f(x) = \begin{cases} ax & \text{für } 0 \leq x \leq 1 \\ 0 & \text{sonst}. \end{cases}$$

a) Bestimmen Sie die Konstante a.
b) Berechnen Sie die Verteilungsfunktion von X.
c) Zeichnen Sie die Dichtefunktion und die Verteilungsfunktion von X.
d) Mit welcher Wahrscheinlichkeits nimmt X Werte größer als 0,5 an?

e) Für welche Zahl c nimmt X mit Wahrscheinlichkeit 0,5 Werte an, die größer als c sind?

f) Berechnen Sie Erwartungswert, Varianz und Standardabweichung von X.

Lösung:

a) Es gilt
$$\int_{-\infty}^{+\infty} f(x)dx = \int_0^1 ax\,dx = \frac{a}{2}x^2 \Big|_0^1 = \frac{a}{2}.$$

Wegen
$$\int_{-\infty}^{+\infty} f(x)dx = 1$$

folgt
$$a = 2.$$

b) Für die Verteilungsfunktion $F(x)$ von X gilt
$$F(x) = \int_{-\infty}^x f(y)dy \quad x \in \Re.$$

Wir erhalten $F(x) = 0$ für $x \leq 0$, $F(x) = 1$ für $x \geq 1$ und
$$F(x) = \int_0^x 2y\,dy = y^2 \Big|_0^x = x^2 \quad \text{für } 0 \leq x \leq 1,$$

also
$$F(x) = \begin{cases} 0 & \text{für } x \leq 0 \\ x^2 & \text{für } 0 \leq x \leq 1 \\ 1 & \text{für } x \geq 1. \end{cases}$$

c) Die Dichtefunktion und die Verteilungsfunktion von X sind in Abb. 2.8 gezeichnet.

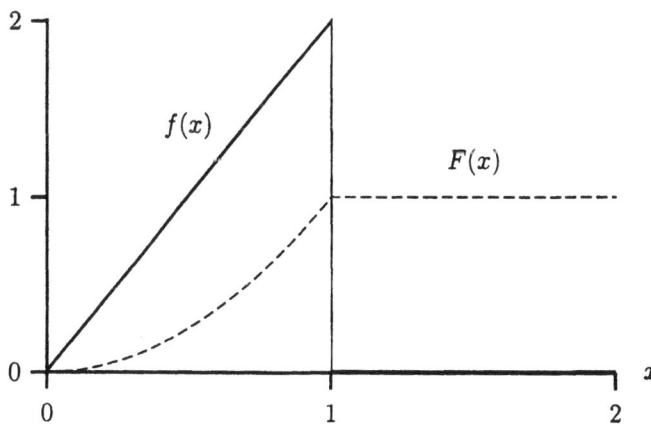

Abb. 2.8

d) Die Ereignisse $\{X > 0,5\}$ und $\{X \leq 0,5\}$ sind komplementär; daher hat man

$$\begin{aligned} W(X > 0,5) &= 1 - W(X \leq 0,5) \\ &= 1 - F(0,5) = 1 - 0,5^2 = 0,75 \,. \end{aligned}$$

e) Zur Bestimmung der Zahl c mit

$$W(X > c) = 0,5$$

betrachten wir

$$F(c) = W(X \leq c) = 1 - W(X > c) = 0,5 \,.$$

Da jedenfalls $0 \leq c \leq 1$ erfüllt ist, haben wir

$$F(c) = c^2$$

d.h.

$$c^2 = 0,5$$

d.h.

$$c = \sqrt{0,5} = 0,7071 \,.$$

f)

$$\begin{aligned} EX &= \int_{-\infty}^{+\infty} x f(x) dx = \int_0^1 2x^2 dx = \frac{2}{3} x^3 \Big|_0^1 = \frac{2}{3} \\ EX^2 &= \int_{-\infty}^{+\infty} x^2 f(x) dx = \int_0^1 2x^3 dx = \frac{1}{2} x^4 \Big|_0^1 = \frac{1}{2} \\ \mathrm{var} X &= EX^2 - (EX)^2 = \frac{1}{2} - \left(\frac{2}{3}\right)^2 = \frac{1}{18} = 0,0556 \\ \sqrt{\mathrm{var} X} &= \sqrt{0,0556} = 0,2358 \,. \end{aligned}$$

3
Gemeinsame Verteilung von Zufallsvariablen

3.1 Gemeinsame Massefunktionen

X und Y seien diskrete Zufallsvariablen auf der Ergebnismenge Ω eines Zufallsexperiments. Für die Wahrscheinlichkeit des Ereignisses $\{X = x\} \cap \{Y = y\}$, also für die Wahrscheinlichkeit, mit der gleichzeitig X den Wert x und Y den Wert y annimmt, schreiben wir $W(X = x, Y = y)$. Die Funktion

$$h(x,y) = W(X = x, Y = y) \qquad x,y \in \Re$$

heißt *gemeinsame Massefunktion* von X und Y.

Die Ausprägungen von X und Y seien $x_1, x_2, ..., x_I$ bzw. $y_1, y_2, ..., y_J$. Eine Tabelle, die zu allen Paaren (x_i, y_j) möglicher Ausprägungen die Wahrscheinlichkeiten $h(x_i, y_j)$ enthält, wird *gemeinsame Wahrscheinlichkeitstabelle* genannt.

$x \setminus y$	y_1	y_2	$\cdots$	y_J	$\sum$
x_1	$h(x_1,y_1)$	$h(x_1,y_2)$	$\cdots$	$h(x_1,y_J)$	$f(x_1)$
x_2	$h(x_2,y_1)$	$h(x_2,y_2)$	$\cdots$	$h(x_2,y_J)$	$f(x_2)$
$\cdot$	$\cdot$	$\cdot$	$\cdots$	$\cdot$	$\cdot$
$\cdot$	$\cdot$	$\cdot$	$\cdots$,	$\cdot$	$\cdot$
$\cdot$	$\cdot$	$\cdot$	$\cdots$	$\cdot$	$\cdot$
x_I	$h(x_I,y_1)$	$h(x_I,y_2)$	$\cdots$	$h(x_I,y_J)$	$f(x_I)$
$\sum$	$g(y_1)$	$g(y_2)$	$\cdots$	$g(y_J)$	1

3. Gemeinsame Verteilung von Zufallsvariablen

Die Summe aller $I \cdot J$ Werte in der gemeinsamen Wahrscheinlichkeitstabelle ist 1, da die Ereignisse

$$A_{ij} = \{X = x_i\} \cap \{Y = y_j\} \quad ; \quad i = 1, 2, ..., I; \; j = 1, 2, ..., J$$

eine Zerlegung von Ω bilden.

Eine gemeinsame Wahrscheinlichkeitstabelle erweitert man meist um eine Summenspalte und eine Summenzeile, in denen die Werte der Massefunktionen $f(x)$ und $g(y)$ von X bzw. Y stehen (vgl. oben). Da die Ereignisse $A_{i1}, A_{i2}, ..., A_{iJ}$ eine Zerlegung des Ereignisses $\{X = x_i\}$ bilden, gilt nämlich für $i = 1, 2, ..., I$

$$f(x_i) = h(x_i, y_1) + h(x_i, y_2) + ... + h(x_i, y_J).$$

Entsprechend hat man für j=1,2,...,J

$$g(y_j) = h(x_1, y_j) + h(x_2, y_j) + ... + h(x_I, y_j).$$

Die Werte der Massefunktionen von X und Y erscheinen auf diese Weise am Rande der gemeinsamen Wahrscheinlichkeitstabelle; sie werden deshalb auch **Randwahrscheinlichkeiten** genannt.

Beispiel 3.1:
Ein unverfälschter Würfel wird einmal ausgespielt. X sei die auftretende Augenzahl:

$$X(i) = i \quad für \quad i = 1, 2, ..., 6.$$

Eine zweite Zufallsvariable Y sei definiert durch

$$Y(i) = \begin{cases} 0 & für \; i = 2, 4, 6 \\ 1 & für \; i = 1, 3, 5. \end{cases}$$

X und Y besitzen die Massefunktionen

$$f(x) = \begin{cases} 1/6 & für \quad x = 1, 2, ..., 6 \\ 0 & sonst \end{cases}$$

$$g(y) = \begin{cases} 1/2 & für \quad y = 0, 1 \\ 0 & sonst. \end{cases}$$

Um die Werte der gemeinsamen Massefunktion $h(x, y)$ zu erhalten, haben wir für $i = 1, 2, ..., 6$; $j = 0, 1$ die Wahrscheinlichkeiten der Ereignisse

$$\{X = i\} \cap \{Y = j\}$$

zu bestimmen. Wegen

$$\{X = 1\} \cap \{Y = 0\} = \{1\} \cap \{2, 4, 6\} = \emptyset$$

gilt z.B. $h(1,0) = 0$ und aus

$$\{X = 1\} \cap \{Y = 1\} = \{1\} \cap \{1, 3, 5\} = \{1\}$$

folgt

$$h(1,1) = \frac{1}{6}.$$

So ergibt sich für X und Y folgende gemeinsame Wahrscheinlichkeitstabelle:

$x \backslash y$	0	1	$\sum$
1	0	1/6	1/6
2	1/6	0	1/6
3	0	1/6	1/6
4	1/6	0	1/6
5	0	1/6	1/6
6	1/6	0	1/6
$\sum$	1/2	1/2	1

Die für 2 Zufallsvariablen angestellten Überlegungen lassen sich verallgemeinern. Wenn $X_1, X_2, ..., X_k$ diskrete Zufallsvariablen sind, heißt die Funktion

$$h(x_1, x_2, ..., x_k) = W(\{X_1 = x_1, X_2 = x_2, ..., X_k = x_k\})$$

gemeinsame Massefunktion von $X_1, X_2, ..., X_k$.
Aus der gemeinsamen Massefunktion $h(x_1, x_2, ..., x_k)$ der Zufallsvariablen $X_1, X_2, ..., X_k$ lassen sich Randwahrscheinlichkeiten berechnen. Wenn χ_i die Menge aller Ausprägungen von X_i ist und $f_i(x)$ die Massefunktion von X_i ($i = 1, 2, ..., k$) gilt beispielsweise für alle $x_1 \in \chi_1$

$$f_1(x_1) = W(X_1 = x_1) = \sum_{x_2 \in \chi_2} \sum_{x_3 \in \chi_3} \cdots \sum_{x_k \in \chi_k} h(x_1, x_2, x_3, ..., x_k).$$

3.2 *Gemeinsame Dichtefunktionen

Eine integrierbare Funktion $h(x,y) \geq 0$ auf $\Re^2$ heißt *2-dimensionale Dichtefunktion,* wenn

$$\int_{-\infty}^{+\infty} \int_{-\infty}^{+\infty} h(x,y)\, dxdy = 1$$

gilt, d.h. wenn der von dem Graphen der Funktion $h(x,y)$ und der (x,y)-Ebene eingeschlossene Körper den Rauminhalt 1 besitzt.

56   3. Gemeinsame Verteilung von Zufallsvariablen

Stetige Zufallsvariablen X und Y heißen **gemeinsam stetig verteilt**, wenn es eine 2-dimensionale Dichtefunktion $h(x,y)$ gibt, so daß für beliebige Intervalle $I = [x_1, x_2]$ und $J = [y_1, y_2]$ gilt:

$$W(x_1 \leq X \leq x_2,\, y_1 \leq Y \leq y_2) = \int_{x_1}^{x_2} \int_{y_1}^{y_2} h(x,y)\,dxdy\,.$$

In diesem Falle wird also die Wahrscheinlichkeit, mit der gleichzeitig X einen Wert aus I und Y einen Wert aus J annehmen, durch den Rauminhalt des über dem Rechteck $I \times J$ gelegenen Körpers angegeben, der nach oben durch den Graphen der Funktion $h(x,y)$ begrenzt wird. Eine solche Funktion $h(x,y)$ heißt **gemeinsame Dichtefunktion** der Zufallsvariablen X und Y.

Beispiel 3.2:
Die Zufallsvariablen X und Y mögen folgende gemeinsame Dichtefunktion besitzen (vgl. Abb. 3.1):

$$h(x,y) = \begin{cases} 1/2 \text{ für } 0 \leq x \leq 2;\ 0 \leq y \leq 1 \\ 0 \text{ sonst}. \end{cases}$$

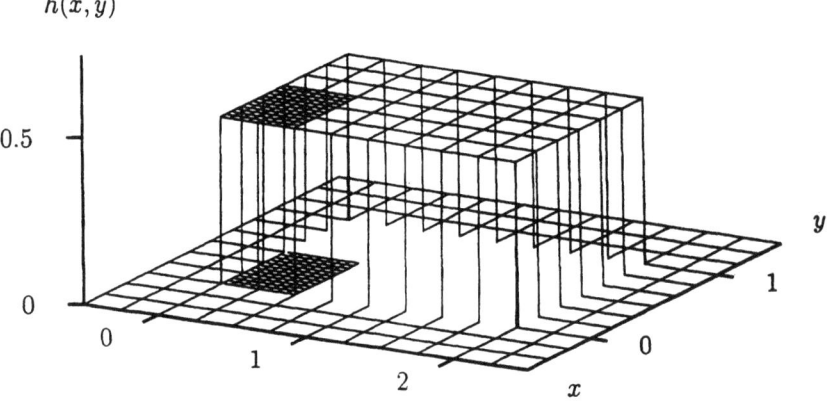

Abb. 3.1
Der von dem Graphen der Funktion $h(x,y)$ und der (x,y)-Ebene eingeschlossene Körper ist ein Quader vom Inhalt 1. Die Wahrscheinlichkeit $W\left(0 \leq X \leq \frac{1}{2};\ 0 \leq Y \leq \frac{1}{2}\right)$ beispielsweise ist durch den Inhalt des Körpers

$$\left\{(x,y,z): 0 \leq x \leq \frac{1}{2},\, 0 \leq y \leq \frac{1}{2},\, 0 \leq z \leq \frac{1}{2}\right\}$$

gegeben, also durch den Inhalt eines Würfels der Kantenlänge $\frac{1}{2}$:

$$W\left(0 \leq X \leq \frac{1}{2},\, 0 \leq Y \leq \frac{1}{2}\right) = \left(\frac{1}{2}\right)^3 = \frac{1}{8}.$$

Wir verallgemeinern den Begriff der gemeinsamen Dichtefunktion auf den Fall beliebig vieler stetiger Zufallsvariablen.

Eine integrierbare Funktion $h(x_1, x_2, ..., x_n) \geq 0$ auf $\Re^n$ heißt **n-dimensionale Dichtefunktion**, wenn das Integral der Funktion $h(x_1, ..., x_n)$ über den ganzen Raum $\Re^n$ den Wert 1 besitzt:

$$\int_{-\infty}^{+\infty} \cdots \int_{-\infty}^{+\infty} h(x_1, x_2, ..., x_n) \, dx_1 ... dx_n = 1 .$$

Stetige Zufallsvariablen $X_1, X_2, ..., X_n$ heißen **gemeinsam stetig verteilt**, wenn es eine n-dimensionale Dichtefunktion $h(x_1, ..., x_n)$ gibt, so daß für beliebige reelle Zahlen $x_i' < x_i''$ ($i = 1, 2, ..., n$) gilt

$$W(x_1' \leq X \leq x_1'', ..., x_n' \leq X_n \leq x_n'') = \int_{x_1'}^{x_1''} \cdots \int_{x_n'}^{x_n''} h(x_1, ..., x_n) \, dx_1 ... dx_n .$$

Die Funktion $h(x_1, ..., x_n)$ heißt dann **gemeinsame Dichtefunktion** der Zufallsvariablen $X_1, X_2, ..., X_n$.

3.3 Linearität der Erwartungswertbildung

Jetzt seien X und Y diskrete Zufallsvariablen mit den Ausprägungen $x_1, x_2, ..., x_I$ bzw. $y_1, y_2, ..., y_J$. $u(x, y)$ sei eine beliebige Funktion. Dann ist

$$u(X, Y)$$

eine diskrete Zufallsvariable, und es gilt

$$E u(X, Y) = \sum_{i=1}^{I} \sum_{j=1}^{J} u(x_i, y_j) W(X = x_i, Y = y_j) . \qquad (3.1)$$

(3.1) beweist man durch Überlegungen, die zu den in 2.7 durchgeführten völlig analog sind.

X und Y seien diskrete Zufallsvariablen mit den Massefunktionen $f(x)$ bzw. $g(y)$ und mit den Ausprägungen $x_1, x_2, ..., x_I$ bzw. $y_1, y_2, ..., y_J$. $a, b,$ und c seien beliebige Zahlen. Aus (3.1) folgt dann

$$E(aX + bY + c) = \sum \sum (ax_i + by_j + c) W(X = x_i, Y = y_j)$$

so daß man wegen der Linearität der Summenbildung erhält

$$\begin{aligned} E(aX + bY + c) = & \; a \sum_i x_i \sum_j W(X = x_i, Y = y_j) \\ & + b \sum_j y_j \sum_i W(X = x_i, Y = y_j) \\ & + c \sum_i \sum_j W(X = x_i, Y = y_j) . \end{aligned}$$

Nun gilt

$$\sum_j W(X = x_i, Y = y_j) = W(X = x_i) = f(x_i)$$
$$\sum_i W(X = x_i, Y = y_j) = W(Y = y_j) = g(y_j)$$
$$\sum_i \sum_j W(X = x_i, Y = y_j) = 1$$

und es ergibt sich

$$E(a + bX + cY) = a\sum x_i f(x_i) + b\sum y_j g(y_j) + c = aEX + bEY + c.$$

Allgemein zeigt man für beliebige diskrete Zufallsvariablen $X_1, X_2, ..., X_n$ und beliebige Zahlen $a_1, ..., a_n, c$

$$E(a_1 X_1 + ... + a_n X_n + c) = a_1 E X_1 + ... + a_n E X_n + c.$$

Wegen dieser Gleichung bezeichnet man die Erwartungswertbildung als *lineare Operation*.

Für die Erwartungswerte stetiger Zufallsvariablen gelten Aussagen, die den für diskrete Zufallsvariablen bewiesenen völlig analog sind. Einen Beweis der Linearität der Erwartungswertbildung findet man beispielsweise bei HOEL (1984), S. 124 f. Es gilt also:

Für diskrete bzw. stetige Zufallsvariablen $X_1, X_2, ..., X_n$ und für reelle Zahlen $a_1, ..., a_n, c$ ist erfüllt:

$$E(a_1 X_1 + ... + a_n X_n + c) = a_1 E X_1 + ... + a_n E X_n + c.$$

3.4 Varianz linearer Funktionen von Zufallsvariablen

Nehmen wir an, X und Y seien Zufallsvariablen; a, b, c seien vorgegebene reelle Zahlen. Wir setzen

$$Z = aX + bY + c$$

und haben wegen der Linearität der Erwartungswertbildung

$$EZ = aEX + bEY + c$$

so daß folgt

$$Z - EZ = a(X - EX) + b(Y - EY).$$

Aus der letzten Gleichung erhält man

$$(Z - EZ)^2 = a^2(X - EX)^2$$
$$+ 2ab(X - EX)(Y - EY) + b^2(Y - EY)^2$$

und hieraus wegen der Linearität der Erwartungswertbildung

$$var Z = a^2 var X + 2ab E(X - EX)(Y - EY) + b^2 var Y.$$

Man bezeichnet nun

$$cov(X, Y) = E(X - EX)(Y - EY)$$

als **Kovarianz** von X und Y und hat dann

$$var(aX + bY + c) = a^2 var X + 2ab\, cov(X, Y) + b^2 var Y. \qquad (3.2)$$

Das Vorzeichen der Kovarianz zweier Zufallsvariablen X vermittelt eine grobe Vorstellung vom Zusammenhang der beiden Zufallsvariablen: Die Kovarianz ist positiv, wenn die Zufallsvariablen $X - EX$ und $Y - EY$ vorwiegend Werte mit gleichem Vorzeichen annehmen. Im Falle $cov(X,Y) > 0$ treffen also vorwiegend große Werte von X mit großen Werten von Y zusammen. Im Falle $cov(X,Y) < 0$ treffen dagegen große Werte der einen Zufallsvariablen vorwiegend mit kleinen Werten der anderen zusammen. Zufallsvariablen X, Y, deren Kovarianz

- positiv ist, heißen **positiv korreliert**,

- negativ ist, heißen **negativ korreliert**,

- gleich 0 ist, heißen **unkorreliert**.

Die Bezeichnung "korreliert" bzw. "unkorreliert" rührt daher, daß man als Maß für die Stärke des beschriebenen Zusammenhangs der Zufallsvariablen X und Y üblicherweise nicht $cov(X, Y)$, sondern die Kovarianz der Standardisierungen von X und Y, den sog. **Korrelationskoeffizienten**

$$\rho(X, Y) = \frac{cov(X, Y)}{\sqrt{var X\ var Y}}$$

verwendet. Da die Kovarianz das gleiche Vorzeichen wie der Korrelationskoeffizient hat, läßt sich vom Korrelationskoeffizienten dasselbe sagen, was oben von der Kovarianz gesagt wurde. Während aber Wert und Dimension von $cov(X, Y)$ von den Einheiten abhängen, in denen die Zufallsvariablen X und Y gemessen sind, ist $\rho(X, Y)$ dimensionslos und normiert; es gilt:

$$-1 \leq \rho(X, Y) \leq +1.$$

3.5 Unabhängige Zufallsvariablen

Es ist naheliegend, zwei Zufallsvariablen unabhängig zu nennen, wenn die Kenntnis des Werts, den die eine Zufallsvariable bei einer Durchführung des Zufallsexperiments annimmt, keinen Rückschluß auf den Wert der anderen Zufallsvariablen zuläßt. Wie wir in 1.9 gesehen haben, ist dies der Fall, falls jedes Ereignis, das allein durch die eine Zufallsvariable beschrieben werden kann, unabhängig ist von jedem Ereignis, das allein durch die andere Zufallsvariable beschrieben werden kann.

Wir nennen Zufallsvariablen X und Y **unabhängig**, wenn für alle Zahlen $x_1 \leq x_2$, $y_1 \leq y_2$ gilt

$$W(x_1 \leq X \leq x_2, y_1 \leq Y \leq y_2) = \\ W(x_1 \leq X \leq x_2) \cdot W(y_1 \leq Y \leq y_2). \quad (3.3)$$

Ein Zufallsexperiment sei aus zwei unabhängigen Teilexperimenten mit den Ergebnismengen Ω_1 und Ω_2 zusammengesetzt. X und Y seien Zufallsvariablen auf der Ergebnismenge $\Omega = \Omega_1 \times \Omega_2$ des Gesamtexperiments. X sei allein vom Ergebnis des ersten Teilexperiments und Y allein vom Ergebnis des zweiten Teilexperiments abhängig. Dann sind nach 1.9 die Ereignisse $\{x_1 \leq X \leq x_2\}$ und $\{y_1 \leq Y \leq y_2\}$ unabhängig. Also sind die Zufallsvariablen X und Y unabhängig.

Beispiel 3.3:
Ein beliebiger Würfel werde zweimal ausgespielt. X bezeichne die Augenzahl für den ersten Wurf, Y die Augenzahl für den zweiten Wurf. Dann sind X und Y unabhängige Zufallsvariablen.

Man kann zeigen, daß zwei Zufallsvariablen X und Y genau dann unabhängig sind, wenn für beliebige reelle Zahlen x und y gilt:

$$W(X \leq x, Y \leq y) = W(X \leq x) \cdot W(Y \leq y).$$

Die auf der linken Seite stehende Funktion von x und y nennt man die gemeinsame Verteilungsfunktion der Zufallsvariablen X und Y. X und Y sind also genau dann unabhängig, wenn ihre gemeinsame Verteilungsfunktion das Produkt der Verteilungsfunktion von X und der Verteilungsfunktion von Y ist.

Zufallsvariablen $X_1, X_2, ..., X_n$ heißen **unabhängig**, wenn für beliebige reelle Zahlen $x_i \leq x_i'$ $(i = 1, 2, ..., n)$ gilt

$$W\left(x_1 \leq X_1 \leq x_1', ..., x_n \leq X_n \leq x_n'\right) = \\ W\left(x_1 \leq X_1 \leq x_1'\right) \cdots W\left(x_n \leq X_n \leq x_n'\right).$$

Analog wie im Fall $n = 2$ läßt sich allgemein zeigen:

Seien $X_1, X_2, ..., X_n$ Zufallsvariablen auf der Ergebnismenge eines Zufallsexperiments, das sich aus n unabhängigen Teilexperimenten zusammensetzt. Hängt der Wert der Zufallsvariablen X_i nur vom Ergebnis des i-ten Teilexperiments ab $(i = 1, 2, ..., n)$, so sind $X_1, X_2, ..., X_n$ unabhängig.

Zufallsvariablen $X_1, X_2, ..., X_n$ heißen **paarweise unabhängig**, wenn je zwei dieser Zufallsvariablen unabhängig sind. Unabhängige Zufallsvariablen

$X_1, X_2, ..., X_n$ ($n \geq 3$) sind paarweise unabhängig. Die Unabhängigkeit der Zufallvariablen $X_1, X_2, ..., X_n$ bedeutet aber mehr als die paarweise Unabhängigkeit. Z.B. sind in Aufgabe 4 drei Zufallsvariablen angegeben, die paarweise aber nicht insgesamt unabhängig sind.

3.6 Unabhängige diskrete Zufallsvariablen

X und Y seien unabhängige diskrete Zufallsvariablen. Aus (3.3) folgt für $x_1 = x_2 = x$ und $y_1 = y_2 = y$

$$W(X = x, Y = y) = W(X = x) \cdot W(Y = y).$$

Für die gemeinsame Massefunktion bedeutet das

$$h(x,y) = f(x) \cdot g(x). \qquad (3.4)$$

Sei nun umgekehrt (3.4) erfüllt. Wir wollen zeigen, daß X und Y dann unabhängig sind. Mit $x'_1, x'_2, ..., x'_r$ bezeichnen wir die Ausprägungen der Zufallsvariablen X, die im Intervall $[x_1; x_2]$ liegen und mit $y'_1, y'_2, ..., y'_s$ die Ausprägungen der Zufallsvariablen Y, die in $[y_1; y_2]$ liegen. Mit (3.4) folgt

$$\begin{aligned} W(x_1 \leq X \leq x_2, y_1 \leq Y \leq y_2) &= \sum_{i=1}^{r} \sum_{j=1}^{s} W(X = x'_i, Y = y'_j) \\ &= \sum_{i=1}^{r} \sum_{j=1}^{s} h(x'_i, y'_j) \\ &= \sum_{i=1}^{r} \sum_{j=1}^{s} f(x'_i) \cdot g(y'_j) \\ &= \sum_{i=1}^{r} f(x'_i) \sum_{j=1}^{s} g(y'_j) \\ &= W(x_1 \leq X \leq x_2) \cdot W(y_1 \leq Y \leq y_2) \end{aligned}$$

Für die Unabhängigkeit diskreter Zufallsvariablen genügt es, die Gültigkeit von (3.4) für die Ausprägungen der beiden Zufallsvariablen zu fordern, also

$$h(x_i, y_j) = f(x_i) \cdot g(y_j) \qquad i = 1, 2, ..., I;\ j = 1, 2, ..., J.$$

Denn dann gilt (3.4) auch für alle reellen Zahlen x und y. Damit ist gezeigt:

Diskrete Zufallsvariablen sind genau dann unabhängig, falls jeder Wert in der gemeinsamen Wahrscheinlichkeitstabelle gleich dem Produkt der zugehörigen Randwahrscheinlichkeiten ist.

3. Gemeinsame Verteilung von Zufallsvariablen

Beispiel 3.4:
Beim Ausspielen eines unverfälschten Würfels seien die Zufallsvariablen X und Y wie folgt definiert:

$$X(i) = \begin{cases} 0 & \text{für } i = 2, 4, 6 \\ 1 & i = 1, 3, 5 \end{cases}$$

$$Y(i) = \begin{cases} 0 & \text{für } i = 1, 2, 3, 4 \\ 1 & i = 5, 6. \end{cases}$$

Dann lautet die gemeinsame Wahrscheinlichkeitstabelle von X und Y:

$x \backslash y$	0	1	$\sum$
0	1/3	1/6	1/2
1	1/3	1/6	1/2
$\sum$	2/3	1/3	1

Da jeder Wert in der gemeinsamen Wahrscheinlichkeitstabelle gleich dem Produkt der zugehörigen Randwahrscheinlichkeiten ist, sind X und Y unabhängig.

3.7 *Unabhängige stetige Zufallsvariablen

In Analogie zu den unabhängigen diskreten Zufallsvariablen kann man zeigen: Stetige Zufallsvariablen X und Y mit den Dichtefunktionen $f(x)$ bzw. $g(y)$ sind genau dann unabhängig, wenn die Funktion

$$h(x, y) = f(x) \cdot g(y)$$

eine gemeinsame Dichtefunktion für X und Y ist.

Beispiel 3.5:
X sei eine im Intervall [0; 2] und Y eine im Intervall [0; 1] rechteckverteilte Zufallsvariable, d.h. X und Y haben die in Abb. 3.2 dargestellten Dichten.

X und Y sind genau dann unabhängig, wenn die Funktion

$$h(x, y) = \begin{cases} 1/2 & \text{für } 0 \leq x \leq 2 \, ; \, 0 \leq y \leq 1 \\ 0 & \text{sonst} \end{cases}$$

(vgl. Abb. 3.1) eine gemeinsame Dichtefunktion für X und Y ist.

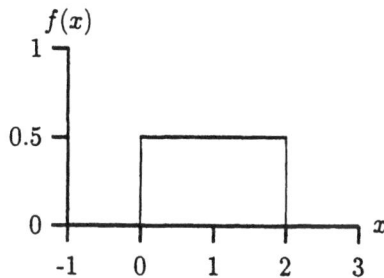

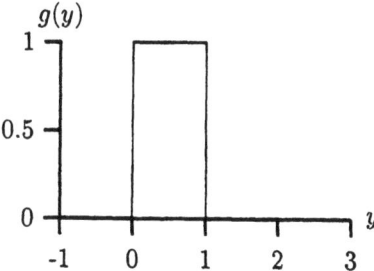

Abb. 3.2

3.8 Unabhängigkeit und Unkorreliertheit

Wir wollen zeigen:

Für unabhängige diskrete Zufallsvariablen X und Y gilt:

$$EXY = EX \cdot EY. \tag{3.5}$$

Seien nämlich $f(x)$ bzw. $g(y)$ die Massefunktionen und $x_1, x_2, ..., x_I$ bzw. $y_1, y_2, ..., y_J$ die Ausprägungen von X und Y. Mit $u(x,y) = xy$ folgt aus (3.1)

$$EXY = \sum\sum x_i y_j W(X = x_i, Y = y_j).$$

Da wegen der Unabhängigkeit von X und Y

$$W(X = x_i, Y = y_j) = f(x_i) \cdot g(y_j)$$

für $i = 1, 2, ..., I$ und $j = 1, 2, ..., J$ gilt, ergibt sich hieraus

$$\begin{aligned} EXY &= \sum\sum x_i y_j f(x_i) g(y_j) \\ &= \sum x_i f(x_i) \sum y_j g(y_j). \end{aligned}$$

64   3. Gemeinsame Verteilung von Zufallsvariablen

Die Behauptung (3.5) folgt unmittelbar. (3.5) gilt im übrigen auch für stetige Zufallsvariablen.

Wir wollen folgern:

Unabhängige Zufallsvariablen sind unkorreliert.

Für Zufallsvariablen X, Y gilt nämlich

$$(X - EX)(X - EY) = XY - XEY - (EX)Y + EXEY$$

und wegen der Linearität der Erwartungswertbildung hat man

$$\begin{aligned} cov(X,Y) &= E(X - EX)(Y - EY) \\ &= EXY - EXEY - EXEY + EXEY \\ &= EXY - EXEY \end{aligned}$$

weshalb $cov(X, Y) = 0$ wegen (3.5) erfüllt ist.

Für unkorrelierte Zufallsvariablen X, Y und beliebige reelle Zahlen a, b, c gilt nach (3.2):

$$var(aX + bY + c) = a^2 \, varX + b^2 \, varY. \tag{3.6}$$

Zufallsvariablen $X_1, X_2, ..., X_n$ nennt man **paarweise unkorreliert**, wenn je zwei der Zufallsvariablen unkorreliert sind. In Verallgemeinerung von (3.6) folgt:

Für paarweise unkorrelierte Zufallsvariablen $X_1, X_2, ..., X_n$ und reelle Zahlen $a_1, ..., a_n, c$ hat man

$$var(a_1 X_1 + ... + a_n X_n + c) = a_1^2 \, varX_1 + ... + a_n^2 \, varX_n. \tag{3.7}$$

Nach 3.5 sind unabhängige Zufallsvariablen $X_1, X_2, ..., X_n$ paarweise unabhängig, d.h. je zwei der Zufallsvariablen $X_1, X_2, ..., X_n$ sind unabhängig, weshalb sie auch paarweise unkorreliert sind. Folglich gilt Gleichung (3.7) insbesondere für unabhängige Zufallsvariablen.

3.9 Stichproben aus Verteilungen

Wenn $X_1, X_2, ..., X_n$ unabhängige Zufallsvariablen sind, die dieselbe Verteilungsfunktion $F(x)$ besitzen, sagt man kurz, $(X_1, X_2, ..., X_n)$ sei eine **Stichprobe aus der Verteilung** $F(x)$. n wird als **Stichprobenumfang** bezeichnet; $X_1, X_2, ..., X_n$ nennt man **Stichprobenvariablen**.

Nehmen wir beispielsweise an, man interessiere sich für ein bestimmtes Zufallsexperiment und eine auf der Ergebnismenge dieses Zufallsexperiments definierte Zufallsvariable X mit der Verteilungsfunktion $F(x)$. Das Zufallsexperiment werde n-mal unabhängig durchgeführt. Dann sind die Zufallsvariablen $X_1, X_2, ..., X_n$, die angeben, welche Werte X bei der ersten, zweiten, ... bzw. n-ten Durchführung annimmt, offenbar unabhängig und $(X_1, X_2, ..., X_n)$ ist eine Stichprobe aus der Verteilung $F(x)$. In diesem Falle nennt man die Stichprobenvariablen X_i auch **unabhängige Beobachtungen** der Zufallsvariablen X.

Beispiel 3.6:
Wenn $X_1, X_2, ..., X_n$ die Augenzahlen sind, die sich beim n-maligen Ausspielen eines unverfälschten Würfels einstellen, ist $(X_1, X_2, ..., X_n)$ eine Stichprobe aus der Verteilung

$$F(x) = \begin{cases} 0 & für \quad x < 1 \\ 1/6 & für \quad 1 \leq x < 2 \\ 2/6 & für \quad 2 \leq x < 3 \\ 3/6 & für \quad 3 \leq x < 4 \\ 4/6 & für \quad 4 \leq x < 5 \\ 5/6 & für \quad 5 \leq x < 6 \\ 1 & für \quad 6 \leq x. \end{cases}$$

Anmerkung: Ist $(X_1, X_2, ..., X_n)$ eine Stichprobe, so müssen die Stichprobenvariablen X_i keineswegs unabhängige Beobachtungen einer Zufallsvariablen X sein. Wir betrachten dazu ein unverfälschtes Tetraeder, dessen Seiten mit den "Augenzahlen" 1 bis 4 versehen sind. X_1 sei die Zufallsvariable, die beim Ausspielen des Tetraeders den Wert 0 bzw. 1 annimmt, falls eine gerade bzw. eine ungerade Augenzahl unten liegt und X_2 die Zufallsvariable, die den Wert 0 oder 1 annimmt, falls die unten liegende Augenzahl ≤ 2 bzw. > 2 ist. Dann gilt

$$W(X_1 = x_1) = 1/2 \quad für \quad x_1 = 0; 1$$
$$W(X_2 = x_2) = 1/2 \quad für \quad x_2 = 0; 1$$

und

$$W(X_1 = x_1, X_2 = x_2) = 1/4 \quad für \quad x_1, x_2 = 0; 1.$$

X_1 und X_2 sind also unabhängige Zufallsvariablen, die beide die Verteilungsfunktion

$$F(x) = \begin{cases} 0 & für \quad x < 0 \\ 1/2 & für \quad 0 \leq x < 1 \\ 1 & für \quad 1 \leq x \end{cases}$$

besitzen. (X_1, X_2) ist folglich eine Stichprobe aus der Verteilung $F(x)$, obwohl X_1 und X_2 zwei verschiedene Zufallsvariablen sind, die auf dem gleichen Zufallsexperiment definiert sind. Trotzdem ist es keine Beschränkung der Allgemeinheit, wenn man bei Folgerungen aus der Verteilung einer Stichprobe davon ausgeht, daß die Stichprobenvariablen X_i unabhängige Beobachtungen einer Zufallsvariablen X sind. Wird nämlich das Tetraeder zweimal ausgespielt und bezeichnen X_1' und X_2' die Zufallsvariablen, die angeben, welche Werte X_1 bei den beiden Ausspielungen annimmt, so ist auch (X_1', X_2') eine Stichprobe aus der Verteilung $F(x)$. Zwar sind die Zufallsvariablen X_i und X_i' (i=1,2) verschieden, schon weil sie zu verschiedenen Zufallsexperimenten gehören. Aber alle Folgerungen aus den

Verteilungen der Stichproben (X_1, X_2) *und* (X_1', X_2') *stimmen überein. Z.B. haben* $X_1 + X_2$ *und* $X_1' + X_2'$ *die gleiche Verteilung und damit auch den gleichen Erwartungswert und die gleiche Varianz.*

Wenn $(X_1, X_2, ..., X_n)$ eine Stichprobe aus einer Verteilung $F(x)$ ist, nennt man

$$\bar{X} = \frac{1}{n} \sum_{i=1}^{n} X_i$$

Stichprobenmittel und

$$S^2 = \frac{1}{n-1} \sum_{i=1}^{n} (X_i - \bar{X})^2$$

Stichprobenvarianz. Im folgenden wollen wir die Erwartungswerte von $\bar{X}$ und S^2 und die Varianz von $\bar{X}$ berechnen.

Wenn $(X_1, X_2, ..., X_n)$ eine Stichprobe ist, gilt

$$EX_1 = EX_2 = ... = EX_n$$
$$\mathrm{var}\, X_1 = \mathrm{var}\, X_2 = ... = \mathrm{var}\, X_n.$$

Zur Abkürzung schreiben wir μ für den Erwartungswert und σ^2 für die Varianz der Zufallsvariablen $X_1, X_2, ..., X_n$. Wegen der Linearität der Erwartungswertbildung gilt dann

$$E\bar{X} = \frac{1}{n} \sum EX_i = \frac{1}{n} n\, \mu = \mu$$

und wegen der Unabhängigkeit der Zufallsvariablen $X_1, X_2, ..., X_n$ nach (3.7)

$$\mathrm{var}\, \bar{X} = \frac{1}{n^2} \sum \mathrm{var}\, X_i = \frac{1}{n^2} n\, \sigma^2 = \frac{\sigma^2}{n}.$$

Man hat ferner

$$\begin{aligned}
S^2 &= \frac{1}{n-1} \sum (X_i - \bar{X})^2 = \frac{1}{n-1} \sum ([X_i - \mu] - [\bar{X} - \mu])^2 \\
&= \frac{1}{n-1} \sum \left([X_i - \mu]^2 - 2[X_i - \mu][\bar{X} - \mu] + [\bar{X} - \mu]^2\right) \\
&= \frac{1}{n-1} \sum (X_i - \mu)^2 - \frac{2n}{n-1} (\bar{X} - \mu)^2 + \frac{n}{n-1} (\bar{X} - \mu)^2 \\
&= \frac{1}{n-1} \sum (X_i - \mu)^2 - \frac{n}{n-1} (\bar{X} - \mu)^2
\end{aligned}$$

und es folgt

$$\begin{aligned}
ES^2 &= \frac{1}{n-1} \sum E(X_i - \mu)^2 - \frac{n}{n-1} E(\bar{X} - \mu)^2 \\
&= \frac{1}{n-1} \sum \mathrm{var}\, X_i - \frac{n}{n-1} \mathrm{var}\, \bar{X}
\end{aligned}$$

$$\begin{aligned}&= \frac{1}{n-1}\, n\, \sigma^2 - \frac{n}{n-1}\, \frac{\sigma^2}{n}\\&= \sigma^2.\end{aligned}$$

Wir fassen zusammen:
Das Stichprobenmittel besitzt den Erwartungswert μ und die Varianz σ^2/n, die Stichprobenvarianz besitzt den Erwartungswert σ^2.

3.10 Aufgaben

Aufgabe 1:
X_1 und X_2 seien unabhängige Zufallsvariablen mit $EX_1 = EX_2 = \mu$ und $var\, X_1 = var\, X_2 = \sigma^2$. Berechnen Sie den Erwartungswert und die Varianz der Summe $X_1 + X_2$ und der Differenz $X_1 - X_2$.

Lösung:
Wegen der Linearität der Erwartungswertbildung hat man

$$E(X_1 + X_2) = EX_1 + EX_2 = \mu + \mu = 2\mu\,.$$

Da X_1 und X_2 unabhängig sind, gilt

$$var\,(X_1 + X_2) = var\, X_1 + var\, X_2 = \sigma^2 + \sigma^2 = 2\sigma^2\,.$$

Für die Differenz $X_1 - X_2$ erhält man entsprechend

$$\begin{aligned}E(X_1 - X_2) &= EX_1 - EX_2 = \mu - \mu = 0\\var\,(X_1 - X_2) &= var\, X_1 + var\, X_2 = \sigma^2 + \sigma^2 = 2\sigma^2\,.\end{aligned}$$

Die Summe $X_1 + X_2$ und die Differenz $X_1 - X_2$ der (unabhängigen) Zufallsvariablen X_1 und X_2 haben also die gleiche Varianz.

Aufgabe 2:
X_1 und X_2 seien die Augenzahlen beim zweimaligen Ausspielen eines echten Würfels. Wir setzen

$$X = X_1 + X_2,\quad Y = X_1 - X_2.$$

Zeigen Sie, daß X und Y unkorreliert, aber nicht unabhängig sind.

68   3. Gemeinsame Verteilung von Zufallsvariablen

Lösung:
Wir berechnen die Kovarianz von X und Y. Es gilt

$$\begin{aligned} XY &= (X_1 + X_2)(X_1 - X_2) \\ &= X_1^2 + X_1 X_2 - X_1 X_2 - X_2^2 \\ &= X_1^2 - X_2^2. \end{aligned}$$

Wegen $\operatorname{var} X_1 = \operatorname{var} X_2$ hat man

$$E X_1^2 = E X_2^2$$

und folglich

$$EXY = E(X_1^2 - X_2^2) = E X_1^2 - E X_2^2 = 0.$$

Ferner gilt nach der Aufgabe 1

$$EY = E(X_1 - X_2) = 0.$$

Wir erhalten also

$$\operatorname{cov}(X, Y) = EXY - EX\,EY = 0 - 0 = 0$$

d.h. die Zufallsvariablen X und Y sind unkorreliert.

X und Y sind unabhängig, wenn für alle Ausprägungen x und y von X bzw. Y

$$W(X = x, Y = y) = W(X = x) \cdot W(Y = y)$$

erfüllt ist. Wir betrachten den Fall $x = 7$ und $y = 0$. Es ist

$$\begin{aligned} \{X = 7\} &= \{(1,6), (2,5), \ldots, (6,1)\} \\ \{Y = 0\} &= \{(1,1), (2,2), \ldots, (6,6)\} \end{aligned}$$

also

$$W(X = 7) = W(Y = 0) = \frac{6}{36} = \frac{1}{6}.$$

Wegen

$$\{X = 7\} \cap \{Y = 0\} = \emptyset$$

haben wir

$$W(X = 7, Y = 0) = 0$$

und somit

$$W(X = 7, Y = 0) \neq W(X = 7) \cdot W(Y = 0).$$

Damit ist bereits gezeigt, daß X und Y nicht unabhängig sind.

Aufgabe 3:
Die Zufallsvariable X besitze die Verteilungsfunktion

$$F(x) = \begin{cases} 0 & \text{für} \quad x < 1 \\ 1/4 & \text{für} \quad 1 \leq x < 5 \\ 1 & \text{für} \quad 5 \leq x. \end{cases}$$

Für die Stichprobe $(X_1, X_2, ..., X_6)$ aus der Verteilung F bezeichne $\bar{X}$ das Stichprobenmittel.

Wie groß sind
a) der Erwartungswert und die Varianz von $\bar{X}$?
b) der Erwartungswert und die Varianz von $\frac{1}{3} X_1 + \frac{2}{3} X_2$?

Lösung:
Die Zufallsvariable X besitzt die Wahrscheinlichkeitstabelle

x	1	5
$W(X=x)$	1/4	3/4

Damit hat man

$$EX = 1 \cdot \frac{1}{4} + 5 \cdot \frac{3}{4} = 4 \,;$$

$$\text{var } X = EX^2 - (EX)^2 = 1^2 \cdot \frac{1}{4} + 5^2 \cdot \frac{3}{4} - 4^2 = 3.$$

Damit ergibt sich
a)

$$E\bar{X} = EX = 4 \,,$$

$$\text{var } \bar{X} = \frac{\text{var } X}{n} = \frac{3}{6} = 0,5.$$

b)

$$E\left(\frac{1}{3} X_1 + \frac{2}{3} X_2\right) = \frac{1}{3} EX_1 + \frac{2}{3} EX_2 = \frac{1}{3}EX + \frac{2}{3} EX = EX = 4$$

und, da die Stichprobenvariablen X_1, X_2 unabhängig sind:

$$\text{var}\left(\frac{1}{3} X_1 + \frac{2}{3} X_2\right) = \left(\frac{1}{3}\right)^2 \text{var } X_1 + \left(\frac{2}{3}\right)^2 \text{var } X_2$$

$$= \frac{1}{9} \text{var } X + \frac{4}{9} \text{var } X = \frac{5}{9} \cdot 3 = \frac{5}{3}.$$

Aufgabe 4:
Ein unverfälschter Würfel wird zweimal ausgespielt. Die Zufallsvariablen X, Y und Z sind wie folgt definiert:

$$X = \begin{cases} 0 \\ 1 \end{cases} \text{ falls die Augenzahl beim 1.Wurf } \begin{cases} \text{gerade} \\ \text{ungerade} \end{cases} \text{ ist}$$

$$Y = \begin{cases} 0 \\ 1 \end{cases} \text{ falls die Augenzahl beim 2.Wurf } \begin{cases} \text{gerade} \\ \text{ungerade} \end{cases} \text{ ist}$$

$$Z = \begin{cases} 0 \\ 1 \end{cases} \text{ falls die Augensumme } \begin{cases} \text{gerade} \\ \text{ungerade} \end{cases} \text{ ist.}$$

3. Gemeinsame Verteilung von Zufallsvariablen

Zeigen Sie
a) X, Y, Z sind paarweise unabhängig,
b) X, Y, Z sind (insgesamt) nicht unabhängig.

Lösung:

a) X und Y sind unabhängig, denn die beiden Ausspielungen des Würfels sind unabhängige Experimente und X hängt nur vom Ergebnis der ersten, Y nur vom Ergebnis der zweiten Ausspielung ab.

Um zu prüfen, ob auch die beiden anderen Paare von Zufallsvariablen unabhängig sind, berechnen wir ihre gemeinsamen Wahrscheinlichkeitstabellen. Alle Randwahrscheinlichkeiten sind gleich 1/2, denn X und Y nehmen jede der beiden Ausprägungen 0 und 1 mit der Wahrscheinlichkeit 1/2 an, und das gleiche gilt für die Zufallsvariable Z, da die Augensumme für 18 der 36 möglichen Ergebnisse gerade ist. Wird nun noch jeweils eine Wahrscheinlichkeit, etwa $W(X = 0, Z = 0)$ und $W(Y = 0, Z = 0)$ bestimmt, so lassen sich die übrigen Wahrscheinlichkeiten mit Hilfe der Randwahrscheinlichkeiten ergänzen.

Bei $W(X = 0, Z = 0)$ und $W(Y = 0, Z = 0)$ handelt es sich um die Wahrscheinlichkeit dafür, daß beide Ausspielungen des Würfels eine gerade Augenzahl ergeben, denn eine Augenzahl und die Augensumme sind nur dann beide gerade, wenn auch die andere Augenzahl gerade ist. Dieses Ereignis tritt mit der Wahrscheinlichkeit 1/4 ein, so daß wir für X und Z bzw. Y und Z die folgende unvollständige gemeinsame Wahrscheinlichkeitstabelle erhalten:

X bzw. $Y \setminus Z$	0	1	Σ
0	$\frac{1}{4}$	.	$\frac{1}{2}$
1	.		$\frac{1}{2}$
Σ	$\frac{1}{2}$	$\frac{1}{2}$	1

Die übrigen Wahrscheinlichkeiten bestimmen sich nun unmittelbar zu ebenfalls 1/4; daraus ersieht man, daß X und Z bzw. Y und Z unabhängig sind.
X, Y und Z sind also paarweise unabhängig.

b) Zufallsvariablen X, Y, Z mit den Ausprägungen 0 und 1 sind genau dann unabhängig, wenn für beliebige $i, j, k = 0; 1$ gilt

$$W(X = i, Y = j, Z = k) = W(X = i) \cdot W(Y = j) \cdot W(Z = k).$$

In unserem Fall gilt insbesondere $(i = j = k = 0)$

$$W(X = 0, Y = 0, Z = 0) = \frac{1}{4}$$

da mit der Wahrscheinlichkeit 1/4 beide Augenzahlen - und damit auch die Augesumme - gerade sind.

Andererseits hat man

$$W(X = 0) = W(Y = 0) = W(Z = 0) = \frac{1}{2}$$

und daher

$$W(X = 0) \cdot W(Y = 0) \cdot W(Z = 0) = \frac{1}{2} \cdot \frac{1}{2} \cdot \frac{1}{2} = \frac{1}{8}.$$

Es ist also

$$W(X = 0,\ Y = 0,\ Z = 0) \neq W(X = 0) \cdot W(Y = 0) \cdot W(Z = 0).$$

Damit ist schon nachgewiesen, daß X,Y,Z abhängig sind.

4
Spezielle diskrete Verteilungen

4.1 BERNOULLI-Verteilung

X sei eine diskrete Zufallsvariable mit den Ausprägungen 0 und 1. Wenn X die Massefunktion $f(x)$ besitzt, ist

x	$f(x)$
0	$1 - W(X = 1)$
1	$W(X = 1)$

die Wahrscheinlichkeitstabelle von X. Die Verteilung von X ist demnach durch die Angabe von

$$\theta = W(X = 1)$$

bereits festgelegt.
Eine Zufallsvariable X mit der Wahrscheinlichkeitstabelle

x	$f(x)$
0	$1 - \theta$
1	θ

nennt man ***BERNOULLI-verteilt*** oder ***BERNOULLI-Variable*** mit dem Parameter θ.

Wir nehmen an, es seien ein Zufallsexperiment mit der Ergebnismenge Ω und ein beliebiges Ereignis $A \subset \Omega$ gegeben. Wir betrachten die Zufallsvariable X_A, die wie folgt definiert wird

$$X_A(e) = \begin{cases} 1 \text{ falls } e \in A \\ 0 \text{ falls } e \notin A. \end{cases}$$

4. Spezielle diskrete Verteilungen

X_A gibt also an, wie oft A bei der (einmaligen) Durchführung des fraglichen Zufallsexperiments eintritt. Man nennt X_A **Indikatorvariable** von A. X_A ist offensichlich BERNOULLI-verteilt mit dem Parameter $W(A)$.

Wenn X BERNOULLI-verteilt ist mit dem Parameter θ, hat man offensichtlich

$$EX = \theta \tag{4.1}$$
$$\begin{aligned} \mathrm{var}\, X &= EX^2 - (EX)^2 \\ &= \theta - \theta^2 \\ &= \theta(1-\theta). \end{aligned} \tag{4.2}$$

Die Funktion $\theta(1-\theta)$ hat für $0 \leq \theta \leq 1$ den in Abb. 4.1 dargestellten Verlauf.

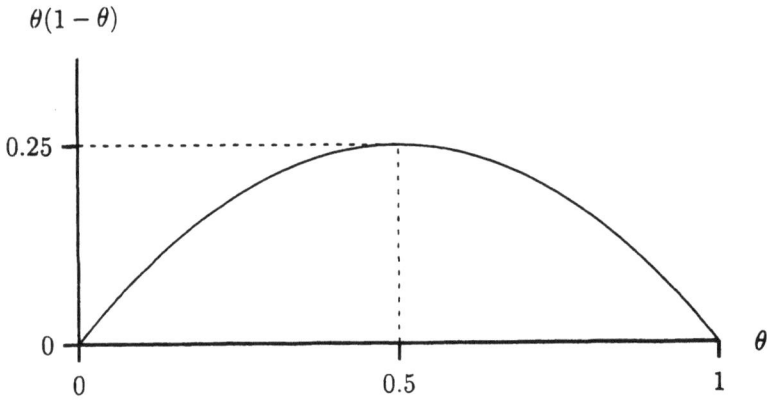

Abb. 4.1

An der Stelle $\theta = 0,5$ liegt also das Maximum, d.h. es gilt $\theta(1-\theta) \leq \frac{1}{4}$.

Wir fassen zusammen:

Eine mit dem Parameter θ BERNOULLI-verteilte Zufallsvariable X hat

- die Massefunktion

$$f(x) = \begin{cases} 1-\theta & \text{für} \quad x=0 \\ \theta & \text{für} \quad x=1 \\ 0 & \text{sonst} \end{cases}$$

- *den Erwartungswert* $EX = \theta$

- *die Varianz* $\text{var} X = \theta(1-\theta)$.

4.2 Binomialverteilung

Die Zufallsvariablen $X_1, X_2, ..., X_n$ seien unabhängig und BERNOULLI-verteilt mit dem Parameter θ. Nach 3.9 ist $(X_1, X_2, ..., X_n)$ dann eine Stichprobe aus einer BERNOULLI-Verteilung mit Parameter θ, und nach (4.1) und (4.2) gilt:

$$EX_i = \theta$$
$$\text{var} X_i = \theta(1-\theta).$$

Die Zufallsvariable
$$X = X_1 + X_2 + ... + X_n$$
gibt an, wie viele der Variablen $X_1, X_2, ..., X_n$ den Wert 1 annehmen. Man hat

$$EX = EX_1 + EX_2 + ... + EX_n = n\theta \qquad (4.3)$$
$$\text{var} X = \text{var} X_1 + \text{var} X_2 + ... + \text{var} X_n = n\theta(1-\theta). \qquad (4.4)$$

Nach (1.14) in 1.6 gilt für $m = 0, 1, ..., n$

$$W(X = m) = \binom{n}{m} \theta^m (1-\theta)^{n-m}.$$

Die Massefunktion von X hängt also von den beiden Parametern n und θ ab und lautet

$$f(x \mid n; \theta) = \begin{cases} \binom{n}{x} \theta^x (1-\theta)^{n-x} & \text{für } x = 0, 1, ..., n \\ 0 \text{ sonst.} \end{cases} \qquad (4.5)$$

Eine Zufallsvariable mit der Massefunktion $f(x \mid n; \theta)$ heißt **binomialverteilt** mit den Parametern n und θ. In Abb. 4.2 sind für einige Werte der Parameter n und θ die Massefunktionen $f(x \mid n; \theta)$ dargestellt. Die für Abb. 4.2 verwendeten Daten sind in Tab. 4.1 angegeben.

x	$f(x \mid 8; 0,2)$	$f(x \mid 8; 0,5)$	$f(x \mid 8; 0,8)$
0	0,1678	0,0039	0,0000
1	0,3355	0,0312	0,0001
2	0,2936	0,1094	0,0011
3	0,1468	0,2188	0,0092
4	0,0459	0,2734	0,0459
5	0,0092	0,2188	0,1468
6	0,0011	0,1094	0,2936
7	0,0001	0,0312	0,3355
8	0,0000	0,0039	0,1678

Tab. 4.1

76   4. Spezielle diskrete Verteilungen

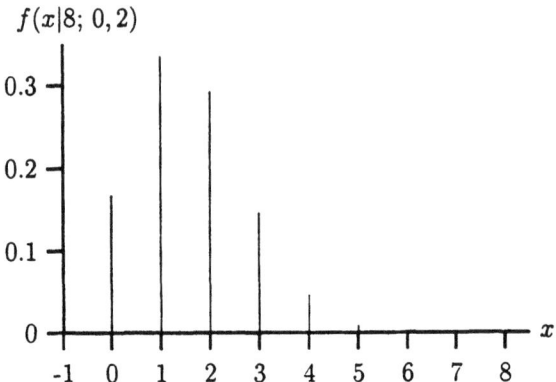

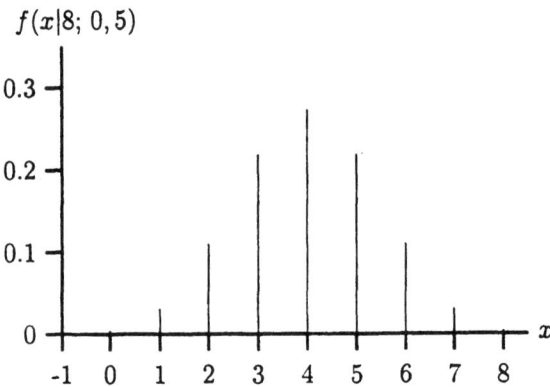

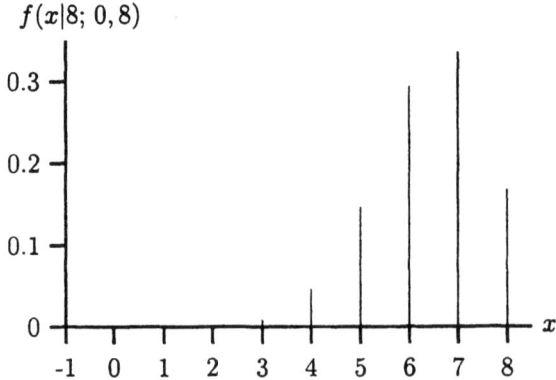

Abb. 4.2

Da eine mit den Parametern n und θ binomialverteilte Zufallsvariable dieselbe Verteilung besitzt wie die oben betrachtete Zufallsvariable X, hat sie nach (4.3) und (4.4) den Erwartungswert $n\theta$ und die Varianz $n\theta(1-\theta)$.

Erwartungswert und Varianz einer binomialverteilten Zufallsvariablen können natürlich auch mit Hilfe der Massefunktion (4.5) berechnet werden.

$$EX = \sum_{x=0}^{n} x f(x \mid n; \theta)$$
$$= \sum_{x=0}^{n} x \binom{n}{x} \theta^x (1-\theta)^{n-x} = \sum_{x=1}^{n} x \binom{n}{x} \theta^x (1-\theta)^{n-x}.$$

Wegen

$$x \binom{n}{x} = x \frac{n!}{x!(n-x)!} = x \frac{n(n-1)!}{x(x-1)!(n-x)!} = n \binom{n-1}{x-1}$$

folgt

$$EX = n \sum_{x=1}^{n} \binom{n-1}{x-1} \theta^x (1-\theta)^{n-x}$$
$$= n\theta \sum_{x=1}^{n} \binom{n-1}{x-1} \theta^{x-1} (1-\theta)^{(n-1)-(x-1)}.$$

Wenn wir $y = x - 1$ als Summationsindex einführen, ergibt sich

$$EX = n\theta \sum_{y=0}^{n-1} \binom{n-1}{y} \theta^y (1-\theta)^{(n-1)-y}.$$

Nun gilt

$$\sum_{y=0}^{n-1} \binom{n-1}{y} \theta^y (1-\theta)^{(n-1)-y} = \sum_{y=0}^{n-1} f(y \mid n-1; \theta) = 1,$$

und man erhält (4.3).
Entsprechend hat man

$$\text{var} X = \sum_{x=0}^{n} (x - n\theta)^2 f(x \mid n; \theta)$$
$$= \sum (x - n\theta)^2 \binom{n}{x} \theta^x (1-\theta)^{n-x}.$$

Durch einige algebraische Umformungen des Ausdrucks auf der rechten Seite der letzten Gleichung erhält man (4.4).

Beispiel 4.1:
Ein unverfälschter Würfel wird 10-mal ausgespielt. Die Zufallsvariable X gebe an, wie oft dabei die Augenzahl 6 auftritt. Wir wollen die Massefunktion, den Erwartungswert und die Varianz von X ermitteln.
Wir betrachten zunächst das einmalige Ausspielen des Würfels und definieren

$$X_o = \begin{cases} 1 & \text{falls dabei die Augenzahl 6 auftritt} \\ 0 & \text{sonst.} \end{cases}$$

X_o ist BERNOULLI-verteilt mit Parameter $\theta = 1/6$.

78   4. Spezielle diskrete Verteilungen

Definieren wir beim 10-maligen Ausspielen des Würfels für $i = 1, 2, ..., 10$ die Zufallsvariablen

$$X_i = \begin{cases} 1 & \text{falls bei der } i\text{-ten Ausspielung die Augenzahl 6 auftritt} \\ 0 & \text{sonst,} \end{cases}$$

so ist $(X_1, X_2, ..., X_{10})$ eine Stichprobe aus der BERNOULLI-Verteilung von X_o. Die Zufallsvariable

$$X = X_1 + X_2 + ... + X_{10}$$

gibt dann an, wie oft beim 10-maligen Ausspielen des Würfels die 6 auftritt. Also ist X binomialverteilt mit den Parametern $n = 10$ und $\theta = 1/6$. Die Massefunktion von X lautet

$$f(x \mid 10; 1/6) = \begin{cases} \binom{10}{x} (1/6)^x (1 - 1/6)^{10-x} & \text{für } x = 0, 1, ..., 10 \\ 0 \text{ sonst.} \end{cases}$$

Für den Erwartungswert von X erhalten wir

$$EX = 10 \cdot 1/6 = 10/6 = 1,6667$$

und für die Varianz

$$\text{var} X = 10 \cdot 1/6 \cdot 5/6 = 50/36 = 1,3889.$$

Beispiel 4.2:
Eine Urne sei gefüllt mit N Kugeln, von denen M rot und $N - M$ weiß sind. Wir ziehen n Kugeln mit Zurücklegen, bezeichnen die Anzahl der dabei auftretenden roten Kugeln mit X und wollen die Massefunktion von X ermitteln.
Wir betrachten zunächst das Ziehen einer Kugel und setzen

$$X_o = \begin{cases} 1 & \text{falls die gezogene Kugel rot ist} \\ 0 & \text{sonst.} \end{cases}$$

X_o besitzt die Wahrscheinlichkeitstabelle

x	$f(x)$
0	$1 - \frac{M}{N}$
1	$\frac{M}{N}$

Nun kommen wir wiederum zum n-maligen Ziehen mit Zurücklegen und definieren für $i = 1, 2, ..., n$

$$X_i = \begin{cases} 1 & \text{falls die } i\text{-te gezogene Kugel rot ist} \\ 0 & \text{sonst.} \end{cases}$$

Die Zufallsvariablen $X_1, X_2, ..., X_n$ sind unabhängig und BERNOULLI-verteilt mit dem Parameter M/N, und es gilt

$$X = X_1 + X_2 + ... + X_n.$$

Also ist X binomialverteilt mit den Parametern n und M/N. Die Massefunktion von X lautet

$$f\left(x \mid n; \frac{M}{N}\right)$$

und es gilt
$$EX = n\frac{M}{N}$$
$$\operatorname{var} X = n\frac{M}{N}\left(1-\frac{M}{N}\right).$$

Die Zufallsvariablen $X_1, X_2, ..., X_n$ seien unabhängig und BERNOULLI-verteilt mit dem Parameter θ.

$$X = X_1 + X_2 + ... + X_n$$

gibt dann an, wie viele der Variablen $X_1, X_2, ..., X_n$ den Wert 1 annehmen. Das Stichprobenmittel

$$\bar{X} = X/n$$

ist daher als Anteil der Variablen zu interpretieren, die den Wert 1 annehmen. Wegen dieser Besonderheit schreibt man meist P statt $\bar{X}$. P heißt *Stichprobenanteil*. Für den Erwartungswert und die Varianz von P erhält man nach (4.3) und (4.4):

$$EP = E(X/n) = \frac{1}{n}EX = n\theta/n = \theta$$
$$\operatorname{var} P = \operatorname{var}(X/n) = \frac{1}{n^2}\operatorname{var} X = \frac{1}{n^2}n\theta(1-\theta) = \frac{\theta(1-\theta)}{n}.$$

Wir fassen zusammen:

Eine mit den Parametern n und θ binomialverteilte Zufallsvariable X besitzt

- *die Massefunktion*

$$f(x \mid n; \theta) = \begin{cases} \binom{n}{x}\theta^x(1-\theta)^{n-x} & \text{für } x = 0, 1, ..., n \\ 0 \text{ sonst,} \end{cases}$$

- *den Erwartungswert*

$$EX = n\theta,$$

- *die Varianz*

$$\operatorname{var} X = n\theta(1-\theta).$$

Der Stichprobenanteil $P = X/n$ besitzt

- *den Erwartungswert*

$$EP = \theta$$

- *die Varianz*

$$\operatorname{var} P = \frac{\theta(1-\theta)}{n}.$$

4.3 Hypergeometrische Verteilung

Eine Urne enthalte N Kugeln, von denen M rot seien. Wenn n Kugeln ohne Zurücklegen gezogen werden, ist die Anzahl X der roten Kugeln, die in die Auswahl gelangen, eine Zufallsvariable. Für $m = 0, 1, 2, ..., n$ gilt

$$W(X = m) = \frac{\binom{M}{m}\binom{N-M}{n-m}}{\binom{N}{n}}. \tag{4.6}$$

Um dies zu beweisen, nehmen wir an, die roten Kugeln seien von 1 bis M numeriert, die übrigen von $M+1$ bis N. Wir notieren die Nummern der gezogenen Kugeln in der Reihenfolge ihres Auftretens. Einige dieser n-Tupel haben die Eigenschaft

Die ersten m Nummern sind höchstens gleich M, und die übrigen sind größer als M. (4.7)

Dabei ist $m = 0, 1, ..., n$ beliebig vorgegeben. Es gibt nun (vgl. A 1.3)

$$M \cdot (M-1) \ ... \ \cdot (M-m+1) = \frac{M!}{(M-m)!}$$

m-Tupel, die aus den Zahlen $1, 2, ..., M$ ohne Wiederholung gebildet sind, und es gibt

$$\frac{(N-M)!}{(N-M-(n-m))!}$$

$(n-m)$-Tupel, die aus den Zahlen $M+1, M+2, ..., N$ ohne Wiederholung gebildet sind. Also gibt es

$$\frac{M!}{(M-m)!} \cdot \frac{(N-M)!}{(N-M-n+m)!} \tag{4.8}$$

n-Tupel mit der Eigenschaft (4.7). Nun zeichnen wir nicht unbedingt die ersten m, sondern m beliebige Positionen eines n-Tupels aus, etwa die Positionen $1, 2, ..., m-1$ und $m+1$. Die Zahl der n-Tupel, die ohne Wiederholungen gebildet sind und die Eigenschaft

Die an den ausgezeichneten Positionen stehenden Zahlen sind höchstens gleich M, und die übrigen sind größer als M

besitzen, ist gleich (4.8). Da man

$$\binom{n}{m}$$

4.3 Hypergeometrische Verteilung   81

Möglichkeiten hat, m von n Positionen auszuzeichnen, gibt es

$$\binom{n}{m} \cdot \frac{M!}{(M-m)!} \cdot \frac{(N-M)!}{(N-M-n+m)!}$$

verschiedene n-Tupel, in denen m der Zahlen $1, 2, ..., M$ und $n-m$ der Zahlen $M+1, M+2, ..., N$ vorkommen.
Von den insgesamt

$$\frac{N!}{(N-n)!}$$

möglichen n-Tupeln besitzen also

$$\binom{n}{m} \cdot \frac{M!}{(M-m)!} \cdot \frac{(N-M)!}{(N-M-n+m)!}$$

die Eigenschaft

Es gibt genau m Positionen, die mit Zahlen, die roten Kugeln entsprechen, besetzt sind.

Die Wahrscheinlichkeit dafür, daß bei n-maligem Ziehen genau m rote Kugeln in die Auswahl gelangen, ist somit, wie behauptet,

$$\frac{\binom{n}{m} \cdot \frac{M!}{(M-m)!} \cdot \frac{(N-M)!}{(N-M-n+m)!}}{\frac{N!}{(N-n)!}} = \frac{\binom{M}{m}\binom{N-M}{n-m}}{\binom{N}{n}}.$$

Beispiel 4.3:
Nach (4.6) ist die Wahrscheinlichkeit dafür, bei 4-maligem Ziehen aus einem Skatblatt

- *genau drei Kreuzkarten zu bekommen, gleich*

$$\frac{\binom{8}{3}\binom{32-8}{4-3}}{\binom{32}{4}} = \frac{168}{4495} = 0,0374$$

- *alle vier Buben zu erhalten, gleich*

$$\frac{\binom{4}{4}\binom{32-4}{0}}{\binom{32}{4}} = \frac{1}{\binom{32}{4}} = \frac{1}{35960} = 0,0000278.$$

82   4. Spezielle diskrete Verteilungen

Mit X bezeichnen wir weiterhin die Anzahl der roten Kugeln, die in die Auswahl gelangen, wenn man n-mal ohne Zurücklegen aus einer Urne zieht, die mit M roten und $N-M$ andersfarbigen Kugeln gefüllt ist. Nach (4.6) ist die Massefunktion von X durch die drei Parameter n, N und M bestimmt; wir bezeichnen sie mit $f(x \mid n; N; M)$ und haben

$$f(x \mid n; N; M) = \begin{cases} \dfrac{\binom{M}{x}\binom{N-M}{n-x}}{\binom{N}{n}} & \text{für } x = 0, 1, ..., n \\ 0 \text{ sonst.} \end{cases}$$

Eine Zufallsvariable mit dieser Massefunktion heißt **hypergeometrisch verteilt** mit den Parametern n, N und M. Man kann zeigen, daß sie den Erwartungswert

$$n\frac{M}{N}$$

und die Varianz

$$n\frac{M}{N}\left(1-\frac{M}{N}\right)\frac{N-n}{N-1}$$

besitzt.

Ist X nämlich hypergeometrisch verteilt mit den Parametern n, N und M, gilt definitionsgemäß

$$\begin{aligned} EX &= \sum_{x=0}^{n} x f(x \mid n; N; M) \\ &= \sum_{x=0}^{n} x \frac{\binom{M}{x}\binom{N-M}{n-x}}{\binom{N}{n}}. \end{aligned}$$

Wegen

$$x\binom{M}{x} = M\binom{M-1}{x-1}$$
$$\binom{N}{n} = \frac{N}{n}\binom{N-1}{n-1}$$

hat man

$$x\frac{\binom{M}{x}\binom{N-M}{n-x}}{\binom{N}{n}} = n\frac{M}{N}\frac{\binom{M-1}{x-1}\binom{N-M}{n-x}}{\binom{N-1}{n-1}}$$

und wegen

$$\binom{N-M}{n-x} = \binom{(N-1)-(M-1)}{(n-1)-(x-1)}$$

$$\frac{\binom{M-1}{x-1}\binom{(N-1)-(M-1)}{(n-1)-(x-1)}}{\binom{N-1}{n-1}} = f(x-1\mid n-1; N-1; M-1)$$

folgt

$$EX = n\frac{M}{N}\sum_{x=1}^{n} f(x-1\mid n-1; N-1; M-1)$$
$$= n\frac{M}{N}\sum_{y=0}^{n-1} f(y\mid n-1; N-1; M-1).$$

Wegen

$$\sum_{y=0}^{n-1} f(y\mid n-1; N-1; M-1) = 1$$

erhält man

$$EX = n\frac{M}{N}.$$

Für die Varianz von X gilt definitionsgemäß

$$varX = \sum_{x=0}^{n}(x-EX)^2 f(x\mid n; N; M).$$

Durch Umformungen, die zu den oben durchgeführten analog sind, ergibt sich

$$varX = n\frac{M}{N}\left(1 - \frac{M}{N}\right)\frac{N-n}{N-1}.$$

Zieht man n Kugeln aus einer Urne, die M rote und $N-M$ andersfarbige Kugeln enthält, so ist die Zahl X der in die Auswahl gelangenden roten Kugeln im Falle des Ziehens mit Zurücklegen nach Beispiel 4.2 binomialverteilt mit den Parametern n und M/N und im Falle des Ziehens ohne Zurücklegen - wie wir oben gesehen haben - hypergeometrisch verteilt mit den Parametern n, N und M. In beiden Fällen besitzt X also den Erwartungswert

$$n\frac{M}{N}.$$

Dagegen gilt, je nachdem, ob mit oder ohne Zurücklegen gezogen wird,

$$varX = \begin{cases} n\frac{M}{N}\left(1-\frac{M}{N}\right) \\ n\frac{M}{N}\left(1-\frac{M}{N}\right)\frac{N-n}{N-1}. \end{cases}$$

Die Varianz von X ist also beim Ziehen ohne Zurücklegen kleiner als beim Ziehen mit Zurücklegen. Den **Korrekturfaktor**

$$\frac{N-n}{N-1}$$

84 4. Spezielle diskrete Verteilungen

der beim Ziehen ohne Zurücklegen auftritt, wollen wir wegen

$$\frac{N-n}{N-1} = \left(1 - \frac{n}{N}\right)\frac{N}{N-1} \approx 1 - \frac{n}{N}$$

vernachlässigen, wenn der **Auswahlsatz** n/N den Wert 5 % nicht übersteigt.

Aufschlußreich ist ein Vergleich der Massefunktionen

$$f\left(x \mid n; \frac{M}{N}\right) \text{ und } f(x \mid n; N; M).$$

Es zeigt sich, daß bei $f(x \mid n; N; M)$ die Wahrscheinlichkeiten stärker auf die Werte um nM/N konzentriert sind als bei $f\left(x \mid n; \frac{M}{N}\right)$. In Abb. 4.3 sind die Massefunktionen $f(x \mid 8; 16; 8)$ und $f(x \mid 8; 0, 5)$ dargestellt.

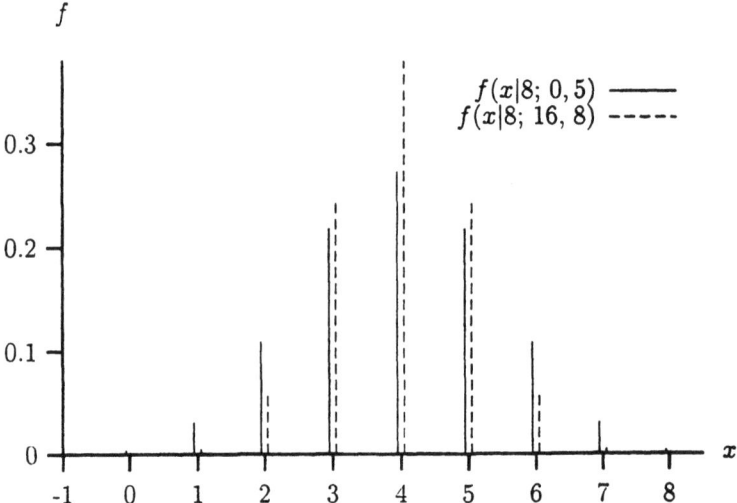

Abb. 4.3

Wenn der Auswahlsatz n/N klein ist - als Faustregel soll $n/N \leq 0,05$ benützt werden - gilt in guter Näherung

$$f(x \mid n; N; M) = f\left(x \mid n; \frac{M}{N}\right)$$

für $x = 0, 1, ..., n$.

4.3 Hypergeometrische Verteilung

Wir fassen zusammen:

Zieht man n Kugeln aus einer Urne, die M rote und N - M andersfarbige Kugeln enthält, so ist - unter Berücksichtigung von Beispiel 4.2 - die Zahl X der in die Auswahl gelangenden roten Kugeln beim Ziehen

- *mit Zurücklegen binomialverteilt mit den Parametern n und M/N*

- *ohne Zurücklegen hypergeometrisch verteilt mit den Parametern n, N und M.*

Beim Ziehen mit Zurücklegen hat man

- *die Massefunktion*

$$f\left(x \mid n; \tfrac{M}{N}\right) = \begin{cases} \binom{n}{x} \left(\tfrac{M}{N}\right)^x \left(1 - \tfrac{M}{N}\right)^{n-x} & \text{für } x = 0, 1, ..., n \\ 0 & \text{sonst} \end{cases}$$

- *den Erwartungswert*

$$EX = n\frac{M}{N}$$

- *die Varianz*

$$\operatorname{var} X = n\frac{M}{N}\left(1 - \frac{M}{N}\right)$$

und beim Ziehen ohne Zurücklegen

- *die Massefunktion*

$$f(x \mid n; N; M) = \begin{cases} \dfrac{\binom{M}{x}\binom{N-M}{n-x}}{\binom{N}{n}} & \text{für } x = 0, 1, ..., n \\ 0 & \text{sonst} \end{cases}$$

- *den Erwartungswert*

$$EX = n\frac{M}{N}$$

- *die Varianz*

$$\operatorname{var} X = n\frac{M}{N}\left(1 - \frac{M}{N}\right)\frac{N-n}{N-1}.$$

4.4 Aufgaben

Aufgabe 1:
Eine faire Münze wird 8-mal geworfen.

a) Wie groß ist die Wahrscheinlichkeit, daß
a_1) genau 4-mal
a_2) weniger als 4-mal
a_3) wenigstens 4-mal

Kopf erscheint?

b) Berechnen Sie den Erwartungswert und die Standardabweichung für die Zahl der auftretenden "Köpfe".

Lösung:
a) Die Zahl X der "Köpfe", die beim 8-maligen Werfen der Münze auftreten, ist binomialverteilt mit den Parametern $n = 8$ und $\theta = 1/2$.
Die Werte der Massefunktion $f(x \mid 8; 1/2)$ können wir Tab. 4.1 entnehmen. Wir erhalten
a_1)
$$W(X = 4) = f(4 \mid 8; 1/2) = 0,2734 \;.$$

a_2)
$$W(X < 4) = \sum_{x=0}^{3} f(x \mid 8; 1/2)$$
$$= 0,0039 + 0,0312 + 0,1094 + 0,2188 = 0,3633 \;.$$

a_3)
$$W(X \geq 4) = 1 - W(X < 4) = 1 - 0,3633 = 0,6367 \;.$$

b) Für den Erwartungswert und die Varianz von X ergibt sich
$$EX = n\theta = 8 \cdot \frac{1}{2} = 4$$
$$var\, X = n\theta(1-\theta) = 8 \cdot \frac{1}{2} \cdot \frac{1}{2} = 2 \;.$$

Die Standardabweichung beträgt also
$$\sqrt{var\, X} = \sqrt{2} = 1,4142 \;.$$

Aufgabe 2:
Eine aus 500 Stücken bestehende Sendung eines Massenartikels weist 10 % Ausschuß auf. Man zieht $n = 30$-mal ohne Zurücklegen.

a) Wie viele fehlerhafte Stücke hat man zu erwarten?
b) Wie groß ist die Varianz der Zahl der ausgewählten fehlerhaften Stücke?

Lösung:
In der Sendung befinden sich 50 fehlerhafte Stücke. Die Zufallsvariable X, die angibt, wie viele schlechte Stücke ausgewählt werden, ist also hypergeometrisch verteilt mit den Parametern $n = 30$, $N = 500$ und $M = 50$.
a) Die Zahl der zu erwartenden fehlerhaften Stücke ist

$$EX = n\frac{M}{N} = 30\,\frac{50}{500} = 3.$$

b) Die Varianz von X berechnet sich zu

$$\begin{aligned} \operatorname{var} X &= n\frac{M}{N}\left(1 - \frac{M}{N}\right)\frac{N-n}{N-1} \\ &= 30 \cdot \frac{50}{500}\left(1 - \frac{50}{500}\right)\frac{500-30}{500-1} = 2,5431\,. \end{aligned}$$

Aufgabe 3:
Mit welcher Wahrscheinlichkeit hat man mit einer Tippreihe im Lotto ("6 aus 49") "drei-", "vier-", bzw. "sechs Richtige"?

Lösung:
A_i bezeichne das Ereignis, daß man "i-Richtige" hat ($i = 3, 4, 6$). Die Tippreihe enthält also bei
A_6 : 6 Gewinnzahlen
A_4 : 4 Gewinnzahlen
A_3 : 3 Gewinnzahlen.

Die Wahrscheinlichkeit, mit der die Tippreihe i Gewinnzahlen enthält, ist gleich der Wahrscheinlichkeit, beim Ziehen ohne Zurücklegen von $n = 6$ Kugeln aus einer mit 6 roten und 43 weißen Kugeln gefüllte Urne genau i rote Kugeln zu erhalten. Daher ist

$$W(A_6) = \frac{\binom{6}{6}\binom{43}{0}}{\binom{49}{6}} = \frac{1}{\binom{49}{6}} = 0,000\,000\,0715$$

$$W(A_4) = \frac{\binom{6}{4}\binom{43}{2}}{\binom{49}{6}} = \frac{15 \cdot 903}{\binom{49}{6}} = 0,000\,969$$

und

$$W(A_3) = \frac{\binom{6}{3}\binom{43}{3}}{\binom{49}{6}} = \frac{20 \cdot 12\,341}{\binom{49}{6}} = 0,01765\,.$$

4. Spezielle diskrete Verteilungen

Aufgabe 4:
Eine Sendung von 10 000 Stück eines Massenbedarfsgutes enthält 3 % Ausschuß. Vereinbarungsgemäß muß der Empfänger die Lieferung nur abnehmen, wenn von 100 zufällig entnommenen Stücken nicht mehr als c schlecht sind.
a) Mit welcher Wahrscheinlichkeit wird die Sendung abgenommen, wenn $c = 3$ vereinbart ist?
b) Wie groß muß c mindestens gewählt werden, wenn die Abnahmewahrscheinlichkeit 0,95 übersteigen soll?

Lösung:
a) Die Sendung enthält 300 schlechte Stücke. Die Anzahl X der ausgewählten schlechten Stücke ist daher hypergeometrisch verteilt mit den Parametern $n = 100$, $N = 10\,000$ und $M = 300$. Die Sendung wird abgenommen, wenn $X \leq c$ gilt. Die Wahrscheinlichkeit für dieses Ereignis ist

$$W(X \leq c) = \sum_{x=0}^{c} f(x \mid 100;\ 10\,000;\ 300)\,.$$

Die Summanden $f(x \mid 100;\ 10\,000;\ 300)$ lassen sich wegen der großen Werte der Parameter nur mit erheblichem Aufwand berechnen. Da der Auswahlsatz $n/N = 0,01 \leq 0,05$ ist, läßt sich nach 4.3 die vorliegende hypergeometrische Verteilung durch eine Binomialverteilung mit den Parametern $n = 100$, $\theta = M/N = 0,03$ approximieren. Wir setzen also

$$W(X \leq c) = \sum_{x=0}^{c} f(x \mid 100;\ 0,03)\,.$$

Die Antworten zu den Fragen a) und b) finden wir mit Hilfe folgender Tabelle:

x	$f(x \mid 100;\ 0,03)$	$\sum_{y=0}^{x} f(y \mid 100;\ 0,03)$
0	0,0476	0,0476
1	0,1471	0,1947
2	0,2252	0,4199
3	0,2275	0,6474
4	0,1706	0,8180
5	0,1013	0,9193
6	0,0496	0,9689

Wir erhalten also
$$W(X \leq 3) = 0,6474.$$

b) Wenn man erreichen will, daß die Abnahmewahrscheinlichkeit 95 % übersteigt, muß c so groß gewählt werden, daß

$$\sum_{x=0}^{c} f(x \mid 100;\ 0,03) > 0,95\,.$$

Wie man der obigen Tabelle entnimmt, ist das für $c = 6$ der Fall.

5
Normalverteilte Zufallsvariablen und Zentraler Grenzwertsatz

5.1 Normalverteilung

Vorgegeben seien eine beliebige reelle Zahl μ und eine positive Zahl σ. Wir betrachten die Funktion

$$\varphi(x \mid \mu; \sigma) = \frac{1}{\sigma\sqrt{2\pi}} e^{-\frac{1}{2}\left(\frac{x-\mu}{\sigma}\right)^2}.$$

Sie ist für alle x positiv und es läßt sich zeigen, daß die Abszissenachse und der Graph von $\varphi(x \mid \mu; \sigma)$ ein Flächenstück einschließen, das den Inhalt 1 hat, d.h.

$$\int_{-\infty}^{\infty} \varphi(x \mid \mu; \sigma)\, dx = 1.$$

$\varphi(x \mid \mu; \sigma)$ ist also eine Dichtefunktion. Sie verläuft symmetrisch zur Geraden $x = \mu$. Von der Symmetrieachse aus nehmen ihre Werte nach beiden Seiten monoton ab und gehen für $x \to +\infty$ und $x \to -\infty$ gegen 0. An den Stellen $x = \mu + \sigma$ und $x = \mu - \sigma$ liegen Wendepunkte (vgl. HOEL (1984), S. 76 ff.). In Abb. 5.1 ist der Verlauf der Dichtefunktion $\varphi(x \mid \mu; \sigma)$ angegeben. Man bezeichnet sie als *GAUSS'sche Glockenkurve*.

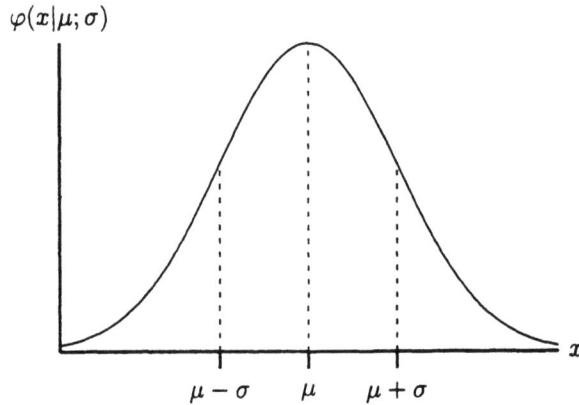

Abb. 5.1

Die Dichtefunktion $\varphi(x \mid \mu; \sigma)$ verläuft um so steiler, je kleiner der Abstand σ der Wendepunkte von μ ist. Eine Änderung des Parameters μ dagegen bewirkt eine Parallelverschiebung entlang der x-Achse.

In Abb. 5.2 ist der Verlauf von $\varphi(x \mid \mu; \sigma)$ für verschiedene Werte μ und σ angegeben.

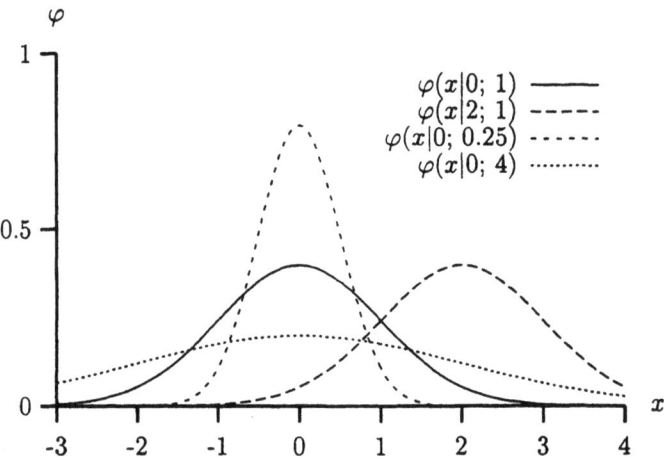

Abb. 5.2

Eine stetige Zufallsvariable X mit der Dichtefunktion $\varphi(x \mid \mu; \sigma)$ wird $(\mu; \sigma)$-*normalverteilt* oder auch *normalverteilt mit den Parametern* μ, σ genannt. Gelegentlich bezeichnet man X auch kurz als **GAUSS-Variable**.

5.1 Normalverteilung

Sei X $(\mu;\sigma)$-normalverteilt. Aus der Symmetrie der Dichtefunktion $\varphi(x\mid\mu;\sigma)$ folgt, daß μ der Erwartungswert von X ist. Da die Dichtefunktion $\varphi(x\mid\mu;\sigma)$ um so steiler verläuft, je kleiner σ ist, wird man vermuten, daß der Parameter σ die Streuung von X mißt. Man kann zeigen, daß σ die Standardabweichung bzw. σ^2 die Varianz von X ist (vgl. HOEL (1984), S. 77ff.).

Die Verteilungsfunktion einer $(\mu;\sigma)$-normalverteilten Zufallsvariablen bezeichnen wir mit $\phi(x\mid\mu;\sigma)$, d.h.

$$\phi(x\mid\mu;\sigma) = \int_{-\infty}^{x} \varphi(y\mid\mu;\sigma)\,dy.$$

Eine $(0;1)$-normalverteilte Zufallsvariable wird *standardnormalverteilt* genannt. Wir setzen zur Abkürzung

$$\varphi(z) = \varphi(z\mid 0;1) = \frac{1}{\sqrt{2\pi}}e^{-\frac{1}{2}z^2}$$
$$\phi(z) = \phi(z\mid 0;1) = \frac{1}{\sqrt{2\pi}}\int_{-\infty}^{z} e^{-\frac{1}{2}x^2}dx.$$

In Abb. 5.3 sind Dichte- und Verteilungsfunktion einer standardnormalverteilten Zufallsvariablen X dargestellt, sowie - als Beispiel - die Wahrscheinlichkeit $W(X \leq 1) = \phi(1)$.

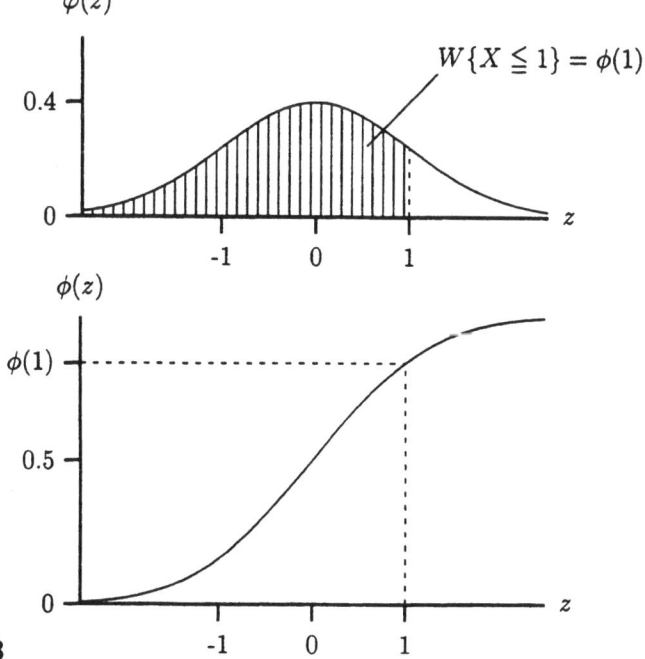

Abb. 5.3

Es sei $z > 0$. Da die Funktion $\varphi(z)$ symmetrisch zur Achse $z = 0$ verläuft, gilt

$$\phi(-z) = 1 - \phi(z) \tag{5.1}$$

(vgl. Abb. 5.4).

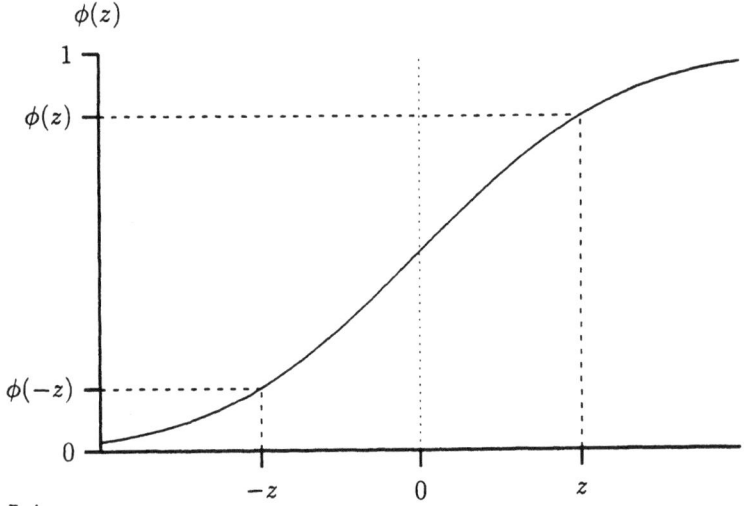

Abb. 5.4

Es würde also genügen, die Funktion $\phi(z)$ für positive z-Werte zu kennen; die Werte für negative Argumente ergeben sich nach (5.1). Zum Beispiel ist

$$\phi(-1) = 1 - \phi(1).$$

Wichtig ist nun, daß jede lineare Funktion

$$aX + c \text{ mit } a, c \in \Re, \ a \neq 0$$

einer normalverteilten Zufallsvariablen X wieder normalverteilt ist. Insbesondere ist also die Standardisierung einer normalverteilten Zufallsvariablen standardnormalverteilt (vgl. HOEL (1984), S. 79f.). Für die Verteilungsfunktion einer $(\mu; \sigma)$-normalverteilten Zufallsvariablen X gilt also

$$\begin{aligned}\phi(x \mid \mu; \sigma) &= W(X \leq x) \\ &= W\left(\tfrac{X-\mu}{\sigma} \leq \tfrac{x-\mu}{\sigma}\right) \\ &= \phi\left(\tfrac{x-\mu}{\sigma} \mid 0; 1\right) = \phi\left(\tfrac{x-\mu}{\sigma}\right).\end{aligned} \tag{5.2}$$

Insofern genügt es, $\phi(z)$ zu tabellieren.

Wir fassen zusammen:

Eine $(\mu; \sigma)$-normalverteilte Zufallsvariable X besitzt

- *die Dichtefunktion*

$$\varphi(x \mid \mu; \sigma) = \frac{1}{\sigma\sqrt{2\pi}} e^{-\frac{1}{2}\left(\frac{x-\mu}{\sigma}\right)^2}$$

- *die Verteilungsfunktion*

$$\phi(x \mid \mu; \sigma) = \frac{1}{\sigma\sqrt{2\pi}} \int_{-\infty}^{x} e^{-\frac{1}{2}\left(\frac{y-\mu}{\sigma}\right)^2} dy$$

Es gilt:

$$EX = \mu$$
$$\operatorname{var} X = \sigma^2$$

$$\phi(x \mid \mu; \sigma) = \phi\left(\frac{x-\mu}{\sigma} \mid 0; 1\right) = \phi\left(\frac{x-\mu}{\sigma}\right)$$

$$\phi(-z) = 1 - \phi(z).$$

5.2 Tabelle der Standardnormalverteilung

Wegen (5.2) kann man die Werte der Verteilungsfunktion $\phi(x \mid \mu; \sigma)$ einer beliebigen Normalverteilung mit einer Tabelle der Funktion $\phi(z)$ bestimmen. Zum Beispiel gilt

$$\phi(12 \mid 10; 2) = \phi\left(\frac{12-10}{2}\right) = \phi(1) = 0{,}8413.$$

X sei eine $(\mu; \sigma)$-normalverteilte Zufallsvariable. Die Wahrscheinlichkeit, mit der X Werte annimmt, die um höchstens $z \cdot \sigma$ ($z > 0$) vom Erwartungswert μ abweichen, ist nur von z abhängig, und zwar gilt wegen (5.2)

$$\begin{aligned}
W(\mu - z\sigma \leq X \leq \mu + z\sigma) &= W(X \leq \mu + z\sigma) - W(X < \mu - z\sigma) \\
&= \phi(\mu + z\sigma \mid \mu; \sigma) - \phi(\mu - z\sigma \mid \mu; \sigma) \\
&= \phi\left(\frac{\mu + z\sigma - \mu}{\sigma}\right) - \phi\left(\frac{\mu - z\sigma - \mu}{\sigma}\right) \\
&= \phi(z) - \phi(-z).
\end{aligned}$$

Die letzten beiden Werte können der Tabelle der Standardnormalverteilung direkt entnommen werden. Wegen (5.1) gilt aber auch

$$\begin{aligned}\phi(z) - \phi(-z) &= \phi(z) - (1 - \phi(z))\\ &= 2\phi(z) - 1\end{aligned}$$

so daß man sich auch auf das Ablesen nur eines Tabellenwertes beschränken kann. Insbesondere ist

$$\begin{aligned}W(\mu - \sigma \leq X \leq \mu + \sigma) &= 0{,}6826\\ W(\mu - 2\sigma \leq X \leq \mu + 2\sigma) &= 0{,}9544\\ W(\mu - 3\sigma \leq X \leq \mu + 3\sigma) &= 0{,}9974\end{aligned}$$

(vgl. Abb. 5.5).

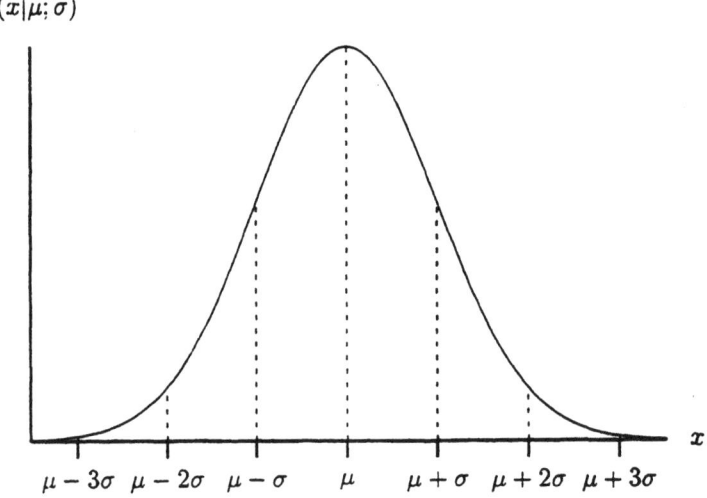

Abb. 5.5

Für $0 < \alpha < 1$ sei z_α der Wert mit

$$\int_{z_\alpha}^{+\infty} \varphi(x)\,dx = \alpha$$

(vgl. Abb. 5.6) .

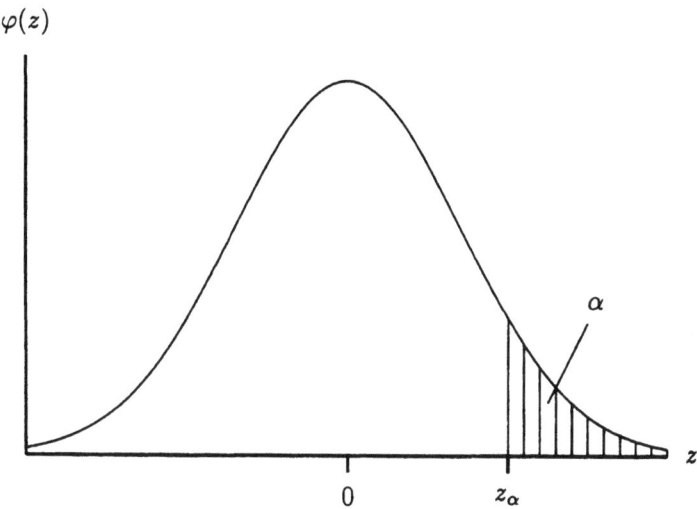

Abb. 5.6

Man entnimmt Abb. 5.6, daß für eine $(0;1)$-normalverteilte Zufallsvariable X

$$1 - \alpha = W(X \leq z_\alpha) = \phi(z_\alpha) \qquad (5.3)$$

gilt. Daher findet man z_α in einer Tabelle von $\phi(z)$ als den zur Wahrscheinlichkeit $1 - \alpha$ gehörenden Abszissenwert. Aus Symmetriegründen gilt auch (vgl. Abb. 5.7)

$$\alpha = \phi(-z_\alpha). \qquad (5.4)$$

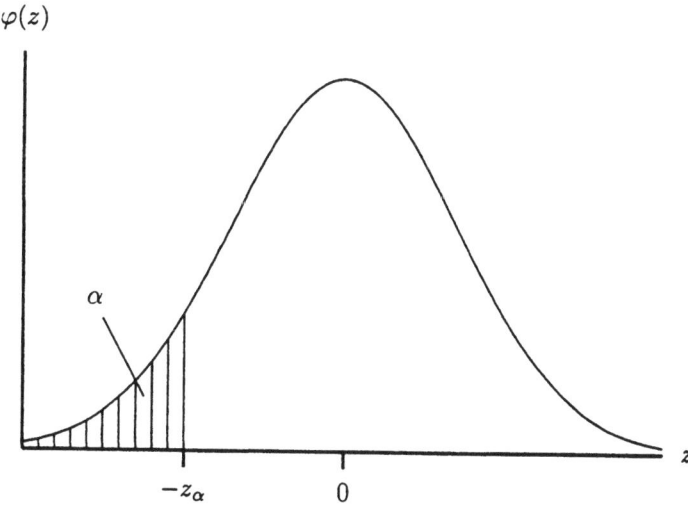

Abb. 5.7

Im Falle $\alpha = 0,025$ hat man beispielsweise

$$\phi(z_{0,025}) = 1 - 0,025 = 0,975$$

bzw.

$$\phi(-z_{0,025}) = 0,025$$

und daher

$$z_{0,025} = 1,96.$$

Ist X eine $(\mu;\sigma)$-normalverteilte Zufallsvariable, so gilt nach (5.2), (5.3) und (5.4)

$$W(X > \mu + z_{\alpha/2}\sigma) = 1 - \phi(z_{\alpha/2}) = \frac{\alpha}{2}$$
$$W(X < \mu - z_{\alpha/2}\sigma) = \phi(-z_{\alpha/2}) = \frac{\alpha}{2}$$

also

$$W(\mu - z_{\alpha/2}\sigma \leq X \leq \mu + z_{\alpha/2}\sigma) = 1 - \alpha$$

(vgl. Abb. 5.8).

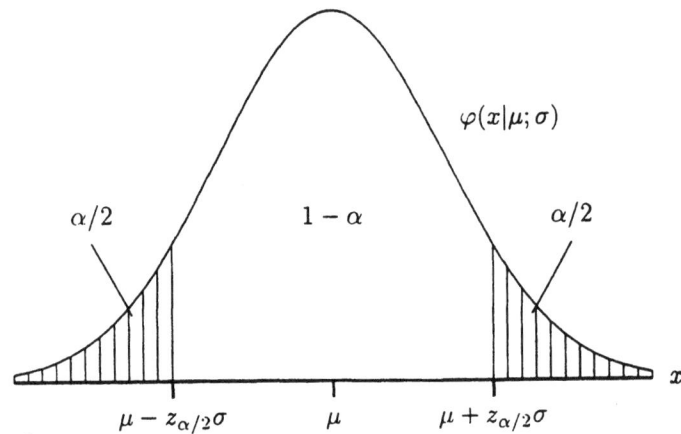

Abb. 5.8

Beispielsweise gilt ($\alpha = 0,05$)

$$W(\mu - 1,96\sigma \leq X \leq \mu + 1,96\sigma) = 0,95.$$

5.3 Lineare Funktionen normalverteilter Zufallsvariablen

Sei X eine $(\mu;\sigma)$-normalverteilte Zufallsvariable. Wie in 5.1 angegeben, ist jede lineare Funktion $aX + c$ mit $a \neq 0$ normalverteilt: Im Falle $a > 0$ etwa

5.3 Lineare Funktionen normalverteilter Zufallsvariablen

gilt für beliebiges x

$$W(aX+c \leq x) = W\left(X \leq \frac{x-c}{a}\right)$$
$$= \phi\left(\frac{x-c}{a} \mid \mu; \sigma\right) = \phi\left(\frac{x-c-a\mu}{a\sigma}\right)$$
$$= \phi(x \mid a\mu+c; a\sigma).$$

Die obige Aussage läßt sich verallgemeinern:

Seien $X_1, X_2, ..., X_n$ unabhängige normalverteilte Zufallsvariablen. Dann ist auch jede lineare Funktion

$$Z = a_1 X_1 + ... + a_n X_n + c$$

normalverteilt (bzw. im Falle $a_1 = ... = a_n = 0$ konstant).

Diese wichtige Aussage kann hier nicht bewiesen werden; für einen Beweis verweisen wir auf S. 92 und HOEL (1984), S. 128 ff. Wir können aber die Parameter

$$\mu = EZ \quad \text{und} \quad \sigma^2 = \text{var } Z$$

der Normalverteilung von Z berechnen. Sind $\mu_1, \mu_2, ..., \mu_n$ die Erwartungswerte und $\sigma_1, \sigma_2, ..., \sigma_n$ die Standardabweichungen von $X_1, X_2, ..., X_n$, so gilt

$$EZ = a_1 EX_1 + ... + a_n EX_n + c = a_1 \mu_1 + ... + a_n \mu_n + c$$

und wegen der Unabhängigkeit der Zufallsvariablen $X_1, X_2, ..., X_n$

$$\text{var } Z = a_1^2 \text{ var } X_1 + ... + a_n^2 \text{ var } X_n$$
$$= a_1^2 \sigma_1^2 + ... + a_n^2 \sigma_n^2.$$

Folglich ist Z normalverteilt mit dem Erwartungswert

$$\mu = a_1 \mu_1 + ... + a_n \mu_n + c$$

und der Varianz

$$\sigma^2 = a_1^2 \sigma_1^2 + ... + a_n^2 \sigma_n^2.$$

Aus den obigen Aussagen folgt insbesondere:

Für eine Stichprobe $(X_1, X_2, ..., X_n)$ aus der Verteilung $\phi(x \mid \mu; \sigma)$ ist das Stichprobenmittel

$$\bar{X} = \frac{1}{n}(X_1 + X_2 + ... + X_n)$$

normalverteilt mit Erwartungswert μ und Varianz σ^2/n.

98 5. Normalverteilte Zufallsvariablen und Zentraler Grenzwertsatz

Da $\bar{X}$ $(\mu; \sigma/\sqrt{n})$-normalverteilt ist, besitzt

$$\frac{\bar{X} - \mu}{\sigma/\sqrt{n}} = \frac{\bar{X} - \mu}{\sigma}\sqrt{n}$$

nach (5.2) eine Standardnormalverteilung und nach (5.3) und (5.4) hat man

$$W\left(\frac{\bar{X} - \mu}{\sigma}\sqrt{n} < -z_\alpha\right) = W\left(\frac{\bar{X} - \mu}{\sigma}\sqrt{n} > z_\alpha\right) = \alpha \qquad (5.5)$$

$$W\left(\frac{\bar{X} - \mu}{\sigma}\sqrt{n} < -z_{\alpha/2}\right) = W\left(\frac{\bar{X} - \mu}{\sigma}\sqrt{n} > z_{\alpha/2}\right) = \alpha/2 \qquad (5.6)$$

$$W\left(-z_{\alpha/2} \leq \frac{\bar{X} - \mu}{\sigma}\sqrt{n} \leq z_{\alpha/2}\right) = 1 - \alpha. \qquad (5.7)$$

Beispiel 5.1:
Sei $(X_1, ..., X_{16})$ eine Stichprobe aus der Verteilung $\phi(x \mid 40; 8)$. Für $\alpha = 0,0094$ ($z_{0,0094} = 2,35$) gilt dann

$$W\left(\frac{\bar{X} - 40}{8}\sqrt{16} < -2,35\right) = W\left(\frac{\bar{X} - 40}{8}\sqrt{16} > 2,35\right) = 0,0094$$

und mit $z_{\alpha/2} = z_{0,0047} = 2,6$

$$W\left(\frac{\bar{X} - 40}{8}\sqrt{16} < -2,6\right) = W\left(\frac{\bar{X} - 40}{8}\sqrt{16} > 2,6\right) = 0,0047$$

$$W\left(-2,6 \leq \frac{\bar{X} - 40}{8}\sqrt{16} \leq 2,6\right) = 1 - 0,0094 = 0,9906.$$

5.4 χ^2-Verteilung

Nun nehmen wir an,

$$Z_1, Z_2, ..., Z_k$$

seien unabhängige standardnormalverteilte Zufallsvariablen. Wir setzen

$$U = Z_1^2 + Z_2^2 + ... + Z_k^2.$$

Dann besitzt die Zufallsvariable U die Dichtefunktion

$$f_k(u) = \begin{cases} c_k u^{\frac{k-2}{2}} e^{-\frac{u}{2}} & \text{für } u > 0 \\ 0 & \text{sonst.} \end{cases}$$

Dabei ist c_k ein Normierungsfaktor, d.h.

$$c_k = \frac{1}{\int_0^\infty u^{\frac{k-2}{2}} e^{-\frac{u}{2}} du}.$$

(vgl. HOEL (1984), S. 91 f.). Zufallsvariablen mit der Dichtefunktion $f_k(u)$ nennt man χ_k^2-*verteilt* oder auch χ^2-*verteilt mit k Freiheitsgraden*. Für α mit $0 < \alpha < 1$ definieren wir die Zahl

$$\chi_{k;\alpha}^2$$

durch die Gleichung (vgl. Abb. 5.9)

$$\int_{\chi_{k;\alpha}^2}^{\infty} f_k(u)\,du = \alpha\,.$$

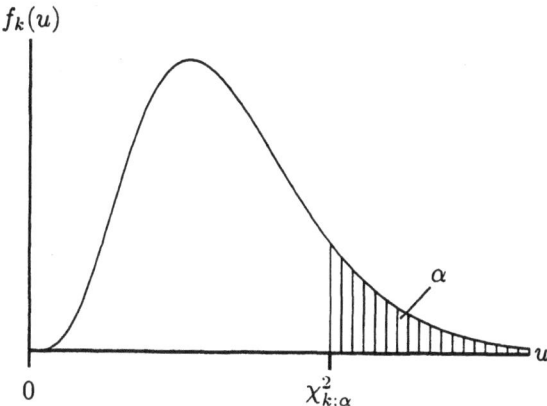

Abb. 5.9

5.5 STUDENT-t-Verteilung

Wir nehmen an,

$$Z_0, Z_1, Z_2, ..., Z_k$$

seien unabhängige standardnormalverteilte Zufallsvariablen. Wir setzen

$$T = \frac{Z_0}{\sqrt{\frac{1}{k}(Z_1^2 + ... + Z_k^2)}}.$$

Dann besitzt T die Dichtefunktion

$$\varphi_k(t) = d_k \left(1 + \frac{t^2}{k}\right)^{-\frac{k+1}{2}} \quad -\infty < t < \infty.$$

Dabei ist d_k wiederum ein Normierungsfaktor, der sich aus der Gleichung

$$\int_{-\infty}^{\infty} \varphi_k(t)\,dt = 1$$

100   5. Normalverteilte Zufallsvariablen und Zentraler Grenzwertsatz

bestimmen läßt (vgl. HOEL (1984), S. 146 f. und 284 ff.).
Die Funktion $\varphi_k(t)$ konvergiert für $k \to \infty$ gegen die Dichtefunktion $\varphi(t)$ der Standardnormalverteilung. Bei $k \geq 30$ braucht man bei der hier angestrebten Genauigkeit zwischen $\varphi_k(t)$ und $\varphi(t)$ nicht zu unterscheiden (vgl. Abb. 5.10).

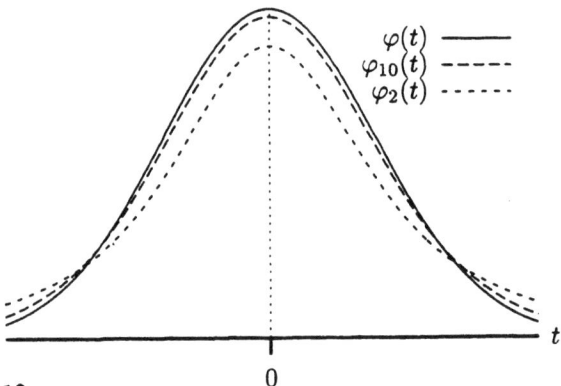

Abb. 5.10

Zufallsvariablen mit der Dichtefunktion $\varphi_k(t)$ heißen t_k-*verteilt* oder auch *STUDENT-t-verteilt mit k Freiheitsgraden*.

Für α mit $0 < \alpha < 1$ definieren wir Zahlen

$$t_{k;\alpha}$$

durch die Gleichung (vgl. Abb. 5.11)

$$\int_{t_{k;\alpha}}^{\infty} \varphi_k(t)\, dt = \alpha.$$

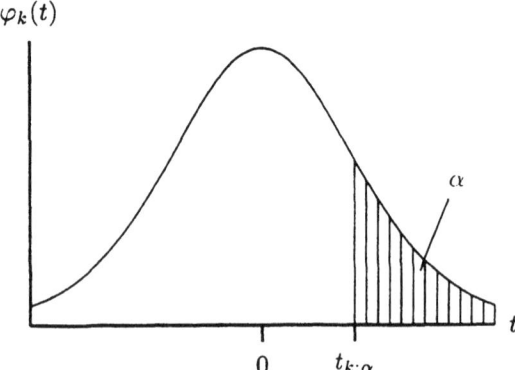

Abb. 5.11

Für ausgewählte Werte von k und α sind die zugehörigen $t_{k;\alpha}$-Werte tabelliert angegeben. Beispielsweise hat man

$$t_{5;0,05} = 2,015$$
$$t_{5;0,025} = 2,571.$$

Da die Funktion $\varphi_k(t)$ symmetrisch zur Achse $x = 0$ verläuft, gilt für eine t_k-verteilte Zufallsvariable T

$$W(T > t_{k;\alpha}) = W(T < -t_{k;\alpha}) = \alpha. \tag{5.8}$$

Entsprechend gilt

$$W(T > t_{k;\alpha/2}) = W(T < -t_{k;\alpha/2}) = \alpha/2 \tag{5.9}$$

$$W(-t_{k;\alpha/2} \leq T \leq t_{k;\alpha/2}) = 1 - \alpha. \tag{5.10}$$

Für die Anwendung wichtig ist die folgende Aussage (vgl. HOEL (1984), S. 146 ff.):

Wenn $(X_1, X_2, ..., X_n)$ eine Stichprobe aus der Verteilung $\phi(x \mid \mu; \sigma)$ ist und

$$\bar{X} = \frac{1}{n} \sum_{i=1}^{n} X_i \;,\; S^2 = \frac{1}{n-1} \sum_{i=1}^{n} (X_i - \bar{X})^2$$

gesetzt wird, ist die Zufallsvariable

$$\frac{\bar{X} - \mu}{S} \sqrt{n}$$

STUDENT-t-verteilt mit $n - 1$ Freiheitsgraden.

Daher folgt nach (5.8)

$$W\left(\frac{\bar{X} - \mu}{S}\sqrt{n} > t_{n-1;\alpha}\right) = W\left(\frac{\bar{X} - \mu}{S}\sqrt{n} < -t_{n-1;\alpha}\right) = \alpha$$

nach (5.9)

$$W\left(\frac{\bar{X} - \mu}{S}\sqrt{n} > t_{n-1;\alpha/2}\right)$$

$$= W\left(\frac{\bar{X} - \mu}{S}\sqrt{n} < -t_{n-1;\alpha/2}\right) = \alpha/2$$

und nach (5.10)

$$W\left(-t_{n-1;\alpha/2} \leq \frac{\bar{X} - \mu}{S}\sqrt{n} \leq t_{n-1;\alpha/2}\right) = 1 - \alpha. \tag{5.11}$$

Beispiel 5.2:
Wenn $(X_1, X_2, ..., X_6)$ *eine Stichprobe (vom Umfang 6) aus der Verteilung* $\phi(x \mid \mu; \sigma)$ *ist, gilt für* $\alpha = 0,05$

$$W\left(\frac{\bar{X}-\mu}{S}\sqrt{6} > 2,015\right) = W\left(\frac{\bar{X}-\mu}{S}\sqrt{6} < -2,015\right) = 0,05$$

$$W\left(\frac{\bar{X}-\mu}{S}\sqrt{6} > 2,571\right) = W\left(\frac{\bar{X}-\mu}{S}\sqrt{6} < -2,571\right) = 0,025$$

$$W\left(-2,571 \leq \frac{\bar{X}-\mu}{S}\sqrt{6} \leq 2,571\right) = 1 - 0,05 = 0,95.$$

5.6 Zentraler Grenzwertsatz

$X_1, X_2, ..., X_n$ seien unabhängige Zufallsvariablen. Aus 5.3 folgt, daß das arithmetische Mittel

$$\bar{X} = \frac{1}{n}\sum_{i=1}^{n} X_i$$

dieser Zufallsvariablen jedenfalls dann normalverteilt ist, wenn die Zufallsvariablen $X_1, X_2, ..., X_n$ selbst normalverteilt sind. Es ist nun von großer Bedeutung, daß $\bar{X}$ schon unter sehr schwachen Voraussetzungen hinsichtlich der Zufallsvariablen $X_1, X_2, ..., X_n$ annähernd normalverteilt ist.

Beispiel 5.3:
Nehmen wir an, ein unverfälschter Würfel werde n-mal ausgespielt. Für $i = 1, 2, ..., n$ *sei* X_i *die beim i-ten Wurf auftretende Augenzahl. Die Zufallsvariablen* $X_1, X_2, ..., X_n$ *sind unabhängig und besitzen alle den Erwartungswert 3,5 und die Varianz* $35/12 = 2,9167$. *Nach 3.9 gilt also*

$$E\bar{X} = 3,5$$
$$\text{var}\bar{X} = \frac{2,9167}{n}.$$

In Abb. 5.12 sind für $n = 1, 2, 3$ *über den möglichen Ausprägungen von* $\bar{X}$ *Säulen gezeichnet; der Flächeninhalt einer Säule ist gleich der Wahrscheinlichkeit, mit der* $\bar{X}$ *die der Säule zugeordnete Ausprägung annimmt. Im übrigen ist in der Abbildung der Verlauf der Funktion* $\varphi\left(x \mid 3,5; \sqrt{2,9167/n}\right)$ *für* $n = 1, 2, 3$ *angegeben, die Dichte einer normalverteilten Zufallsvariablen also, die denselben Erwartungswert und dieselbe Varianz wie* $\bar{X}$ *besitzt.*

5.6 Zentraler Grenzwertsatz

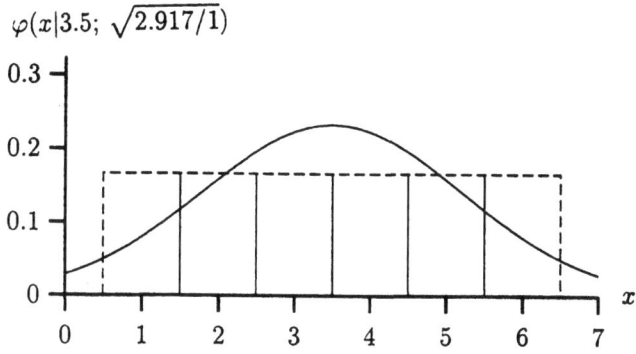

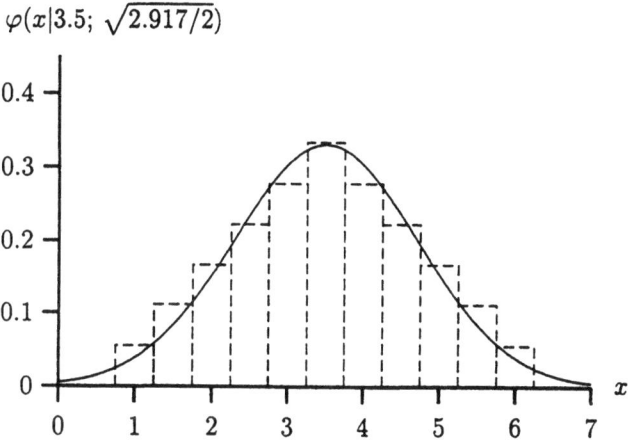

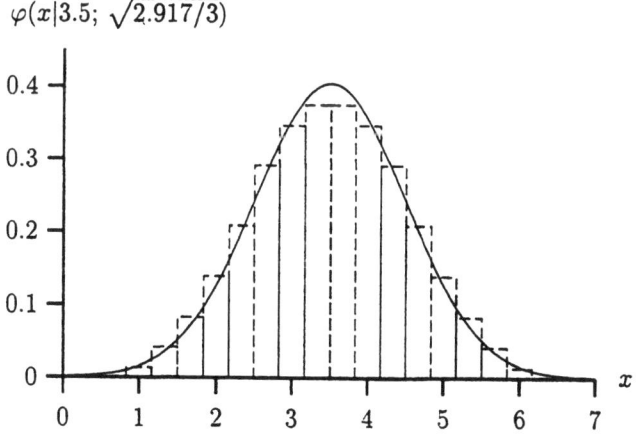

Abb. 5.12

104   5. Normalverteilte Zufallsvariablen und Zentraler Grenzwertsatz

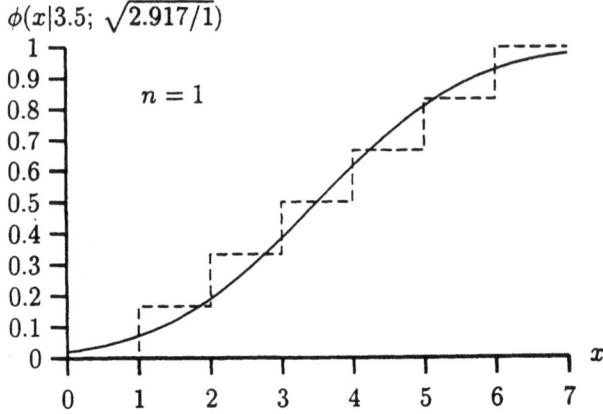

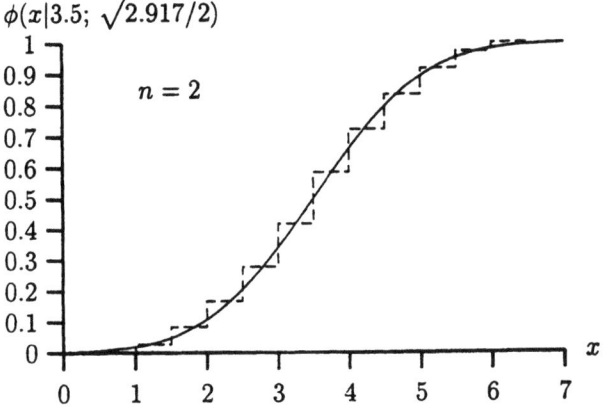

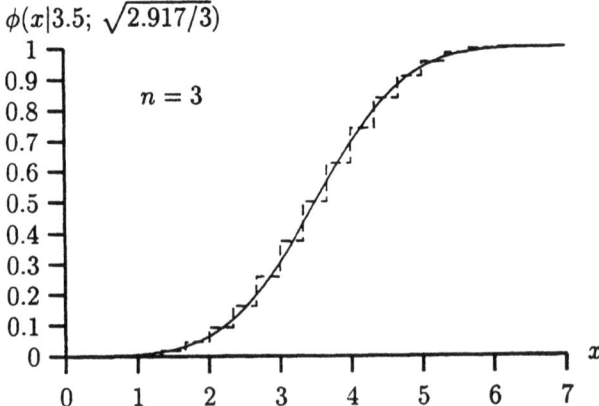

Abb. 5.13

5.6 Zentraler Grenzwertsatz

In Abb. 5.13 sind für $n = 1, 2, 3$ die Verteilungsfunktionen $F_n(x)$ von $\bar{X}$ gezeichnet. Im übrigen ist in der Abbildung $\phi\left(x \mid 3, 5; \sqrt{2,9167/n}\right)$ für $n = 1, 2, 3$ angegeben, die Verteilungsfunktion einer normalverteilten Zufallsvariablen also, die denselben Erwartungswert und dieselbe Varianz wie $\bar{X}$ besitzt. Aufgrund der Abb. 5.12 und Abb. 5.13 wird man sagen, $\bar{X}$ sei im Falle $n = 3$ näherungsweise normalverteilt. Und man wird vermuten, daß die Verteilung von $\bar{X}$ für großes n hinreichend genau durch Angabe einer geeigneten Normalverteilung zu beschreiben ist. Daß diese Vermutung richtig ist, ergibt sich aus dem folgenden Satz.

Wenn $(X_1, X_2, ..., X_n)$ eine Stichprobe aus einer Verteilung ist und

$$EX_i = \mu$$
$$\mathrm{var}\, X_i = \sigma^2$$

gilt, ist für die Standardisierung

$$Z_n = \frac{\bar{X} - \mu}{\sigma} \sqrt{n} \tag{5.12}$$

von $\bar{X}$ bei beliebigem $z \in \Re$ erfüllt:

$$\lim_{n \to \infty} W(Z_n \leq z) = \phi(z).$$

Man nennt diese Aussage **Zentralen Grenzwertsatz**. Für einen Beweis verweisen wir auf HOEL (1984), S. 132 f. und S. 383 ff.

Nach dem Zentralen Grenzwertsatz ist die Standardisierung eines Stichprobenmittels für großes n näherungsweise standardnormalverteilt. Die Verteilungsfunktion des Stichprobenmittels selbst stimmt dann gut überein mit der Verteilungsfunktion einer $(\mu; \sigma/\sqrt{n})$-normalverteilten Zufallsvariablen:

$$W(\bar{X} \leq x) \approx \phi\left(x \mid \mu; \frac{\sigma}{\sqrt{n}}\right). \tag{5.13}$$

Bei der von uns angestrebten Rechengenauigkeit dürfte es gerechtfertigt sein, n jedenfalls dann als "groß" im Hinblick auf die Approximation (5.13) anzusehen, wenn $n \geq 50$ gilt. Insofern sind die Aussagen (5.5), (5.6) und (5.7) auch ohne die Normalitätsvoraussetzung - wenigstens annähernd - richtig, sofern $n \geq 50$ gilt.

Die Voraussetzungen des oben angegebenen Zentralen Grenzwertsatzes lassen sich wesentlich abschwächen. $\bar{X}$ und damit auch $\sum_{1}^{n} X_i$ sind schon dann annähernd normalverteilt, wenn die Zufallsvariablen $X_1, X_2, ..., X_n$ unabhängig sind und Varianzen haben, die "nicht zu sehr" voneinander verschieden sind (vgl. FISZ (1989), S. 241 ff.).

5. Normalverteilte Zufallsvariablen und Zentraler Grenzwertsatz

Diese allgemeinere Fassung macht verständlich, weshalb man in der Praxis so oft normalverteilte Zufallsvariablen beobachtet. Diese Zufallsvariablen ergeben sich nämlich aus einer großen Zahl unabhängiger (und unkontrollierbarer) Einflüsse, die sich additiv überlagern.

Beispiel 5.4:
Wir kommen auf Beispiel 5.3 zurück. Nach dem Zentralen Grenzwertsatz ist $\bar{X}$ bei großem n annähernd $\left(3,5; \sqrt{2,9167/n}\right)$-normalverteilt. Um eine Vorstellung von der Genauigkeit der Approximation (5.13) bei nicht allzu großem n zu gewinnen, vergleichen wir im folgenden die tatsächliche Verteilungsfunktion $F(x)$ von $\bar{X}$ für $n = 30$ mit der Verteilungsfunktion $\phi\left(x \mid 3,5; \sqrt{2,9167/30}\right)$.

x	$F(x)$	$\phi\left(x \mid 3,5; \sqrt{2,9167/30}\right)$
2,6	0,0021	0,0019
2,7	0,0057	0,0051
2,8	0,0139	0,0124
2,9	0,0305	0,0271
3,0	0,0607	0,0544
3,1	0,1100	0,0998
3,2	0,1826	0,1680
3,3	0,2791	0,2606
3,4	0,3951	0,3742
3,5	0,5212	0,5000
3,6	0,6452	0,6258
3,7	0,7556	0,7394
3,8	0,8444	0,8320
3,9	0,9089	0,9002
4,0	0,9512	0,9456
4,1	0,9763	0,9729
4,2	0,9895	0,9876
4,3	0,9958	0,9949
4,4	0,9985	0,9981

Beispiel 5.5:
Wir wollen die Wahrscheinlichkeit dafür berechnen, daß sich bei 100-maligem Ausspielen eines unverfälschten Würfels eine durchschnittliche Augenzahl von höchstens 3,6 ergibt.
Die durchschnittliche Augenzahl $\bar{X}$ ist unter diesen Voraussetzungen offenbar $\left(3,5; \sqrt{2,9167/100}\right)$- normalverteilt.
Die gesuchte Wahrscheinlichkeit
$$W\left(\bar{X} \leq 3,6\right)$$
ist daher in guter Näherung gleich

$$\phi\left(3,6 \mid 3,5; \sqrt{2,9167/100}\right) = \phi\left(\frac{3,6-3,5}{\sqrt{2,9167/100}}\right)$$
$$= \phi(0,59) = 0,7224.$$

Wir kommen auf (5.12) zurück, ersetzen in der Standardisierung von $\bar{X}$ jedoch σ durch $S = \sqrt{\frac{1}{n-1} \sum (X_i - \bar{X})^2}$:

$$Z'_n = \frac{\bar{X} - \mu}{S} \sqrt{n}. \qquad (5.14)$$

Es läßt sich zeigen, daß auch

$$\lim_{n \to \infty} W\left(Z'_n \leq z\right) = \phi(z)$$

für alle $z \in \Re$ erfüllt ist (vgl. FISZ (1989), S. 282).
Analog zu (5.5), (5.6) und (5.7) gilt also für $n \geq 50$

$$W\left(\frac{\bar{X} - \mu}{S} \sqrt{n} < -z_\alpha\right) = W\left(\frac{\bar{X} - \mu}{S} \sqrt{n} > z_\alpha\right) = \alpha$$

$$W\left(\frac{\bar{X} - \mu}{S} \sqrt{n} < -z_{\alpha/2}\right) = W\left(\frac{\bar{X} - \mu}{S} \sqrt{n} > z_{\alpha/2}\right) = \alpha/2$$

$$W\left(-z_{\alpha/2} \leq \frac{\bar{X} - \mu}{S} \sqrt{n} \leq z_{\alpha/2}\right) = 1 - \alpha. \qquad (5.15)$$

5.7 Zentraler Grenzwertsatz für Stichprobenanteile

Jetzt seien $X_1, X_2, ..., X_n$ unabhängige BERNOULLI-verteilte Zufallsvariablen mit $EX_i = \theta$ $(i = 1, 2, ..., n)$. Dann ist $(X_1, X_2, ..., X_n)$ eine Stichprobe und

$$P = \bar{X} = \frac{1}{n} \sum_{i=1}^{n} X_i$$

ist als Stichprobenanteil zu interpretieren. Weil $var X_i = \theta (1 - \theta)$ gilt für $i = 1, 2, ..., n$, folgt aus dem Zentralen Grenzwertsatz, daß

$$\frac{P - \theta}{\sqrt{\theta (1 - \theta)}} \sqrt{n}$$

annähernd standardnormalverteilt ist; natürlich können wir statt dessen auch sagen, daß P bei großem Stichprobenumfang n annähernd

$$\left(\theta; \sqrt{\frac{\theta (1 - \theta)}{n}}\right)\text{-normalverteilt} \qquad (5.16)$$

ist.

108   5. Normalverteilte Zufallsvariablen und Zentraler Grenzwertsatz

Beispiel 5.6:
Ein unverfälschter Würfel werde 80-mal geworfen. Gefragt sei nach der Wahrscheinlichkeit dafür, daß höchstens 20-mal die Augenzahl 6 beobachtet wird.
Mit P sei der Anteil der Würfe bezeichnet, die die Augenzahl 6 liefern. Nach (5.16) ist P annähernd $\left(\frac{1}{6}; \frac{1}{24}\right)$-normalverteilt, weil man

$$\sqrt{\frac{\frac{1}{6}\left(1 - \frac{1}{6}\right)}{80}} = \frac{1}{24}$$

hat. Nun ist die Anzahl der beobachteten Sechser genau dann gleich 20, wenn $P = 0,25$ gilt. Gesucht ist also die Wahrscheinlichkeit

$$W(P \leq 0,25).$$

Diese ist wegen $n = 80 \geq 50$ in guter Näherung gleich

$$\phi\left(0,25 \mid \frac{1}{6}; \frac{1}{24}\right) = \phi(2) = 0,9772.$$

Da für $n \geq 50$

$$\frac{P - \theta}{\sqrt{\theta(1 - \theta)}}\sqrt{n}$$

annähernd standardnormalverteilt ist, gilt analog zu (5.5), (5.6) und (5.7)

$$W\left(\frac{P - \theta}{\sqrt{\theta(1 - \theta)}}\sqrt{n} < -z_\alpha\right) = W\left(\frac{P - \theta}{\sqrt{\theta(1 - \theta)}}\sqrt{n} > z_\alpha\right) = \alpha$$

$$W\left(\frac{P-\theta}{\sqrt{\theta(1-\theta)}}\sqrt{n} < -z_{\alpha/2}\right)$$
$$= W\left(\frac{P-\theta}{\sqrt{\theta(1-\theta)}}\sqrt{n} > z_{\alpha/2}\right) = \alpha/2$$

$$W\left(-z_{\alpha/2} \leq \frac{P - \theta}{\sqrt{\theta(1 - \theta)}}\sqrt{n} \leq z_{\alpha/2}\right) = 1 - \alpha.$$

Weil in der Summe

$$\sum (X_i - \bar{X})^2 = \sum (X_i - P)^2$$

nP-mal der Summand
$$(1 - P)^2$$

und $(n - nP)$-mal der Summand
$$(0 - P)^2 = P^2$$

vorkommt, hat man

$$\frac{1}{n}\sum (X_i - \bar{X})^2 = \frac{1}{n}\left[nP(1-P)^2 + (n-nP)P^2\right]$$
$$= P(1-P).$$

Analog zu (5.14) ist daher

$$\frac{P-\theta}{\sqrt{P(1-P)}}\sqrt{n}$$

bei großem n annähernd standardnormalverteilt. Somit gilt also für $n \geq 50$ z.B.

$$W\left(-z_{\alpha/2} \leq \frac{P-\theta}{\sqrt{P(1-P)}}\sqrt{n} \leq z_{\alpha/2}\right) = 1 - \alpha. \quad (5.17)$$

5.8 Approximation von Binomial- und hypergeometrischer Verteilung

Bei großem n ist der Stichprobenanteil P annähernd

$$\left(\theta, \sqrt{\frac{\theta(1-\theta)}{n}}\right)\text{-normalverteilt.}$$

Nach 5.3 ist dann $X = nP$ annähernd normalverteilt mit den Parametern $n\theta$ und $\sqrt{n\theta(1-\theta)}$, d.h.

$$W(X \leq k) \approx \phi\left(k \mid n\theta; \sqrt{n\theta(1-\theta)}\right) \quad k = 0, 1, ..., n.$$

Andererseits ist X nach 4.2 binomialverteilt mit den Parametern n und θ:

$$W(X \leq k) = \sum_{m=0}^{k} f(m \mid n; \theta) \quad k = 0, 1, ..., n.$$

Folglich kann die Binomialverteilung für großes n durch die Normalverteilung approximiert werden:

$$\sum_{m=0}^{k} f(m \mid n; \theta) \approx \phi\left(k \mid n\theta; \sqrt{n\theta(1-\theta)}\right) \quad k = 0, 1, ..., n.$$

Wenn X hypergeometrisch verteilt ist mit den Parametern n, N und M, kann für großes n und kleinen Auswahlsatz n/N in ganz analoger Weise durch eine Normalverteilung approximiert werden. Für $k = 0, 1, ..., n$ gilt

$$W(X \leq k) \approx \phi\left(k \mid n \cdot \frac{M}{N}; \sqrt{n\frac{M}{N}\left(1 - \frac{M}{N}\right)}\right)$$

in guter Näherung, wenn $n \geq 50$ und $n/N \leq 0,05$ erfüllt sind.

*Anmerkung: Für Sichprobenumfänge von 50 und mehr sahen wir die Approximation der Verteilung des Stichprobenanteils, der Binomial- und der hypergeometrischen Verteilung durch die Normalverteilung als hinreichend genau an, und zwar unabhängig davon, welchen Wert θ bzw. M/N besitzt. Je näher jedoch der Wert θ bzw. M/N bei 0 oder 1 liegt, desto größer muß n sein, wenn eine befriedigende Approximation erreicht werden soll. Als Faustregel zur Bestimmung des Mindeststichprobenumfangs, ab dem eine Approximation befriedigend ist, wird genannt: $n\theta(1-\theta) \geq 9$ bzw. $n \geq 9/\theta(1-\theta)$. Wenn also z.B. $\theta = 1\%$ ist, muß für eine befriedigende Approximation n mindestens $9/0,01(1 - 0,99) \approx 909$ betragen; andererseits genügt bei $\theta = 0,5$ bereits ein Stichprobenumfang von 36.

Die betrachtete Approximation wird i. a. erheblich verbessert, wenn der Wert der Verteilungsfunktion $\phi\left(x \mid n\theta; \sqrt{n\theta(1-\theta)}\right)$ nicht an der Stelle k, sondern an der Stelle $x = k + \frac{1}{2}$ genommen wird. Diese Verbesserungsmöglichkeit wird durch Abb. 5.14 veranschaulicht, in der die Verteilungsfunktion $F(x)$ der Binomialverteilung mit den Parametern $n = 30$ und $\theta = 0,5$ und die Funktion $\phi\left(x \mid 15; \sqrt{7,5}\right)$ gekennzeichnet sind.

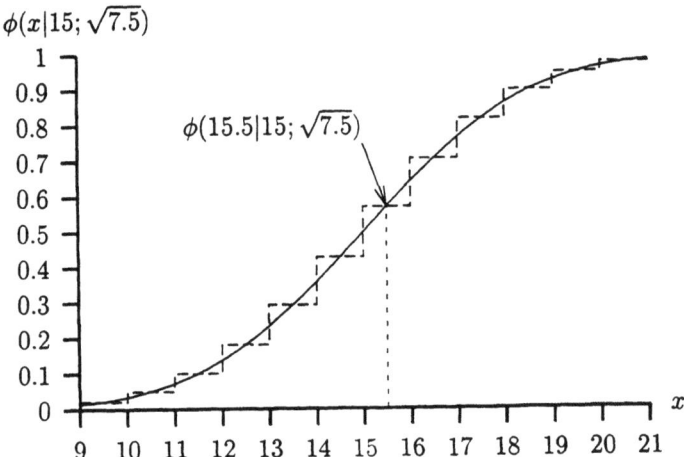

Abb. 5.14

Man darf davon ausgehen, daß für $n \geq 30$; $0,1 \leq \theta \leq 0,9$ die Gleichung

$$\sum_{m=0}^{k} f(m \mid n; \theta) = \phi\left(k + \frac{1}{2} \mid n\theta; \sqrt{n\theta(1-\theta)}\right) \quad 0 \leq k \leq n \qquad (5.18)$$

in guter Näherung erfüllt ist.
Die hypergeometrische Verteilung mit den Parametern n, N und M kann für großes n in ganz analoger Weise durch eine Normalverteilung approximiert wer-

5.8 Approximation von Binomial- und hypergeometrischer Verteilung

den. Für $k = 0, 1, ..., n$ gilt

$$\sum_{m=0}^{k} f(m \mid n; N; M) = \phi\left(k + \frac{1}{2} \mid n\frac{M}{N}; \sqrt{n\frac{M}{N}\left(1 - \frac{M}{N}\right)}\right) \quad (5.19)$$

jedenfalls dann in guter Näherung, wenn die Bedingungen $n \geq 30$, $\frac{n}{N} \leq 0,05$ und $0,1 \leq \theta \leq 0,9$ erfüllt sind.

Die folgende Tabelle soll eine ungefähre Vorstellung von der Genauigkeit vermitteln, die von den vorangehend besprochenen Approximationen (5.18) und (5.19) erwartet werden kann.

k	$\sum_{x=0}^{k} f(x \mid 36; 0,5)$	$\sum_{x=0}^{k} f(x \mid 36; 720; 360)$	$\phi(k + \frac{1}{2} \mid 18; 3)$
.	.	.	.
.	.	.	.
.	.	.	.
6	0,0000	0,0000	0,0001
7	0,0002	0,0001	0,0002
8	0,0006	0,0004	0,0008
9	0,0020	0,0016	0,0023
10	0,0057	0,0047	0,0062
11	0,0144	0,0125	0,0151
12	0,0326	0,0293	0,0334
13	0,0662	0,0614	0.0668
14	0,1215	0,1155	0,1217
15	0,2025	0,1964	0,2023
16	0,3089	0,3043	0,3085
17	0,4340	0,4323	0,4338
18	0,5660	0,5677	0,5662
19	0,6911	0,6957	0,6915
20	0,7975	0,8036	0,7977
21	0,8785	0,8845	0,8783
22	0,9338	0,9386	0,9332
23	0,9674	0,9707	0,9666
24	0,9856	0,9875	0,9849
25	0,9943	0,9953	0,9938
26	0,9980	0,9984	0,9977
27	0,9994	0,9996	0,9992
28	0,9998	0,9999	0,9998
.	.	.	.
.	.	.	.
.	.	.	.

5.9 Gesetz der großen Zahlen

$(X_1, X_2, ..., X_n)$ sei eine (nach der Voraussetzung des Zentralen Grenzwertsatzes) große Stichprobe aus der Verteilung einer Zufallsvariablen X mit $EX = \mu$ und $\text{var } X = \sigma^2$. Für beliebiges $c > 0$ wollen wir die Wahrscheinlichkeit berechnen, mit der $\bar{X}$ in das Intervall $[\mu - c\, ;\, \mu + c]$ fällt. Nach dem Zentralen Grenzwertsatz ist $\bar{X}$ bei großem n annähernd $(\mu; \sigma/\sqrt{n})$-normalverteilt. Somit gilt

$$W(\mu - c \leq \bar{X} \leq \mu + c) = \phi(\mu + c \,|\, \mu; \sigma/\sqrt{n}) - \phi(\mu - c \,|\, \mu; \sigma/\sqrt{n})$$
$$= 2\phi\left(\frac{c}{\sigma}\sqrt{n}\right) - 1.$$

Aus dieser Gleichung erhält man durch Grenzübergang $n \to \infty$ das sogenannte (schwache) *Gesetz der großen Zahlen*

$$\lim_{n \to \infty} W(\mu - c \leq \bar{X} \leq \mu + c) = 1. \qquad (5.20)$$

Gleichung (5.20) besagt:

Wie klein man das Intervall $[\mu - c\, ,\, \mu + c]$ auch wählt - die Wahrscheinlichkeit, mit der $\bar{X}$ einen Wert dieses Intervalls annimmt, konvergiert bei wachsendem n gegen 1.

Wenn die Wahrscheinlichkeit eines Ereignisses sehr nahe bei 1 liegt, sagt man üblicherweise, es sei "praktisch sicher", daß dieses Ereignis eintritt. Bei Verwendung dieser Redeweise können wir die angegebene Beziehung so formulieren: Wie klein ein Intervall um μ auch gewählt wird, es ist praktisch sicher, daß das Stichprobenmittel $\bar{X}$ in dieses Intervall fällt, sofern n hinreichend groß ist. Analog erhält man nach (5.20): Wie klein man das Intervall $[\theta - c\, ;\, \theta + c]$ auch wählt - die Wahrscheinlichkeit, mit der der Stichprobenanteil P einen Wert dieses Intervalls annimmt, konvergiert mit wachsendem n gegen 1.

Anmerkung: Die Aussage (5.20) des Gesetzes der großen Zahlen läßt sich auch anders ableiten. Nach der Ungleichung von TSCHEBYSCHEFF gilt für beliebiges $c > 0$

$$W(E\bar{X} - c \leq \bar{X} \leq E\bar{X} + c) > 1 - \frac{\text{var}\,\bar{X}}{c^2}$$

(vgl. (2.10)) und daher

$$W(\mu - c \leq \bar{X} \leq \mu + c) > 1 - \frac{\sigma^2}{nc^2}.$$

Aus der letzten Ungleichung erhält man (5.20) durch Grenzübergang $n \to \infty$.

5.10 Aufgaben

Aufgabe 1:
Die Brenndauer von Glühbirnen, die nach einem bestimmten Verfahren hergestellt werden, sei normalverteilt mit dem Erwartungswert 1 200 Stunden und einer Standardabweichung von 100 Stunden.
a) Mit welcher Wahrscheinlichkeit liegt die Brenndauer einer Glühlampe
a_1) unter 1 000 Stunden
a_2) über 1 100 Stunden
a_3) zwischen 1 000 und 1 500 Stunden?
b) Für welches Intervall $[1\,200 - c\,;\,1\,200 + c]$ liegt die Brenndauer einer Glühlampe mit Wahrscheinlichkeit 0,9 innerhalb der Intervallgrenzen?
c) Alle Glühlampen mit einer Brenndauer von weniger als c Stunden gelten als Ausschuß. Wie groß ist c, wenn das Produktionsverfahren durchschnittlich 10 % Ausschuß liefert?

Lösung:
Nach Voraussetzung hat die Brenndauer X der Glühlampen die Verteilungsfunktion $\phi(x \mid 1\,200; 100)$. Es gilt also

a_1) $\quad W(X < 1\,000) = \phi(1\,000 \mid 1\,200; 100)$
$\qquad\qquad\qquad\qquad = \phi\left(\frac{1\,000 - 1\,200}{100}\right) = \phi(-2) = 0,0228.$

2,28 % der Glühlampen besitzen eine Brenndauer von weniger als 1 000 Stunden.

a_2) $\quad W(X > 1\,100) = 1 - W(X \leq 1\,100)$
$\qquad\qquad\qquad\qquad = 1 - \phi(1\,100 \mid 1\,200; 100) = 1 - \phi\left(\frac{1\,100 - 1\,200}{100}\right)$
$\qquad\qquad\qquad\qquad = 1 - \phi(-1) = 0,8413\,.$

Für 84,13 % der Glühlampen liegt die Brenndauer höher als 1 100 Stunden.

a_3) $\quad W(1\,000 \leq X \leq 1\,500) = \phi(1\,500 \mid 1\,200; 100) - \phi(1\,000 \mid 1\,200; 100)$
$\qquad\qquad\qquad\qquad\qquad\quad = \phi\left(\frac{1\,500 - 1\,200}{100}\right) - \phi\left(\frac{1\,000 - 1\,200}{100}\right)$
$\qquad\qquad\qquad\qquad\qquad\quad = \phi(3) - \phi(-2)$
$\qquad\qquad\qquad\qquad\qquad\quad = 0,9987 - 0,0228 = 0,9759\,.$

Die Brenndauer von 97,59 % der Glühlampen liegt zwischen 1 000 und 1 500 Stunden.

b) Es gilt

$$W(1\,200 - z_{\alpha/2} \cdot 100 \leq X \leq 1\,200 + z_{\alpha/2} \cdot 100) = 1 - \alpha\,.$$

Im Falle $\alpha = 0,1$ hat man ($\phi(z_{0,05}) = 0,95$ und damit $z_{0,05} = 1,645$)

$$W(1\,200 - 1,645 \cdot 100 \leq X \leq 1\,200 + 1,645 \cdot 100) = 0,9$$

d.h. X fällt mit der Wahrscheinlichkeit 0,9 in das (symmetrisch um $EX = 1\,200$ gelegene) Intervall

$$[1\,035,5\,;\,1\,364,5]\,.$$

c) Es soll c so bestimmt werden, daß

$$W(X \leq c) = 0,1$$

gilt. Wegen

$$W(X \leq 1200 - z_\alpha \cdot 100) = \alpha$$

hat man für $\alpha = 0,1$ ($\phi(z_{0,1}) = 0,9$ und damit $z_{0,1} = 1,28$)

$$W(X \leq 1200 - 1,28 \cdot 100) = 0,1 \ .$$

Es gilt daher

$$c = 1200 - 128 = 1072 \ .$$

Den Ausschuß bilden also alle Lampen mit einer Brenndauer von weniger als 1072 Stunden.

Aufgabe 2:
Eine Maschine besteht aus zwei voneinander unabhängigen Teilen A und B. Sie kann nur eingesetzt werden, solange beide Teile funktionieren. Die Lebensdauer von Teil A sei (350;50)-normalverteilt, die von Teil B (400;25)-normalverteilt.
a) Mit welcher Wahrscheinlichkeit arbeitet die Maschine noch nach 400 Betriebsstunden?
b) Wie groß ist die Wahrscheinlichkeit dafür, daß Teil A vor Teil B defekt ist?

Lösung:
Wir bezeichnen mit X_A die Lebensdauer von Teil A und mit X_B die Lebensdauer von Teil B. X_A und X_B sind nach Voraussetzung unabhängige normalverteilte Zufallsvariablen.
a) Die Maschine arbeitet genau dann noch nach 400 Betriebsstunden, wenn $X_A > 400$ und $X_B > 400$ gilt. Da X_A und X_B unabhängig sind, hat man nach 3.5

$$W(X_A > 400, X_B > 400) = W(X_A > 400) \, W(X_B > 400)$$

Es gilt

$$\begin{aligned} W(X_A > 400) &= 1 - W(X_A \leq 400) = 1 - \phi(400 \mid 350; 50) \\ &= 0,1587 \end{aligned}$$

und

$$\begin{aligned} W(X_B > 400) &= 1 - W(X_B \leq 400) = 1 - \phi(400 \mid 400; 25) \\ &= 0,5 \ . \end{aligned}$$

Damit folgt

$$W(X_A > 400, X_B > 400) = 0{,}1587 \cdot 0{,}5 = 0{,}0794\,.$$

Mit Wahrscheinlichkeit 0,0794 arbeitet die Maschine noch nach 400 Betriebsstunden.

b) Teil A wird vor Teil B defekt sein, wenn gilt

$$X_A < X_B$$

oder

$$X_A - X_B < 0\,.$$

Da X_A und X_B unabhängige normalverteilte Zufallsvariablen sind, ist $X_A - X_B$ ebenfalls normalverteilt. Wegen

$$\begin{aligned} E(X_A - X_B) &= EX_A - EX_B = 350 - 400 = -50 \\ \text{var}(X_A - X_B) &= \text{var}\, X_A + \text{var}\, X_B = 50^2 + 25^2 = 3\,125 \end{aligned}$$

ist $X_A - X_B$ also $\left(-50;\sqrt{3\,125}\right)$-normalverteilt. Für die Wahrscheinlichkeit, mit der Teil A vor Teil B ausfällt, ergibt sich somit

$$W(X_A - X_B < 0) = \phi\left(0 \mid -50; \sqrt{3\,125}\right) = \phi(0{,}894) = 0{,}8145\,.$$

Aufgabe 3:

Ein Gerät wird in drei aufeinanderfolgenden, sich gegenseitig nicht beeinflussenden Arbeitsgängen hergestellt. Die Zeit (in Minuten), die jeder einzelne Arbeitsgang beansprucht, ist (7,5; 0,5)-normalverteilt. Mit welcher Wahrscheinlichkeit liegt die Gesamtarbeitszeit für ein Gerät zwischen 21 und 22 Minuten?

Lösung:
Wir bezeichnen die Dauer des zur Herstellung des Geräts notwendigen i-ten Arbeitsgangs mit X_i ($i = 1, 2, 3$). X_1, X_2 und X_3 sind nach Voraussetzung unabhängige (7,5; 0,5)-normalverteilte Zufallsvariablen. Daher ist auch die Gesamtarbeitszeit

$$X = X_1 + X_2 + X_3$$

normalverteilt, und wegen

$$\begin{aligned} EX &= EX_1 + EX_2 + EX_3 = 3 \cdot 7{,}5 = 22{,}5 \\ \text{var}\, X &= \text{var}\, X_1 + \text{var}\, X_2 + \text{var}\, X_3 = 3 \cdot 0{,}25 = 0{,}75 \end{aligned}$$

gilt

$$W(X \leq x) = \phi\left(x \mid 22{,}5; \sqrt{0{,}75}\right)\,.$$

Die Wahrscheinlichkeit, mit der die Gesamtarbeitszeit für ein Gerät zwischen 21 und 22 Minuten liegt, ist dann

$$W(21 \leq X \leq 22) = \phi\left(22 \mid 22,5; \sqrt{0,75}\right) - \phi\left(21 \mid 22,5; \sqrt{0,75}\right)$$
$$= 0,2403.$$

24,03 % aller Geräte werden also mit einer Arbeitszeit zwischen 21 und 22 Minuten hergestellt.

Aufgabe 4:
Ein unverfälschter Würfel wird 2 000-mal ausgespielt.
a) Mit welcher Wahrscheinlichkeit liegt die durchschnittliche Augenzahl $\bar{X}$ zwischen 3,4 und 3,6 ?
b) Mit welcher Wahrscheinlichkeit ist die relative Häufigkeit der Augenzahl 6 größer als 0,16 ?

Lösung:
a) Für die Augenzahl X beim Ausspielen eines unverfälschten Würfels gilt (vgl. Beispiele 2.12 und 2.16)

$$EX = 3,5, \quad var\, X = 2,9167.$$

Das Mittel $\bar{X}$ einer Stichprobe vom Umfang 2000 aus der Verteilung von X ist nach dem Zentralen Grenzwertsatz näherungsweise $\left(3,5; \sqrt{\frac{2,9167}{2\,000}}\right)$-normalverteilt. Es gilt daher

$$W(3,4 \leq \bar{X} \leq 3,6)$$
$$= \phi\left(3,6 \mid 3,5; \sqrt{\tfrac{2,9167}{2\,000}}\right) - \phi\left(3,4 \mid 3,5; \sqrt{\tfrac{2,9167}{2\,000}}\right)$$
$$= 0,9912.$$

b) Die relative Häufigkeit P der Augenzahl 6 bei 2 000 Ausspielungen des Würfels ist näherungsweise normalverteilt mit dem Erwartungswert $\frac{1}{6}$ und der Standardabweichung

$$\sqrt{\frac{\frac{1}{6} \cdot \frac{5}{6}}{2\,000}} = \frac{1}{120}.$$

Folglich hat man

$$W(P > 0,16) = 1 - W(P \leq 0,16)$$
$$= 1 - \phi\left(0,16 \mid \frac{1}{6}; \frac{1}{120}\right) = 0,7881.$$

Aufgabe 5:
In einer Produktionsserie vom Umfang 10 000 sind 2 000 Teile unbrauchbar. Es werden 100 Teile (ohne Zurücklegen) zufällig ausgewählt.

a) Wie groß ist die Wahrscheinlichkeit, daß
a_1) höchstens 30
a_2) wenigstens 10
a_3) zwischen (einschließlich) 15 und 25
unbrauchbare Teile in die Auswahl gelangen?

b) Geben Sie die kleinste ganze Zahl an, die von der Anzahl der ausgewählten schlechten Stücke mit einer Wahrscheinlichkeit von 0,99 nicht überschritten wird.

Lösung:
a) *Die Anzahl X der ausgewählten unbrauchbaren Teile ist hypergeometrisch verteilt mit den Parametern $n = 100$, $N = 10\,000$ und $M = 2\,000$.
Da mehr als 50 Stücke ausgewählt werden und der Auswahlsatz kleiner als 5% ist, können wir die Verteilung von X durch die Normalverteilung approximieren*

$$W(X \leq k) = \phi\left(k \mid 100 \cdot 0{,}2; \sqrt{100 \cdot 0{,}2 \cdot 0{,}8}\right)$$
$$= \phi(k \mid 20; 4) \quad \text{für} \quad k = 0, 1, ..., n.$$

Damit folgt
a_1)
$$W(X \leq 30) = \phi(30 \mid 20; 4) = \phi(2{,}5) = 0{,}9938$$

a_2)
$$W(X \geq 10) = 1 - W(X < 10) = 1 - \phi(10 \mid 20; 4) = 0{,}9938$$

a_3)
$$W(15 \leq X \leq 25) = W(X \leq 25) - W(X \leq 15)$$
$$= \phi(25 \mid 20; 4) - \phi(15 \mid 20; 4) = 0{,}7888.$$

b) c sei die Zahl, für die gilt
$$W(X \leq c) = 0{,}99.$$

Wir haben
$$W(X \leq c) = \phi(c \mid 20; 4) = \phi\left(\frac{c-20}{4}\right).$$

Für
$$\phi\left(\frac{c-20}{4}\right) = 0{,}99$$

ergibt sich mit der Tabelle der Standardnormalverteilung
$$\frac{c-20}{4} = 2{,}327$$

und damit
$$c = 4 \cdot 2{,}327 + 20 = 29{,}308.$$

30 ist also die kleinste ganze Zahl, die von der Anzahl der ausgewählten schlechten Stücke mit Wahrscheinlichkeit 0,99 nicht überschritten wird.

Schätzen

1 Punktschätzung

1.1 Problemstellung

Vielfach interessieren Kennzahlen, die sich nicht unmittelbar messen oder berechnen lassen, über die wir aber auf Stichprobenbasis Aufschlüsse erhalten können. So entscheidet z. B. über die Abbauwürdigkeit einer Kohlelagerstätte u. a. der Wassergehalt der Kohle, der nur aufgrund von Probebohrungen untersucht werden kann. Für Wirtschaftlichkeitsrechnungen kann die mittlere Lebensdauer von Fahrzeugen, Maschinen oder Verschleißteilen wichtig sein, wobei die Lebensdauer immer nur für einzelne Exemplare ermittelt werden kann. Im folgenden soll ein Beispiel ausführlicher behandelt werden.

Beispiel 1.1:
Die Stadtwerke einer Großstadt haben zu entscheiden, ob die Glühlampen in den Ampelanlagen in regelmäßigen Abständen oder nur bei Defekt erneuert werden sollen. Im ersten Falle werden bei hohem Materialverbrauch Reparaturen weitgehend vermieden, so daß die anfallende Arbeit gleichmäßig verteilt und von wenigen Beschäftigten bewältigt werden kann. Im zweiten Falle wird Material gespart, aber die zahlreicheren und unregelmäßig anfallenden Reparaturen erfordern mehr Beschäftigte, wenn Wartezeiten vermieden werden sollen. Für welche der beiden Strategien die zu erwartenden Kosten niedriger sind, läßt sich nur ermitteln, wenn die Verteilung $F(x)$ der Lebensdauer der verwendeten Glühlampen bekannt ist.
Die Brenndauer einer nach einem bestimmten Produktionsverfahren hergestellten Glühlampe hängt von vielen unabhängig voneinander wirkenden Einflußfaktoren

ab. Wegen des Zentralen Grenzwertsatzes kann man daher annehmen, daß die Brenndauer eine normalverteilte Zufallsvariable ist. Für ihre Verteilung $F(x)$ gilt also

$$F(x) = \phi(x \mid \mu; \sigma)$$

Dabei sind μ und σ unbekannte Parameter. Da sie sich nicht messen lassen, wird man versuchen, mittels einer Stichprobe $(X_1, X_2, ..., X_n)$ aus der Verteilung $F(x)$ Näherungswerte für μ und σ zu berechnen.

Um unser Beispiel zu vereinfachen, nehmen wir an, man habe $n = 2$ und σ sei bekannt, etwa $\sigma = 100$ Stunden. Dann ist mit Hilfe der Stichprobenvariablen X_1 und X_2 ein Näherungswert nur für die unbekannte mittlere Brenndauer μ zu bestimmen. Dabei sind X_1 und X_2 unabhängige $(\mu; 100)$-normalverteilte Zufallsvariablen.

Da das Stichprobenmittel

$$U_1 = \bar{X} = \frac{X_1 + X_2}{2}$$

den Erwartungswert μ hat, streuen die Realisationen von U_1 um μ. Es liegt deshalb nahe, das arithmetische Mittel der beiden Meßwerte x_1 und x_2 als Näherungswert für μ zu verwenden. Für die Verteilungsfunktion von U_1 gilt nach W 5.3

$$F_1(x) = W(U_1 \leq x) = \phi\left(x \mid \mu; \frac{100}{\sqrt{2}}\right) = \phi\left(\frac{x-\mu}{100}\sqrt{2}\right).$$

Statt des arithmetischen Mittels kann man allgemeiner gewogene Durchschnitte der Meßwerte als Näherungswerte für μ in Betracht ziehen. Geben wir z. B. dem ersten Meßwert doppelt soviel Gewicht wie dem zweiten, so ergibt sich

$$\frac{2x_1 + x_2}{3}$$

als Näherungswert für μ. Da X_1 und X_2 unabhängige normalverteilte Zufallsvariablen sind, ist nach W 5.3 auch die lineare Funktion

$$U_2 = \frac{2}{3}X_1 + \frac{1}{3}X_2$$

normalverteilt. Wegen

$$\begin{aligned} EU_2 &= \frac{2}{3}EX_1 + \frac{1}{3}EX_2 = \frac{2}{3}\mu + \frac{1}{3}\mu = \mu \\ \text{var } U_2 &= \frac{4}{9}\text{var } X_1 + \frac{1}{9}\text{var } X_2 = \frac{4}{9}\sigma^2 + \frac{1}{9}\sigma^2 = \frac{5}{9}\sigma^2 \end{aligned}$$

gilt für die Verteilungsfunktion von U_2

$$F_2(x) = \phi\left(x \mid \mu; 100 \cdot \frac{\sqrt{5}}{3}\right) = \phi\left(\frac{x-\mu}{100} \cdot \frac{3}{\sqrt{5}}\right).$$

Schließlich kann man von der Reihenfolge der Messungen absehen und untersuchen, ob sich z. B. der größere bzw. der kleinere Meßwert als Näherungswert für μ eignet. Wählen wir den größeren der Meßwerte als Näherungswert und damit die Stichprobenfunktion

$$U_3 = \max(X_1, X_2)$$

so ergibt sich als Verteilungsfunktion mit W (3.3)

$$F_3(x) = W(U_3 \leq x) = W(X_1 \leq x, X_2 \leq x) = W(X_1 \leq x) \cdot W(X_2 \leq x)$$

$$= [\phi(x \mid \mu; 100)]^2 = \left[\phi\left(\frac{x-\mu}{100}\right)\right]^2.$$

Durch Differenzieren der Verteilungsfunktionen nach der Kettenregel erhalten wir als Dichtefunktionen für U_1, U_2 und U_3:

$$f_1(x) = \frac{\sqrt{2}}{100} \cdot \varphi\left(\frac{x-\mu}{100}\sqrt{2}\right)$$

$$f_2(x) = \frac{3}{100 \cdot \sqrt{5}} \cdot \varphi\left(\frac{x-\mu}{100 \cdot \sqrt{5}} \cdot 3\right)$$

$$f_3(x) = \frac{2}{100} \cdot \phi\left(\frac{x-\mu}{100}\right) \cdot \varphi\left(\frac{x-\mu}{100}\right).$$

In der folgenden Tabelle sind Werte der drei Dichtefunktionen für einige Argumente angegeben.[1]

x	$f_1(x)$	$f_2(x)$	$f_3(x)$
$\mu - 100$	0,00208	0,00218	0,00077
$\mu - 50$	0,00439	0,00428	0,00217
μ	0,00564	0,00535	0,00399
$\mu + 50$	0,00439	0,00428	0,00487
$\mu + 100$	0,00208	0,00218	0,00407
$\mu + 200$	0,00010	0,00015	0,00106

Mit Hilfe dieser Werte läßt sich der Verlauf der drei Dichtefunktionen skizzieren. Abb. 1.1 zeigt, daß die Dichten der Zufallsvariablen U_1 und U_2 das Symmetriezentrum μ besitzen, wobei die Realisationen von U_1 stärker um μ konzentriert sind als die von U_2. Dagegen liegt das Maximum der Dichte von U_3 rechts von μ. Für alle $c > 0$ ist die Wahrscheinlichkeit, mit der die Zufallsvariablen Werte aus dem Intervall $[\mu - c; \mu + c]$ annehmen, für U_1 am größten. Von den drei betrachteten Möglichkeiten, zu Näherungswerten für die unbekannte mittlere Brenndauer der Glühlampen zu gelangen, ist daher die Berechnung des arithmetischen Mittels der beiden Stichprobenwerte am sinnvollsten.

---

[1] Eine Tabelle der Dichtefunktion der Standardnormalverteilung findet sich z.B. in: W. WETZEL, M.-D. JÖHNK, P. NAEVE: Statistische Tabellen, Berlin: de Gruyter & Co, 1967, S. 95 ff.

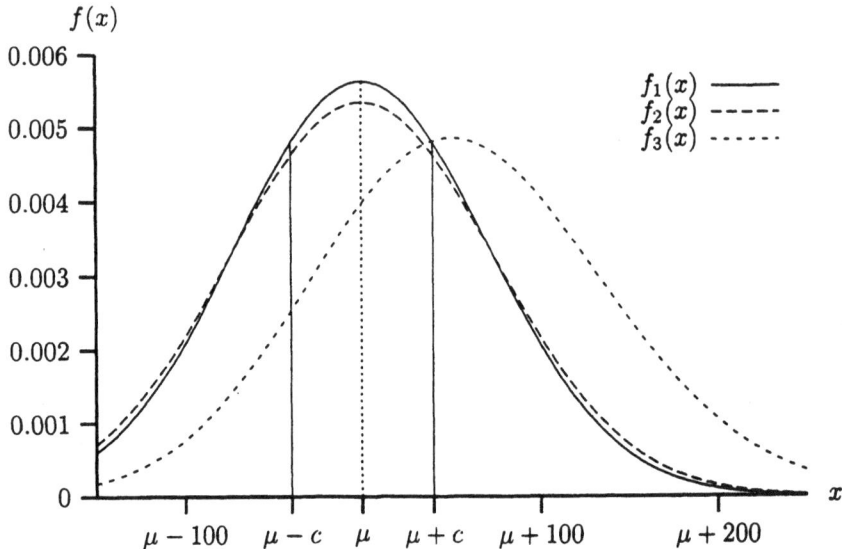

Abb. 1.1

1.2 Unverzerrte Schätzer

Für eine Zufallsvariable X, eine natürliche Zahl k und eine beliebige reelle Zahl c heißt der Erwartungswert

$$E(X-c)^k$$

k-tes Moment von X bezüglich c . Für $c=0$ und $k=1$ ist das der Erwartungswert und für $c=EX$ und $k=2$ die Varianz von X. Allgemeiner erhält man für $c=0$ und beliebiges k das **k-te zentrale Moment** und für $k=2$ und beliebiges c die **auf c bezogene quadratische Streuung** der Zufallsvariablen X. Wenn im folgenden allgemein von Momenten einer Zufallsvariablen gesprochen wird, so ist also insbesondere an den Erwartungswert und die Varianz dieser Zufallsvariablen zu denken.

Das in 1.1 betrachtete Problem läßt sich allgemeiner so formulieren: Von einer Zufallsvariablen X mit der Verteilungsfunktion $F(x)$ interessiert das unbekannte Moment π . Mittels einer Stichprobe $(X_1, X_2, ..., X_n)$ aus der Verteilung $F(x)$ soll ein Näherungswert für π berechnet werden. Als mögliche Näherungswerte werden dabei Realisationen von geeignet zu wählenden Funktionen

$$U = u(X_1, X_2, ..., X_n)$$

angesehen. Man sagt dann, das Moment π der Zufallsvariablen X solle aufgrund einer Stichprobe geschätzt werden. Die zur Schätzung verwendete Zufallsvariable U heißt **Schätzfunktion** oder **Schätzer**, ihre Realisationen heißen **Schätzwerte** für π.

Unter den in Erwägung gezogenen Schätzfunktionen für π ist U die "beste", wenn U die Wahrscheinlichkeit

$$W(\mid U - \pi \mid \leq c) \tag{1.1}$$

für alle $c \geq 0$ maximiert. In Beispiel 1.1 gab es unter den drei ziemlich willkürlich ausgewählten Funktionen eine solche.

Läßt man alle Funktionen der Stichprobenvariablen als mögliche Schätzfunktionen zu, so gibt es keine "beste" Schätzfunktion mehr. In diesem Falle sind z.B. auch die konstanten Zufallsvariablen mögliche Schätzfunktionen. Hat π den Wert 10, so ist die konstante Zufallsvariable, die diesen Wert hat, die "beste" Schätzfunktion für π. Aber nur in diesem Falle. Hat π einen anderen Wert, so ist sie als Schätzfunktion ungeeignet. Da der Wert von π unbekannt ist, interessieren nur solche Zufallsvariablen als Schätzfunktionen für π, deren Optimalitätseigenschaften unabhängig davon sind, welchen Wert das zu schätzende Moment besitzt. Solche Optimalitätseigenschaften sind nur leicht zu beweisen, wenn man die zur Konkurrenz zugelassenen Schätzfunktionen geeignet einschränkt.

Eine Schätzfunktion U für π mit

$$EU = \pi$$

heißt **erwartungstreu** oder **unverzerrt**. Die Differenz

$$EU - \pi$$

wird **Verzerrung** von U genannt. Im Beispiel 1.1 sind – wie Abb. 1.1 zeigt – U_1 und U_2 unverzerrte Schätzfunktionen für μ, während U_3 verzerrt ist. Ganz allgemein gilt mit dem in W 3.9 Bewiesenen:

Ist $(X_1, X_2, ..., X_n)$ eine Stichprobe aus der Verteilung der Zufallsvariablen X, so ist das Stichprobenmittel

$$\bar{X} = \frac{1}{n} \sum_{i=1}^{n} X_i$$

unverzerrte Schätzfunktion für den Erwartungswert $\mu = EX$ *und die Stichprobenvarianz*

$$S^2 = \frac{1}{n-1} \sum_{i=1}^{n} (X_i - \bar{X})^2$$

unverzerrte Schätzfunktion für die Varianz $\sigma^2 = \mathrm{var}X$.

126 1. Punktschätzung

Aus diesem Resultat folgt insbesondere, daß die Zufallsvariable
$\frac{1}{n}\sum (X_i - \bar{X})^2$ keine unverzerrte Schätzfunktion für σ^2 ist.

Soll die Standardabweichung σ geschätzt werden, liegt es nahe, dafür die *Stichprobenstandardabweichung*

$$S = \sqrt{\frac{1}{n-1} \sum_{i=1}^{n} (X_i - \bar{X})^2}$$

zu verwenden. S ist jedoch keine unverzerrte Schätzfunktion für σ. Denn aus

$$0 < var\, S = ES^2 - (ES)^2$$

folgt

$$(ES)^2 < ES^2 = \sigma^2$$

und damit

$$ES < \sigma.$$

Die Schätzfunktion S unterschätzt also im Mittel die Standardabweichung.

Anmerkung: Aus der Ungleichung von TSCHEBYSCHEFF (vgl. W 2.10) folgt, daß für unverzerrte Schätzfunktionen die Wahrscheinlichkeit (1.1) dann groß ist, wenn die Varianz der Schätzfunktion klein ist.

1.3 BLU-Schätzer

Im Beispiel 1.1 wurde der Erwartungswert einer normalverteilten Zufallsvariablen X geschätzt. Die Schätzfunktionen U_1 und U_2 waren gewogene Durchschnitte der Stichprobenvariablen, wobei sich das Stichprobenmittel als die bessere Schätzfunktion erwies. Wir wollen nun zeigen, daß das Stichprobenmittel sogar in einer größeren Klasse von Schätzfunktionen eine wichtige Optimalitätseigenschaft besitzt, ohne daß die Verteilung von X bekannt sein muß.

Sei X eine Zufallsvariable mit der Verteilungsfunktion $F(x)$ und sei $(X_1, X_2, ..., X_n)$ eine Stichprobe aus der Verteilung $F(x)$. Dann nennt man jede Schätzfunktion

$$U = u(X_1, X_2, ..., X_n) = c_o + c_1 X_1 + ... + c_n X_n$$

mit beliebigen reellen Koeffizienten $c_o, c_1, ..., c_n$ **linear**. Offenbar ist $\bar{X}$ eine lineare Schätzfunktion mit

$$c_o = 0 \quad \text{und} \quad c_1 = ... = c_n = \frac{1}{n}.$$

Für den Erwartungswert einer linearen Schätzfunktion gilt

$$E(c_o + c_1 X_1 + ... + c_n X_n) = c_o + c_1 E X_1 + ... + c_n E X_n$$
$$= c_o + (c_1 + c_2 + ... + c_n) EX.$$

Also ist eine lineare Schätzfunktion genau dann unverzerrt für EX, wenn gilt

$$c_o = 0 \quad \text{und} \quad \sum_1^n c_i = 1.$$

Beispielsweise ist $\bar{X}$ nach 1.2 eine lineare unverzerrte Schätzfunktion für EX.

Da die Zufallsvariablen X_i unabhängig sind, erhalten wir für die Varianz einer unverzerrten linearen Schätzfunktion

$$var \sum_1^n c_i X_i = \sum_1^n c_i^2 \, var X_i = var X \cdot \sum_1^n c_i^2 \quad \text{mit} \quad \sum_1^n c_i = 1.$$

Die Varianz wird also am kleinsten, wenn die c_i unter der Nebenbedingung $\sum c_i = 1$ so gewählt werden, daß $\sum c_i^2$ minimal ist. Bezeichnet $\bar{c}$ das arithmetische Mittel der Koeffizienten c_i, so gilt

$$\sum (c_i - \bar{c})^2 = \sum c_i^2 - n\bar{c}^2$$

oder

$$\sum c_i^2 = \sum (c_i - \bar{c})^2 + n\bar{c}^2.$$

Unter der Nebenbedingung $\sum c_i = 1$, also

$$\bar{c} = \frac{1}{n}$$

folgt dann

$$\sum c_i^2 = \sum \left(c_i - \frac{1}{n}\right)^2 + \frac{1}{n}.$$

Die rechte Seite wird am kleinsten für

$$c_i = \frac{1}{n} \quad i = 1, 2, ..., n.$$

Es gibt also keinen linearen unverzerrten Schätzer für EX, der eine kleinere Varianz besitzt als $\bar{X}$. Daher nennt man $\bar{X}$ <u>b</u>este <u>l</u>ineare <u>u</u>nverzerrte *Schätzfunktion* oder kurz ***BLU-Schätzer*** von EX. Wie wir gesehen haben gilt:

Ist $(X_1, X_2, ..., X_n)$ eine Stichprobe aus der Verteilung einer Zufallsvariablen X, so ist das Stichprobenmittel $\bar{X}$ BLU-Schätzer für den Erwartungswert $\mu = EX$.

Beispiel 1.2:
Um die Wahrscheinlichkeit θ zu schätzen, mit der beim Werfen eines bestimmten Würfels die Sechs erscheint, spielt man den Würfel n-mal aus und definiert für $i = 1, 2, ..., n$

$$X_i = \begin{cases} 1 \text{ falls die i-te Ausspielung eine Sechs ergibt} \\ 0 \text{ sonst} \end{cases}$$

Dann ist $(X_1, X_2, ..., X_n)$ eine Stichprobe. $\sum X_i$ ist die Anzahl und

$$P = \frac{\sum X_i}{n}$$

der Anteil der Ausspielungen, die eine Sechs ergeben. P ist BLU-Schätzer für die Wahrscheinlichkeit, mit der die Sechs beim Ausspielen des Würfels auftritt.

Wie Beispiel 1.2 zeigt, gelten die obigen Überlegungen sinngemäß auch für das Schätzen von Wahrscheinlichkeiten:

Wird ein Zufallsexperiment n-mal durchgeführt, so ist der Stichprobenanteil P der Durchführungen, bei denen ein interessierendes Ereignis A eintritt, BLU-Schätzer für $\theta = W(A)$.

1.4 Notwendiger Stichprobenumfang bei vorgegebenem Fehler

Da die Kosten empirischer Erhebungen mit dem Stichprobenumfang steigen, wird man vor Beginn einer Untersuchung überlegen, bei welchem Stichprobenumfang die angestrebte Genauigkeit gerade erreicht wird.
Sei μ der Erwartungswert einer Zufallsvariablen. Soll bei der Schätzung von μ durch das Stichprobenmittel $\bar{X}$ ein vorgegebener maximaler Fehler e nicht überschritten werden, so muß gelten

$$\mu - e \leq \bar{X} \leq \mu + e \,. \tag{1.2}$$

Natürlich kann (1.2) bei kleinem e im allgemeinen nicht mit Wahrscheinlichkeit 1 erfüllt sein. Wir wollen aber für $1 - \alpha$, wobei α ($0 < \alpha < 1$) beliebig klein gewählt werden darf, den kleinsten Stichprobenumfang $n = n(e)$ angeben, so daß (1.2) für n und alle größeren Stichprobenumfänge mindestens mit Wahrscheinlichkeit $1 - \alpha$ erfüllt ist.

Angenommen, es soll der Erwartungswert einer $(\mu; \sigma)$-normalverteilten Zufallsvariablen X geschätzt werden. $(X_1, X_2, ..., X_n)$ sei eine Stichprobe aus der Verteilung von X. Das Stichprobenmittel

$$\bar{X} = \frac{1}{n} \sum_1^n x_i$$

1.4 Notwendiger Stichprobenumfang bei vorgegebenem Fehler

ist dann nach W 5.3 normalverteilt und nach W (5.7) hat man für jedes α $(0 < \alpha < 1)$

$$W\left(-z_{\alpha/2} \leq \frac{\bar{X} - \mu}{\sigma}\sqrt{n} \leq z_{\alpha/2}\right) = 1 - \alpha$$

oder gleichbedeutend damit

$$W\left(\mu - z_{\alpha/2}\frac{\sigma}{\sqrt{n}} \leq \bar{X} \leq \mu + z_{\alpha/2}\frac{\sigma}{\sqrt{n}}\right) = 1 - \alpha$$

(vgl. Abb. 1.2).

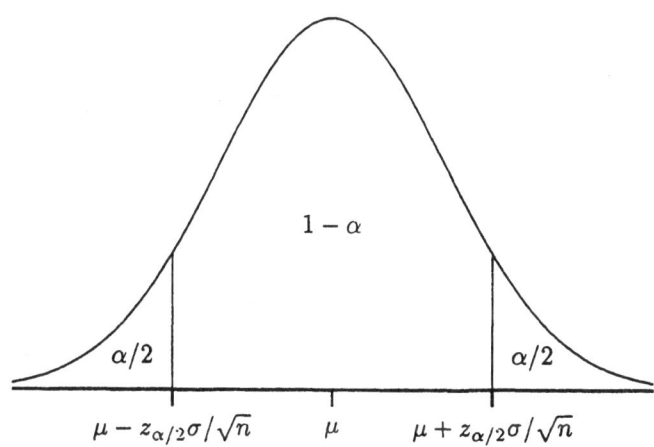

Abb. 1.2

Folglich ist (1.2) mindestens mit der Wahrscheinlichkeit $1 - \alpha$ erfüllt, wenn gilt

$$z_{\alpha/2}\frac{\sigma}{\sqrt{n}} \leq e \ . \tag{1.3}$$

Denn in diesem Falle ist das Intervall (1.2) mindestens so groß wie das Intervall in Abb. 1.2, zu dem die Wahrscheinlichkeit $1 - \alpha$ gehört. Aus (1.3) folgt

$$n \geq \left(\frac{z_{\alpha/2} \cdot \sigma}{e}\right)^2 \ . \tag{1.4}$$

Auch wenn die zugrunde liegende Verteilung nicht normal ist, wird man (1.4) für eine Abschätzung des notwendigen Stichprobenumfangs verwenden – jetzt allerdings unter Berufung auf den Zentralen Grenzwertsatz, so daß der aus (1.4) resultierende Stichprobenumfang gegebenenfalls auf 50 zu erhöhen ist.

Soll eine Wahrscheinlichkeit θ durch den Stichprobenanteil P bis auf einen Fehler von höchstens e geschätzt werden, so ist σ in (1.4) nach W 4.1 durch

$$\sigma = \sqrt{\theta(1-\theta)} \leq \frac{1}{2}$$

zu ersetzen.

Beispiel 1.3:
Wenn eine Wahrscheinlichkeit beim Sicherheitsgrad 0,9544 bis auf 0,01 genau geschätzt werden soll, erhalten wir für den notwendigen Stichprobenumfang

$$n \geq \left(\frac{2}{2 \cdot 0{,}01}\right)^2 = 100^2 = 10\,000.$$

Falls man den doppelten maximalen Fehler 0,02 akzeptiert, folgt für n

$$n \geq \left(\frac{2}{2 \cdot 0{,}02}\right)^2 = 50^2 = 2\,500.$$

Die halbe Genauigkeit ist also mit einem Viertel des Stichprobenumfangs zu erreichen.
Es könnte der Eindruck entstehen, daß die beträchtliche Höhe der errechneten Mindeststichprobenumfänge auf eine zu grobe Abschätzung von $\theta(1-\theta)$ zurückzuführen ist. Es gilt aber beispielsweise

$$\theta(1-\theta) = 0{,}21 \quad \textit{für} \quad \theta = 0{,}3\,.$$

Selbst wenn man also bei einem bestimmten Zufallsexperiment sicher sein könnte, daß die interessierende Wahrscheinlichkeit θ höchstens den Wert 0,3 besitzt, ergäbe das für einen Sicherheitsgrad von 0,9544 und einen maximalen absoluten Fehler von 0,01 wegen

$$n \geq \left(\frac{2}{0{,}01}\right)^2 \cdot 0{,}21 = 8\,400$$

noch den Mindeststichprobenumfang 8 400.

1.5 *Nichtlineare Schätzer

Die bei der Schätzung von Erwartungswerten in 1.3 vorgenommene Beschränkung auf lineare Schätzfunktionen ist nicht zwingend.

Beispiel 1.4:
Die Zufallsvariable X sei rechteckverteilt im Intervall $[0,a]$, d.h.

$$f(x) = \begin{cases} 1/a & \text{für } 0 \leq x \leq a \\ 0 & \text{sonst} \end{cases} \tag{1.5}$$

sei die Dichte und

$$F(x) = \begin{cases} 0 & \text{für } x < 0 \\ x/a & \text{für } 0 \leq x \leq a \\ 1 & \text{für } a < x \end{cases}$$

die Verteilungsfunktion von X.

$(X_1, X_2, ..., X_n)$ *sei eine Stichprobe aus der Verteilung* $F(x)$. *Dann ist*

$$\bar{X} = \frac{1}{n}(X_1 + X_2 + ... + X_n)$$

eine erwartungstreue Schätzfunktion für den Erwartungswert

$$EX = \int_0^a \frac{x}{a} dx = \left.\frac{x^2}{2a}\right|_0^a = \frac{a}{2}.$$

Für die Varianz von X gilt

$$\begin{aligned} varX &= \int_0^a \left(x - \frac{a}{2}\right)^2 \frac{1}{a} dx = \int_0^a \left[\frac{x^2}{a} - x + \frac{a}{4}\right] dx \\ &= \left.\frac{x^3}{3a} - \frac{x^2}{2} + \frac{ax}{4}\right|_0^a = \frac{a^2}{12}. \end{aligned}$$

Damit folgt für die Varianz von $\bar{X}$

$$var\bar{X} = \frac{1}{n^2} \sum varX_i = \frac{1}{n} varX = \frac{a^2}{12n}.$$

Wir betrachten nun die Zufallsvariable U, deren Realisation gleich dem jeweils größten Stichprobenwert sei

$$U = \max(X_1, X_2, ..., X_n).$$

U ist genau dann $\leq x$, *wenn alle Stichprobenwerte* $\leq x$ *sind. Daher gilt für die Verteilungsfunktion von U*

$$\begin{aligned} G(x) &= W(U \leq x) = W(X_1 \leq x, X_2 \leq x, ... X_n \leq x) \\ &= W(X_1 \leq x) \cdots W(X_n \leq x) = [F(x)]^n \\ &= \begin{cases} 0 & \text{für } x < 0 \\ (x/a)^n & \text{für } 0 \leq x \leq a \\ 1 & \text{für } a < x \end{cases} \end{aligned}$$

und für die Dichte von U

$$g(x) = \frac{d}{dx} G(x) = \begin{cases} \frac{n}{a^n} x^{n-1} & \text{für } 0 \leq x \leq a \\ 0 & \text{sonst.} \end{cases}$$

Damit folgt für den Erwartungswert

$$\begin{aligned} EU &= \int_0^a x \cdot \frac{n}{a^n} x^{n-1} dx = \frac{n}{a^n} \int_0^a x^n dx = \left.\frac{n}{a^n} \frac{x^{n+1}}{n+1}\right|_0^a \\ &= \frac{n}{n+1} a. \end{aligned}$$

Folglich ist

$$U^* = \frac{1}{2} \cdot \frac{n+1}{n} \cdot U$$

eine erwartungstreue Schätzfunktion für $\frac{a}{2} = EX$. *Wegen*

$$EU^2 = \int_0^a x^2 \cdot \frac{n}{a^n} x^{n-1} dx = \frac{n}{a^n} \int_0^a x^{n+1} dx = \frac{n}{a^n} \frac{x^{n+2}}{n+2} \bigg|_0^a$$

$$= \frac{n}{n+2} a^2$$

ergibt sich für die Varianz von U^*

$$\text{var} U^* = \left(\frac{n+1}{2n}\right)^2 \text{var} U = \left(\frac{n+1}{2n}\right)^2 [EU^2 - (EU)^2]$$

$$= \left(\frac{n+1}{2n}\right)^2 \left[\frac{n}{n+2} a^2 - \left(\frac{n}{n+1}\right)^2 a^2\right]$$

$$= \frac{a^2}{4n(n+2)}.$$

Werden die Schätzfunktionen $\bar{X}$ *und* U^* *aus Stichproben vom Umfang n berechnet, so gilt*

$$\frac{\text{var} U^*}{\text{var} \bar{X}} = \frac{3}{n+2}.$$

Für $n = 1$ *ist* $U^* = \bar{X}$, *während* U^* *für* $n > 1$ *eine erwartungstreue Schätzfunktion für* EX *ist, deren Varianz um den Faktor* $\frac{3}{n+2}$ *kleiner ist als die Varianz von* $\bar{X}$.

Eine für das Moment π unverzerrte Schätzfunktion minimaler Varianz heißt **beste unverzerrte Schätzfunktion** oder kurz **BU-Schätzer** für π. BU-Schätzer sind also nicht notwendig linear in den Stichprobenvariablen. Mit einigem Aufwand läßt sich zeigen, daß das Stichprobenmittel für den Erwartungswert einer normalverteilten Zufallsvariablen X (nicht nur BLU-Schätzer, wie in 1.3 gezeigt, sondern) BU-Schätzer ist (vgl. HOEL (1984), S. 387 ff.).
Beispiel 1.4 zeigt, daß diese Aussage ohne die Voraussetzung, daß X normalverteilt ist, falsch wird. Denn dort wird für eine rechteckverteilte Zufallsvariable eine nichtlineare erwartungstreue Schätzfunktion für den Erwartungswert angegeben, die besser ist als $\bar{X}$. Damit kann $\bar{X}$ nicht BU-Schätzer für den Erwartungswert einer Rechteckverteilung sein.

1.6 *Verzerrte Schätzer

Zur Schätzung von π seien nun auch verzerrte Schätzfunktionen zugelassen. Wir wollen zeigen, daß die Wahrscheinlichkeit (1.1) jedenfalls dann groß ist,

1.6 *Verzerrte Schätzer

wenn für die Schätzfunktion U die quadratische Streuung $E(U-\pi)^2$ um π klein ist. Analog zum Beweis der TSCHEBYSCHEFF'schen Ungleichung gilt (vgl. W 2.10):

$$0 \cdot W\left[(U-\pi)^2 \leq c^2\right] + c^2 \cdot W\left[(U-\pi)^2 > c^2\right] < E(U-\pi)^2$$

und damit

$$W\left[(U-\pi)^2 > c^2\right] < \frac{E(U-\pi)^2}{c^2}.$$

Wegen

$$W(|U-\pi| \leq c) = 1 - W(|U-\pi| > c) = 1 - W\left[(U-\pi)^2 > c^2\right]$$

erhalten wir damit die Ungleichung

$$W(|U-\pi| \leq c) > 1 - \frac{E(U-\pi)^2}{c^2}. \tag{1.6}$$

(Das ist für $\pi = EU$ die Ungleichung von TSCHEBYSCHEFF.) Damit ist die Behauptung bewiesen.

$E(U-\pi)^2$ läßt sich zerlegen in die Varianz und in das Quadrat der Verzerrung:

$$E(U-\pi)^2 = var\, U + (EU-\pi)^2. \tag{1.7}$$

Denn aus

$$\begin{aligned} E(U-\pi)^2 &= E[(U-EU)+(EU-\pi)]^2 \\ &= E(U-EU)^2 + 2(EU-\pi)\cdot E(U-EU) + (EU-\pi)^2 \end{aligned}$$

folgt mit

$$E(U-EU) = EU - EU = 0$$

die Behauptung. Diese Streuungszerlegung besagt nicht, daß unverzerrte Schätzfunktionen grundsätzlich besser sind als verzerrte, weil das Quadrat der Verzerrung entfällt. Die Beseitigung der Verzerrung kann nämlich die Varianz um mehr als die Verzerrung vergrößern. (1.7) bedeutet vielmehr, daß bei Schätzfunktionen eine geringe Verzerrung toleriert werden kann, wenn die Varianz der Schätzfunktion entsprechend klein ist.

Beispiel 1.5:
In Beispiel 1.4 wurde die Zufallsvariable U so normiert, daß sie den Erwartungswert der Rechteckverteilung unverzerrt schätzt. Man kann statt dessen auch fragen, für welche Konstante c die Schätzfunktion

$$U^{**} = c \cdot U$$

am wenigsten um den Erwartungswert der Rechteckverteilung streut. Dann ist

134   1. Punktschätzung

$$E\left(cU - \frac{a}{2}\right)^2 = c^2 EU^2 - acEU + \frac{a^2}{4}$$
$$= \frac{n}{n+2}a^2c^2 - \frac{n}{n+1}a^2c + \frac{a^2}{4}$$

zu minimieren. Die Ableitung nach c ergibt

$$\frac{d}{dc}E\left(cU - \frac{a}{2}\right)^2 = a^2\left[\frac{2n}{n+2}c - \frac{n}{n+1}\right].$$

Durch Nullsetzen dieser Ableitung erhält man für c

$$c = \frac{1}{2} \cdot \frac{n+2}{n+1}.$$

Die Werte der verzerrten Schätzfunktion

$$U^{**} = \frac{1}{2} \cdot \frac{n+2}{n+1} \cdot U$$

sind also stärker um den Erwartungswert der Rechteckverteilung konzentriert als die der erwartungstreuen Schätzfunktion U^*. Wegen

$$EU^{**} = \frac{1}{2} \cdot \frac{n+2}{n+1} \cdot EU = \frac{n(n+2)}{(n+1)^2} \cdot \frac{a}{2}$$

hat man für die Verzerrung

$$EU^{**} - \frac{a}{2} = -\frac{a}{2(n+1)^2}.$$

Beispiel 1.5 zeigt, daß Unverzerrtheit noch kein Wert an sich ist. Die Bedeutung der Aussagen in Abschnitt 1.3 liegt darin, daß die BLU-Eigenschaft des Stichprobenmittels an keinerlei Verteilungsvoraussetzungen gebunden ist, während die oben abgeleiteten Ergebnisse nur für Rechteckverteilungen gelten. In der Praxis ist fast immer unbekannt, welcher Verteilungstyp vorliegt.

1.7 *Konsistente Schätzer

Da die Kosten für eine Stichprobenerhebung mit dem Stichprobenumfang zunehmen, lohnen sich große Stichproben nur, wenn die Genauigkeit der Schätzwerte mit dem Stichprobenumfang steigt. Man wird also für wünschenswert halten, daß die Wahrscheinlichkeit (1.1) mit wachsendem Stichprobenumfang gegen 1 strebt.

Sei U_n eine Schätzfunktion für das Moment π, wobei n den Stichprobenumfang angeben soll. U_n heißt **konsistente Schätzfunktion** für π, wenn U_n

1.7 *Konsistente Schätzer

für $n \to \infty$ **stochastisch** gegen π **konvergiert**, d. h. wenn für beliebiges $c > 0$ gilt

$$\lim_{n\to\infty} W(|U_n - \pi| \leq c) = 1.$$

Nach (1.6) und (1.7) ist eine Schätzfunktion U_n jedenfalls konsistent, wenn gilt

$$\lim_{n\to\infty} EU_n = \pi \text{ und } \lim_{n\to\infty} varU_n = 0. \tag{1.8}$$

Insbesondere sind unverzerrte Schätzfunktionen deren Varianz mit $n \to \infty$ gegen 0 strebt konsistent. $\bar{X}$ ist also konsistente Schätzfunktion für EX, was bereits als "Gesetz der großen Zahlen" in W 5.9 bewiesen wurde. Nach 1.2 ist die Stichprobenvarianz

$$S^2 = \frac{1}{n-1} \sum_{i=1}^{n} (X_i - \bar{X})^2$$

erwartungstreue Schätzfunktion für die Varianz σ^2 der zugrunde liegenden Verteilung. Man kann auch zeigen, daß S^2 konsistent ist. Die Zufallsvariable

$$\frac{1}{n} \sum (X_i - \bar{X})^2$$

ist nicht erwartungstreue aber konsistente Schätzfunktion für σ^2.

Da (1.8) für die Schätzfunktionen U^* in Beispiel 1.4 und U^{**} in Beispiel 1.5 erfüllt ist, sind U^* und U^{**} konsistente Schätzfunktionen für den Erwartungswert der Rechteckverteilung (1.5).

2
Intervallschätzung

2.1 Problemstellung

Die Durchführung einer Punktschätzung führt fast immer zu einem Schätzwert, der von dem zu schätzenden Moment verschieden ist. Die Berechnung eines solchen Schätzwertes ist daher nur sinnvoll, wenn gleichzeitig eine Vorstellung von der Schätzgenauigkeit vermittelt wird. Das kann durch Angabe eines Intervalles geschehen, dessen Grenzen den unbekannten Wert praktisch sicher einschließen. Ein solches Vorgehen nennt man *Intervallschätzung.*

Ein Intervall, das das unbekannte Moment mit einer vorgebbaren Wahrscheinlichkeit überdeckt und dessen Grenzen sich allein aus Stichprobendaten berechnen lassen, heißt **Konfidenzintervall** oder **Vertrauensintervall** für das betreffende Moment. Als Überdeckungswahrscheinlichkeit kann dabei i. a. nicht 1 gewählt werden, aber jede Zahl $1 - \alpha$, wobei α ($0 < \alpha < 1$) beliebig klein sein darf. Die vorgegebene Überdeckungswahrscheinlichkeit $1 - \alpha$ heißt **Konfidenzzahl** oder **Sicherheitsgrad**. Die gebräuchlichsten Konfidenzzahlen sind 0,95 und 0,99.

Ein Konfidenzintervall für das unbekannte Moment π ist also ein Intervall $[U_1; U_2]$, dessen Grenzen Zufallsvariablen sind:

$$[U_1; U_2] = [\, u_1(X_1, X_2, ..., X_n) \,;\, u_2(X_1, X_2, ..., X_n) \,]\,.$$

Die Realisationen dieses "Zufallsintervalls" überdecken das unbekannte Moment oder auch nicht. Die Zufallsvariablen U_1 und U_2 sind aber so gewählt,

daß gilt
$$W(\pi \in [U_1; U_2]) = 1 - \alpha.$$

Werden für eine große Zahl von Stichproben Realisationen des Konfidenzintervalls $[U_1; U_2]$ berechnet, so erhält man Intervalle, deren Lage und Länge variieren, und zwar so, daß die relative Häufigkeit, mit der π überdeckt wird, ungefähr bei der vorgegebenen Konfidenzzahl $1 - \alpha$ liegt. In Abb. 2.1 sind 25 Intervalle nebeneinander gezeichnet, wie sie sich als Realisationen eines Konfidenzintervalls zur Konfidenzzahl 0,9 aus 25 verschiedenen Stichproben ergeben haben könnten. Ungefähr 10 % (3 von 25) der Realisationen überdecken das zu schätzende Moment π nicht.

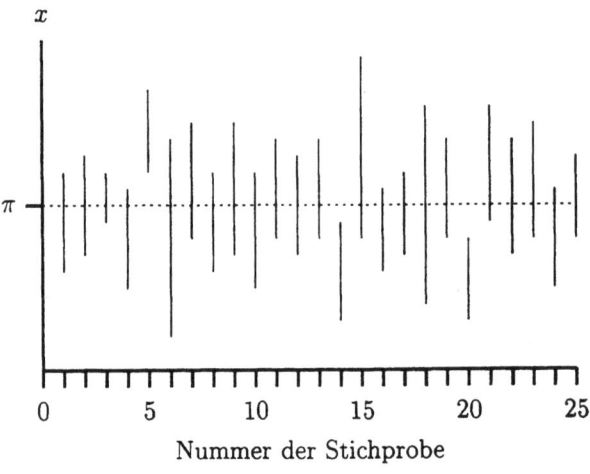

Abb. 2.1

Im Folgenden werden wir nicht nur das "Zufallsintervall", sondern auch seine Realisation Konfidenzintervall nennen, wobei sich die jeweilige Bedeutung aus dem Zusammenhang ergibt.

2.2 Konfidenzintervalle für den Erwartungswert einer normalverteilten Zufallsvariablen bei bekannter Standardabweichung

Manche technischen Fragestellungen führen zu $(\mu; \sigma)$ –normalverteilten Zufallsvariablen X, deren Standardabweichung bekannt ist. Bei Maschinen etwa, die Bauteile fertigen, kann der Sollwert für Durchmesser oder Länge der Teile variiert werden, ohne daß sich die Fertigungsstreuung σ verändert. In diesem Falle kann σ aufgrund langer Erfahrung bekannt sein, während über den eingestellten Mittelwert Unsicherheit herrscht. Dann ist für eine

2.2 Konfidenzintervalle: Normalverteilung, σ bekannt

Stichprobe $(X_1, X_2, ..., X_n)$ aus der Verteilung von X das Stichprobenmittel $\bar{X}$ nach W 5.3 normalverteilt und für jedes α $(0 < \alpha < 1)$ gilt

$$W\left(\mu - z_{\alpha/2}\frac{\sigma}{\sqrt{n}} \leq \bar{X} \leq \mu + z_{\alpha/2}\frac{\sigma}{\sqrt{n}}\right) = 1 - \alpha$$

(vgl. 1.4 und Abb. 2.2).

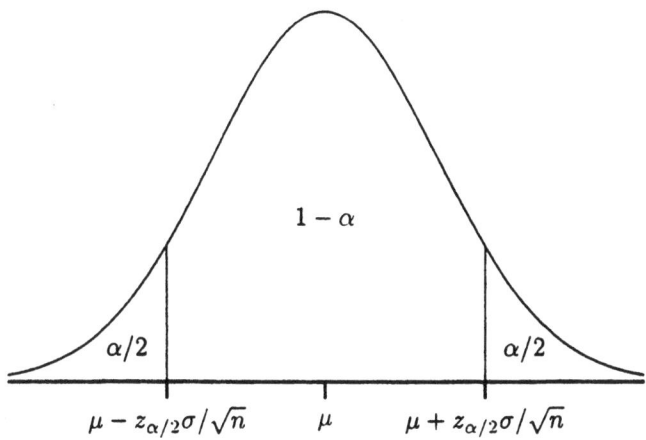

Abb. 2.2

Für jede Realisation $\bar{x}$ des Stichprobenmittels sind die beiden Doppelungleichungen

$$\mu - z_{\alpha/2}\frac{\sigma}{\sqrt{n}} \leq \bar{x} \leq \mu + z_{\alpha/2}\frac{\sigma}{\sqrt{n}}$$
$$\bar{x} - z_{\alpha/2}\frac{\sigma}{\sqrt{n}} \leq \mu \leq \bar{x} + z_{\alpha/2}\frac{\sigma}{\sqrt{n}}$$

äquivalent, denn jede besagt, daß sich μ und $\bar{x}$ dem Betrage nach um höchstens

$$e = z_{\alpha/2}\frac{\sigma}{\sqrt{n}}$$

unterscheiden (vgl. Abb. 2.3).

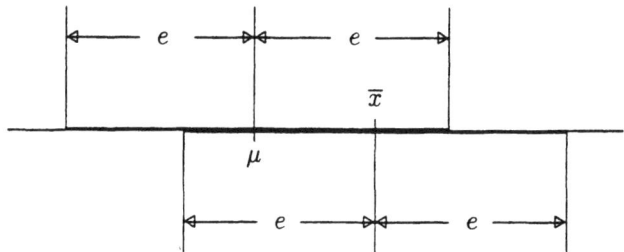

Abb. 2.3

Folglich tritt das Ereignis

$$\left\{\mu - z_{\alpha/2}\frac{\sigma}{\sqrt{n}} \leq \bar{X} \leq \mu + z_{\alpha/2}\frac{\sigma}{\sqrt{n}}\right\}$$

genau dann ein, wenn das "Zufallsintervall"

$$\left[\bar{X} - z_{\alpha/2}\frac{\sigma}{\sqrt{n}}\,;\,\bar{X} + z_{\alpha/2}\frac{\sigma}{\sqrt{n}}\right] \tag{2.1}$$

den unbekannten Erwartungswert μ überdeckt. Daher gilt

$$\begin{aligned} W\left(\mu \in \left[\bar{X} - z_{\alpha/2}\frac{\sigma}{\sqrt{n}}\,;\,\bar{X} + z_{\alpha/2}\frac{\sigma}{\sqrt{n}}\right]\right) \\ = W\left(\mu - z_{\alpha/2}\frac{\sigma}{\sqrt{n}} \leq \bar{X} \leq \mu + z_{\alpha/2}\frac{\sigma}{\sqrt{n}}\right) \\ = 1 - \alpha\,. \end{aligned}$$

Da die $z_{\alpha/2}$-Werte tabelliert vorliegen, lassen sich die Realisationen von (2.1) bei bekanntem σ aus Stichprobendaten berechnen. In diesem Falle ist (2.1) also Konfidenzintervall zur Konfidenzzahl $1 - \alpha$ für den unbekannten Erwartungswert μ.

Da $z_{\alpha/2}$ mit der Konfidenzzahl wächst, erhöht sich die Länge

$$2z_{\alpha/2}\frac{\sigma}{\sqrt{n}}$$

des Intervalls mit der Konfidenzzahl. Je größer also die angestrebte Sicherheit, um so unschärfer die Aussage über den unbekannten Erwartungswert. Jedoch läßt sich die Schärfe der Aussage bei vorgegebenem Sicherheitsgrad durch Vergrößerung des Stichprobenumfangs erhöhen. Z.B. verkürzt eine Vervierfachung des Stichprobenumfangs die Länge des Konfidenzintervalls auf die Hälfte.

2.2 Konfidenzintervalle: Normalverteilung, σ bekannt

Wir wollen zeigen, daß vom Konfidenzintervall (2.1) keine Zahl mit größerer Wahrscheinlichkeit überdeckt wird als μ. Nach den obigen Überlegungen gilt für eine beliebige Zahl x

$$x \in \left[\bar{X} - z_{\alpha/2}\frac{\sigma}{\sqrt{n}} \ ; \ \bar{X} + z_{\alpha/2}\frac{\sigma}{\sqrt{n}}\right]$$

genau dann, wenn

$$x - z_{\alpha/2}\frac{\sigma}{\sqrt{n}} \leq \bar{X} \leq x + z_{\alpha/2}\frac{\sigma}{\sqrt{n}}$$

erfüllt ist. Also gilt

$$W\left(x \in \left[\bar{X} - z_{\alpha/2}\frac{\sigma}{\sqrt{n}} \ ; \ \bar{X} + z_{\alpha/2}\frac{\sigma}{\sqrt{n}}\right]\right)$$

$$= W\left(x - z_{\alpha/2}\frac{\sigma}{\sqrt{n}} \leq \bar{X} \leq x + z_{\alpha/2}\frac{\sigma}{\sqrt{n}}\right)$$

$$= \phi\left(x + z_{\alpha/2}\frac{\sigma}{\sqrt{n}} \mid \mu; \frac{\sigma}{\sqrt{n}}\right) - \phi\left(x - z_{\alpha/2}\frac{\sigma}{\sqrt{n}} \mid \mu; \frac{\sigma}{\sqrt{n}}\right)$$

$$= \phi\left((x-\mu)\frac{\sqrt{n}}{\sigma} + z_{\alpha/2}\right) - \phi\left((x-\mu)\cdot\frac{\sqrt{n}}{\sigma} - z_{\alpha/2}\right)$$

(vgl. Abb. 2.4).

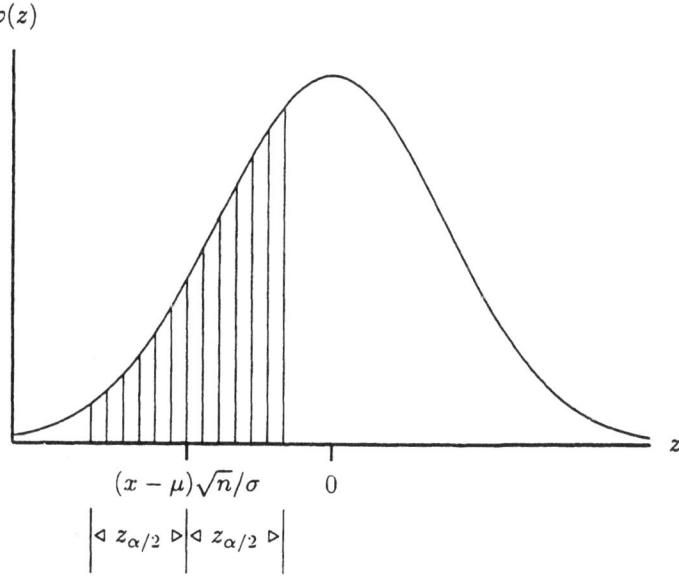

Abb. 2.4

Die Wahrscheinlichkeit, mit der x überdeckt wird, ist also gleich dem Inhalt des in Abb. 2.4 schraffierten Flächenstücks der Breite $2z_{\alpha/2}$ unter der Standardnormalverteilung. Für $x \to -\infty$ und $x \to +\infty$ wird der Flächeninhalt Null. Am größten ist er offenbar für $(x-\mu)\frac{\sqrt{n}}{\sigma} = 0$, d. h. für

$$x = \mu.$$

2.3 Konfidenzintervalle für den Erwartungswert einer normalverteilten Zufallsvariablen bei unbekannter Standardabweichung

Im allgemeinen wird bei der Schätzung des unbekannten Erwartungswertes einer normalverteilten Zufallsvariablen X auch deren Standardabweichung nicht bekannt sein. Dann läßt sich (2.1) aus Stichprobendaten allein nicht berechnen und ist somit kein Konfidenzintervall für μ.

Sei $(X_1, X_2, ..., X_n)$ eine Stichprobe aus der Verteilung von X mit dem Stichprobenmittel $\bar{X}$ und der Stichprobenstandardabweichung

$$S = \sqrt{\frac{1}{n-1} \sum_{i=1}^{n} (X_i - \bar{X})^2}.$$

Dann ist nach W 5.5 die Zufallsvariable

$$\frac{\bar{X} - \mu}{S}\sqrt{n}$$

STUDENT-t-verteilt mit $n-1$ Freiheitsgraden, und es gilt nach W(5.11)

$$W\left(-t_{n-1;\alpha/2} \leq \frac{\bar{X} - \mu}{S}\sqrt{n} \leq t_{n-1;\alpha/2}\right) = 1 - \alpha$$

für alle $0 < \alpha < 1$. Wenn man die Doppelungleichung

$$-t_{n-1;\alpha/2} \leq \frac{\bar{X} - \mu}{S}\sqrt{n} \leq t_{n-1;\alpha/2}$$

mit $S/\sqrt{n}$ multipliziert und anschließend μ addiert, so erhält man die äquivalente Doppelungleichung

$$\mu - t_{n-1;\alpha/2}\frac{S}{\sqrt{n}} \leq \bar{X} \leq \mu + t_{n-1;\alpha/2}\frac{S}{\sqrt{n}}.$$

Folglich gilt für alle $0 < \alpha < 1$

$$W\left(\mu - t_{n-1;\alpha/2}\frac{S}{\sqrt{n}} \leq \bar{X} \leq \mu + t_{n-1;\alpha/2}\frac{S}{\sqrt{n}}\right) = 1 - \alpha.$$

Mit denselben Überlegungen wie in 2.2 ergibt sich dann:

Ist $(X_1, X_2, ..., X_n)$ eine Stichprobe aus einer Normalverteilung, so ist

$$\left[\bar{X} - t_{n-1;\alpha/2}\frac{S}{\sqrt{n}} \; ; \; \bar{X} + t_{n-1;\alpha/2}\frac{S}{\sqrt{n}}\right] \tag{2.2}$$

ein Konfidenzintervall zur Konfidenzzahl $1 - \alpha$ für den Erwartungswert der Verteilung.

Im Unterschied zum Konfidenzintervall (2.1), bei dem die Länge konstant ist, variiert bei dem Konfidenzintervall (2.2) sowohl die Lage als auch die Länge. Nach 1.2 wird σ durch S im Durchschnitt unterschätzt. Das wird durch die im Vergleich zu den z-Werten größeren t-Werte ausgeglichen.

2.4 Konfidenzintervalle für den Erwartungswert einer Zufallsvariablen mit unbekannter Verteilung

In vielen praktisch wichtigen Fällen wird man nicht voraussetzen können, daß die Zufallsvariable X, deren Erwartungswert geschätzt werden soll, normalverteilt ist. Konfidenzintervalle für μ müssen dann mit Hilfe des Zentralen Grenzwertsatzes konstruiert werden. Nach W 5.6 ist für große Stichproben aus einer beliebigen Verteilung die Zufallsvariable $\bar{X}$ annähernd $\left(\mu; \frac{\sigma}{\sqrt{n}}\right)$–normalverteilt. Nach W (5.15) gilt in guter Näherung

$$W\left(-z_{\alpha/2} \leq \frac{\bar{X} - \mu}{S}\sqrt{n} \leq z_{\alpha/2}\right) = 1 - \alpha.$$

Analog zu den Überlegungen in 2.3 folgt dann, daß das Intervall

$$\left[\bar{X} - z_{\alpha/2}\frac{S}{\sqrt{n}} \; ; \; \bar{X} + z_{\alpha/2}\frac{S}{\sqrt{n}}\right] \tag{2.3}$$

den unbekannten Erwartungswert μ mit der Wahrscheinlichkeit $1-\alpha$ überdeckt. Wir haben also erhalten:

Ist $(X_1, X_2, ..., X_n)$ eine Stichprobe aus einer beliebigen Verteilung, so ist bei großem Stichprobenumfang $(n \geq 50)$ das Intervall (2.3) ein Konfidenzintervall zur Konfidenzzahl $1 - \alpha$ für den Erwartungswert μ dieser Verteilung.

2.5 Konfidenzintervalle für Wahrscheinlichkeiten

Mit Hilfe des Zentralen Grenzwertsatzes lassen sich auch Konfidenzintervalle für unbekannte Wahrscheinlichkeiten konstruieren. In 1.3 haben wir

144   2. Intervallschätzung

die Wahrscheinlichkeit θ eines interessierenden Ereignisses A durch den Stichprobenanteilswert P geschätzt. Nach W 5.7 ist die Zufallsvariable

$$\frac{P-\theta}{\sqrt{P(1-P)}}\sqrt{n}$$

für großes n annähernd standardnormalverteilt. Nach W (5.17) gilt

$$W\left(-z_{\alpha/2} \leq \frac{P-\theta}{\sqrt{P(1-P)}}\sqrt{n} \leq z_{\alpha/2}\right) = 1-\alpha.$$

Wie in 2.4 folgt dann, daß das Intervall

$$\left[P - z_{\alpha/2}\sqrt{\frac{P(1-P)}{n}}\ ;\ P + z_{\alpha/2}\sqrt{\frac{P(1-P)}{n}}\right] \quad (2.4)$$

θ mit Wahrscheinlichkeit $1-\alpha$ überdeckt. Damit ist gezeigt:

A sei ein Ereignis, dessen unbekannte Wahrscheinlichkeit $\theta = W(A)$ geschätzt werden soll. Ist P der Stichprobenanteil, mit dem A bei n Durchführungen des zugrunde liegenden Zufallsexperiments beobachtet wird, so ist (2.4) bei großem n ($n \geq 50$) ein Konfidenzintervall zur Konfidenzzahl $1-\alpha$ für θ.

Beispiel 2.1:
Liegt bei 100 Ausspielungen eines Würfels 20-mal die Augenzahl "6" oben, so ist der Stichprobenanteil für diese Augenzahl 0,2. Man erhält dann für die unbekannte Wahrscheinlichkeit, mit der die "6" beim Ausspielen des Würfels auftritt, zur Konfidenzzahl 0,95 das Konfidenzintervall

$$\left[0,2 - 1,96 \cdot \sqrt{\tfrac{0,2 \cdot 0,8}{100}}\ ;\ 0,2 + 1,96 \cdot \sqrt{\tfrac{0,2 \cdot 0,8}{100}}\right]$$

$$= [0,2 - 0,0784\ ;\ 0,2 + 0,0784]$$

$$= [0,1216\ ;\ 0,2784]\ .$$

3
Stichproben aus Gesamtheiten

3.1 Zufällige Auswahlverfahren

In den vorangehenden Abschnitten interessiert, wie der Erwartungswert einer Zufallsvariablen oder die Wahrscheinlichkeit eines Ereignisses zu schätzen sind. Dazu wird das zugrunde liegende Zufallsexperiment n-mal durchgeführt. Die den Durchführungen zugeordneten Stichprobenvariablen X_i bilden eine Stichprobe aus einer Verteilung und es ist zu überlegen, welche Funktionen der Stichprobenvariablen möglichst günstige Schätzwerte für den unbekannten Erwartungswert bzw. die unbekannte Wahrscheinlichkeit liefern. In diesem Falle erfordert also die Gewinnung der Daten keine methodischen Überlegungen. Das Problem liegt allein in der Auswertung der Daten.

Oft interessieren Mittelwerte und Anteile vorgegebener endlicher Gesamtheiten, etwa das Durchschnittseinkommen aller Arbeitnehmer oder der Anteil derjenigen Wahlberechtigten, die eine bestimmte Partei zu wählen beabsichtigen. Meist ist es dann zwar möglich, in einer Vollerhebung die Merkmalsausprägungen der Elemente der vorgegebenen Gesamtheit – wir nennen sie im folgenden *Grundgesamtheit* – festzustellen und die interessierenden Kennzahlen zu berechnen. Um die Kosten, die mit einer Vollerhebung verbunden sind, zu reduzieren, zieht man es aber vor, einige Elemente der Grundgesamtheit auszuwählen und nur diese Elemente zu untersuchen bzw. zu befragen. Man wird daher überlegen müssen, welche Auswahlverfahren zweckmäßig sind und wie bei gewähltem Auswahlverfahren die interessierenden Mittelwerte und Anteile mit Hilfe der anfallen-

146   3. Stichproben aus Gesamtheiten

den Daten geschätzt werden können. Auswahl und Auswertung der Daten sind also zu bedenken.

Nehmen wir beispielsweise an, man möchte wissen, wie viele Lehrbücher sich die Studierenden einer Universität im vergangenen Semester gekauft haben. Dann könnte man die Teilnehmer eines Seminars befragen; man könnte sich auch an den Mensaeingang stellen und jeden Ankommenden, vielleicht auch nur jeden 10. Ankommenden befragen. Keine dieser Vorgehensweisen ist sehr sinnvoll.
An dem Seminar nehmen sicherlich Studierende höherer Semester teil, vermutlich gerade besonders aktive. Und vielleicht zwingt die Teilnahme an diesem Seminar, einige Bücher zu kaufen. Wie sollte dann von den Ergebnissen der Seminarbefragung auf die Bücherkäufe aller Studierenden geschlossen werden?
Ähnliche Einwände können gegen das zweite Verfahren vorgebracht werden. Vermutlich essen Studierende, die überdurchschnittlich viel Geld zur Verfügung haben, weniger oft in der Mensa. Sie werden bei dem beschriebenen Verfahren also kaum erfaßt, obwohl sie eventuell wesentlich mehr Geld für Bücherkäufe ausgeben als die übrigen Studierenden.

In der Markt- und Meinungsforschung werden zu befragende Personen oft nach dem sog. **Quotenverfahren** ausgewählt. Dabei gibt man dem Interviewer Quoten für einige Merkmale vor, die mit dem eigentlich interessierenden Merkmal möglichst eng zusammenhängen sollen und deren Verteilung für die interessierende Grundgesamtheit bekannt ist. Man schreibt ihm also beispielsweise vor, wieviel Prozent seiner Befragten Frauen und wieviel Prozent über 50 Jahre alt sein sollen, wenn man glaubt, das interessierende Merkmal hänge mit den Merkmalen "Geschlecht" und "Alter" zusammen. Der Interviewer muß die Quoten einhalten, hat aber im übrigen völlig freie Hand bei der Auswahl der Personen, die er befragen will. Gegebenenfalls muß er also dafür sorgen, daß 50 % seiner Befragten Frauen sind und daß 30 % älter als 50 Jahre sind. Alles weitere bleibt ihm überlassen. Man hofft, durch die Vorgabe von Quoten zu erreichen, daß die Teilmenge der ausgewählten Personen sich hinsichtlich des interessierenden Merkmals ebenso zusammensetzt wie die Grundgesamtheit. Aufgrund der subjektiven Einflüsse des Interviewers auf das Auswahlverfahren hat man jedoch keine Möglichkeit zu beurteilen, wie weit man im Einzelfall von diesem Ziel entfernt ist, weshalb es auch nicht möglich ist, die Zuverlässigkeit von Aussagen zu beurteilen, zu denen man bei einem Quotenverfahren gelangt.

Wir kommen auf die Auswahl von Studierenden einer Universität zurück und nehmen an, es existiere eine Kartei aller Studierenden dieser Universität. Dann kann man einige Karteikarten zufällig herausgreifen – so wie man Kugeln aus einer Urne zieht – und die damit erfaßten Studierenden aufsuchen und befragen. Dieses Verfahren ist sicherlich aufwendiger als die früher ins Auge gefaßte Befragung der Teilnehmer eines Seminars oder die Befragung vor der Mensa. Da die Auswahl aber allein vom Ausgang eines Zufallsexperiments abhängt und sub-

jektive Einflüsse ausgeschaltet sind, können wir die Zuverlässigkeit abgeleiteter Aussagen mit den Methoden der Wahrscheinlichkeitsrechnung charakterisieren.

Jedes Zufallsexperiment, das dazu dient, Elemente einer Grundgesamtheit auszuwählen, bezeichnet man als *zufälliges Auswahlverfahren* oder als *Ziehen einer Zufallsstichprobe*. Da wir im folgenden ausschließlich zufällige Auswahlverfahren betrachten, wollen wir im allgemeinen auf den Zusatz "zufällig" verzichten und kürzer von "Auswahlverfahren" bzw. vom "Ziehen einer Stichprobe" sprechen.

Zwei Auswahlverfahren haben wir in W 1.8 bereits kennengelernt: das Ziehen ohne Zurücklegen und das Ziehen mit Zurücklegen. Mit diesen beiden Verfahren, die wir unter der Bezeichnung **uneingeschränkte Zufallsauswahl** zusammenfassen, beschäftigen wir uns im vorliegenden Abschnitt. In der Praxis finden jedoch auch ganz andere zufällige Auswahlverfahren Anwendung.

Prinzipiell ist es stets möglich, die uneingeschränkte Zufallsauswahl unter Verwendung einer mit Kugeln gefüllten Urne durchzuführen. Man braucht die Elemente der Grundgesamtheit nur zu numerieren, füllt eine Urne mit Kugeln, die dieselben Nummern tragen wie die Elemente der Grundgesamtheit und betrachtet die Elemente als ausgewählt, deren Nummern bei der Ziehung aus der Urne auftreten. In der Praxis wird man natürlich andere Auswahltechniken verwenden.

3.2 Stichprobenmittel und Stichprobenvarianz

Eine Grundgesamtheit bestehe aus N Elementen und es interessiere ein Merkmal mit den Ausprägungen $x_1, x_2, ..., x_I$. Wenn wir die Anzahl der Elemente, deren Ausprägung x_i ist, mit N_i bezeichnen ($i = 1, 2, ..., I$), gilt also

$$N = \sum_1^I N_i \,.$$

Wir setzen

$$\mu = \frac{1}{N} \sum_1^I N_i x_i$$
$$\sigma^2 = \frac{1}{N} \sum_1^I N_i (x_i - \mu)^2$$

und nennen μ und σ^2 *arithmetisches Mittel* bzw. **Varianz** des interessierenden Merkmals in der Grundgesamtheit.

Nun werde ein Element der Grundgesamtheit zufällig ausgewählt. Die Zufallsvariable X_o gebe an, welche Merkmalsausprägung das ausgewählte Ele-

148   3. Stichproben aus Gesamtheiten

ment besitzt. Dann hat X_o die Wahrscheinlichkeitstabelle

x	$f(x)$
x_1	N_1/N
x_2	N_2/N
.	.
.	.
.	.
x_I	N_I/N

und es folgt

$$EX_o = \sum x_i N_i / N = \mu$$

$$\text{var } X_o = \sum (x_i - \mu)^2 N_i / N = \sigma^2.$$

Jetzt nehmen wir an, aus der betrachteten Grundgesamtheit wähle man n Elemente aus. X_i sei die Merkmalsausprägung des an i-ter Stelle gezogenen Elements $(i = 1, 2, ..., n)$. $(X_1, X_2, ..., X_n)$ wird dann als **Stichprobe aus der** betrachteten **Grundgesamtheit** bezeichnet. Meistens ist es nötig, auf das zugrundeliegende Auswahlverfahren hinzuweisen. So spricht man insbesondere von **uneingeschränkt zufälligen Stichproben**, von **Stichproben mit Zurücklegen** und von **Stichproben ohne Zurücklegen**.

$$\bar{X} = \frac{1}{n} \sum_{i=1}^{n} X_i$$

heißt **Stichprobenmittel** und

$$S^2 = \frac{1}{n-1} \sum_{i=1}^{n} (X_i - \bar{X})^2$$

Stichprobenvarianz.

Wenn $(X_1, X_2, ..., X_n)$ eine Stichprobe mit Zurücklegen ist, sind $X_1, X_2, ..., X_n$ unabhängige Zufallsvariablen, die dieselbe Verteilungsfunktion wie X_o besitzen. $(X_1, X_2, ..., X_n)$ ist also auch eine Stichprobe aus der Verteilung von X_o (vgl. W 3.9). Da für $i = 1, 2, ..., n$ gilt

$$EX_i = \mu$$
$$\text{var} X_i = \sigma^2$$

erhält man nach W (3.8) und W (3.9)

$$E\bar{X} = \mu$$
$$\text{var} \bar{X} = \frac{\sigma^2}{n}.$$

3.2 Stichprobenmittel und Stichprobenvarianz

Nach W 3.9 gilt weiter
$$ES^2 = \sigma^2.$$

Nun sei $(X_1, X_2, ..., X_n)$ eine Stichprobe ohne Zurücklegen. Da die Zufallsvariablen $X_1, X_2, ..., X_n$ abhängig sind, ist $(X_1, X_2, ..., X_n)$ keine Stichprobe aus der Verteilung von X_o. Wir wollen zeigen, daß gilt

$$\begin{aligned} E\bar{X} &= \mu \\ var\bar{X} &= \frac{\sigma^2}{n}\frac{N-n}{N-1} \\ ES^2 &= \frac{N}{N-1}\sigma^2 . \end{aligned}$$

Beweis: Für $k = 1, 2, ..., n$ hat man

$$W(X_k = x_i) = \frac{N_i}{N} \ ; \ i = 1, 2, ..., I$$

und für $k \neq l$ ist erfüllt

$$\begin{aligned} W(X_k = X_l = x_i) &= \frac{N_i(N_i - 1)}{N(N-1)} \ ; \ i = 1, 2, ..., I \\ W(X_k = x_i, X_l = x_j) &= \frac{N_i N_j}{N(N-1)} \ ; \ i \neq j \ . \end{aligned}$$

Hieraus folgt

$$\begin{aligned} EX_k &= \sum x_i \frac{N_i}{N} = \mu \\ EX_k^2 &= \sum x_i^2 \frac{N_i}{N} \end{aligned}$$

und für $k \neq l$

$$\begin{aligned} EX_k X_l &= \sum x_i^2 \frac{N_i(N_i-1)}{N(N-1)} + \sum_{i \neq j} x_i x_j \frac{N_i N_j}{N(N-1)} \\ &= \frac{N}{N-1}\left(\sum\sum x_i x_j \frac{N_i N_j}{N^2} - \frac{1}{N}\sum x_i^2 \frac{N_i}{N}\right) \\ &= \frac{N}{N-1}\left(\mu^2 - \frac{1}{N}\sum x_i^2 \frac{N_i}{N}\right) \\ &= \frac{N}{N-1}\mu^2 - \frac{1}{N-1}\sum x_i^2 \frac{N_i}{N} \end{aligned}$$

3. Stichproben aus Gesamtheiten

und man berechnet

$$EX̄ = E\frac{1}{n}\sum X_k = \frac{1}{n}\sum EX_k = \frac{1}{n}\sum \mu = \mu$$

$$\begin{aligned}
\text{var}\,X̄ &= EX̄^2 - (EX̄)^2 \\
&= \frac{1}{n^2}E\sum\sum X_k X_l - \mu^2 \\
&= \frac{1}{n^2}E\sum X_k^2 + \frac{1}{n^2}E\sum_{l\neq k} X_k X_l - \mu^2 \\
&= \frac{1}{n}EX_1^2 + \frac{n(n-1)}{n^2}EX_1 X_2 - \mu^2 \\
&= \frac{1}{n}\sum x_i^2 \frac{N_i}{N} + \frac{n-1}{n}\left(\frac{N}{N-1}\mu^2 - \frac{1}{N-1}\sum x_i^2 \frac{N_i}{N}\right) - \mu^2 \\
&= \frac{1}{n}\left(1 - \frac{n-1}{N-1}\right)\sum x_i^2 \frac{N_i}{N} + \left(\frac{N}{n}\frac{n-1}{N-1} - 1\right)\mu^2 \\
&= \frac{1}{n}\frac{N-n}{N-1}\sum x_i^2 \frac{N_i}{N} - \frac{1}{n}\frac{N-n}{N-1}\mu^2 \\
&= \frac{1}{n}\frac{N-n}{N-1}\left(EX_1^2 - (EX_1)^2\right) \\
&= \frac{1}{n}\frac{N-n}{N-1}\sigma^2 .
\end{aligned}$$

Schließlich gilt

$$S^2 = \frac{1}{n-1}\sum(X_k - X̄)^2 = \frac{n}{n-1}\left(\frac{1}{n}\sum X_k^2 - X̄^2\right)$$

und daher

$$\begin{aligned}
ES^2 &= \frac{n}{n-1}\left(\frac{1}{n}\sum EX_k^2 - E(X̄^2)\right) \\
&= \frac{n}{n-1}\left(EX_1^2 - [\text{var}\,X̄ + \mu^2]\right) \\
&= \frac{n}{n-1}\left(\mu^2 + \sigma^2 - \frac{1}{n}\frac{N-n}{N-1}\sigma^2 - \mu^2\right) \\
&= \frac{n}{n-1}\left(\sigma^2 - \frac{1}{n}\frac{N-n}{N-1}\sigma^2\right) \\
&= \frac{n}{n-1}\sigma^2\left(1 - \frac{1}{n}\frac{N-n}{N-1}\right) = \sigma^2 \frac{N}{N-1}
\end{aligned}$$

wie behauptet.

3.3 Schätzung des Mittelwerts und der Varianz einer Grundgesamtheit

Wir betrachten weiter die uneingeschränkte Zufallsauswahl und verwenden $\mu, \sigma^2, \bar{X}$ und S^2 in der bisherigen Bedeutung. Nach 3.2 ist das Stichprobenmittel $\bar{X}$ beim Ziehen mit und beim Ziehen ohne Zurücklegen eine erwartungstreue Schätzfunktion für den Mittelwert μ der Grundgesamtheit. Die Stichprobenvarianz S^2 ist nur beim Ziehen mit Zurücklegen erwartungstreue Schätzfunktion für σ^2. Wenn ohne Zurücklegen gezogen wird und σ^2 erwartungstreu geschätzt werden soll, hat man

$$\frac{N-1}{N} S^2$$

zu verwenden.

In 3.2 haben wir uns überlegt, daß $(X_1, X_2, ..., X_n)$ beim Ziehen mit Zurücklegen eine Stichprobe aus einer Verteilung ist. Nach 2.4 ist dann das Intervall

$$\left[\bar{X} - z_{a/2} \frac{S}{\sqrt{n}} \; ; \; \bar{X} + z_{a/2} \frac{S}{\sqrt{n}} \right] \tag{3.1}$$

bei großem Stichprobenumfang n ein Konfidenzintervall zum Sicherheitsgrad $1 - \alpha$ für μ.

Wenn ohne Zurücklegen gezogen wird, sind die Zufallsvariablen $X_1, X_2, ..., X_n$ nicht unabhängig. Die Überlegungen in Abschnitt 2.4 gestatten daher nicht unmittelbar, ein Konfidenzintervall für μ zu konstruieren. Ist der **Auswahlsatz** n/N jedoch klein, so besteht zwischen dem Ziehen mit Zurücklegen und dem Ziehen ohne Zurücklegen kein wesentlicher Unterschied. Wir wollen daher das Intervall (3.1) auch beim Ziehen ohne Zurücklegen als Konfidenzintervall zum Sicherheitsgrad $1-\alpha$ für μ ansehen, falls $n \geq 50$ und $n/N \leq 0,05$ gilt.

Wir fassen die obigen Ergebnisse zusammen:

Für die N Elemente einer Grundgesamtheit habe das Untersuchungsmerkmal das arithmetische Mittel μ und die Varianz σ^2. Dann ist $\bar{X}$ bei uneingeschränkter Zufallsauswahl erwartungstreuer Schätzer für μ. Beim Ziehen mit Zurücklegen ist

$$\frac{1}{n} S^2$$

beim Ziehen ohne Zurücklegen ist

$$\frac{1}{n} S^2 \left(1 - \frac{n}{N} \right)$$

erwartungstreuer Schätzer für die Varianz von $\bar{X}$. Falls der Stichprobenumfang groß ist $(n \geq 50)$, ist beim Ziehen mit Zurücklegen

$$\left[\bar{X} - z_{\alpha/2}\frac{S}{\sqrt{n}} \quad ; \quad \bar{X} + z_{\alpha/2}\frac{S}{\sqrt{n}}\right]$$

Konfidenzintervall zur Konfidenzzahl $1 - \alpha$ für μ. Letzteres gilt auch beim Ziehen ohne Zurücklegen, falls zusätzlich der Auswahlsatz klein ist $\left(\frac{n}{N} \leq 0{,}05\right)$.

3.4 Schätzung eines Anteils

Wir betrachten weiter die uneingeschränkte Zufallsauswahl von n Elementen aus einer Grundgesamtheit vom Umfang N. Wir nehmen jedoch an, man interessiere sich für den Quotienten M/N, wobei M die Anzahl derjenigen Elemente der Grundgesamtheit ist, die eine gerade interessierende Eigenschaft aufweisen. Man denke etwa daran, daß mit M die Anzahl derjenigen Studierenden einer Fakultät gemeint ist, die sich im 1. Semester befinden.

Wir bezeichnen mit X die Anzahl und mit P den Anteil derjenigen Ziehungen, die zur Auswahl eines Elementes mit der interessierenden Eigenschaft führen. Es gilt also

$$P = \frac{X}{n}.$$

Nach W 4.1 nennt man P im Falle des Ziehens mit Zurücklegen Stichprobenanteil; es liegt nahe, dieselbe Bezeichnung auch im Falle des Ziehens ohne Zurücklegen zu verwenden.

Nach W 4.2 (Beispiel 4.1) ist X binomialverteilt mit den Parametern n und M/N, wenn mit Zurücklegen gezogen wird, und nach W 4.3 hypergeometrisch verteilt mit den Parametern n, N und M, wenn ohne Zurücklegen gezogen wird. Demnach gilt in beiden Fällen

$$EX = n\frac{M}{N}$$

und daher

$$EP = E\left(\frac{X}{n}\right) = \frac{1}{n}EX = \frac{M}{N}.$$

Der Stichprobenanteil P ist also bei uneingeschränkter Zufallsauswahl erwartungstreue Schätzfunktion für den Anteil M/N der Grundgesamtheit.

Wenn n-mal mit Zurücklegen gezogen wird, und n eine große Zahl ist, ist das Intervall

$$\left[P - z_{\alpha/2}\sqrt{\frac{P(1-P)}{n}} \quad ; \quad P + z_{\alpha/2}\sqrt{\frac{P(1-P)}{n}}\right]$$

nach 2.5 ein Vertrauensintervall zum Sicherheitsgrad $1-\alpha$ für den Anteilswert M/N. Das angegebene Intervall kann auch im Falle des Ziehens ohne Zurücklegen als Vertrauensintervall zum Sicherheitsgrad $1-\alpha$ für M/N angesehen werden, sofern n groß und n/N klein sind. Hierzu vergleiche man 3.3. Wir haben also erhalten:

In einer Grundgesamtheit mögen von den N Elementen M eine interessierende Eigenschaft aufweisen. P sei der Anteil dieser Elemente in einer Stichprobe vom Umfang n. Dann ist P bei uneingeschränkter Zufallsauswahl erwartungstreuer Schätzer für M/N. Bei großem Stichprobenumfang ist

$$\left[P - z_{\alpha/2}\sqrt{\frac{P(1-P)}{n}} \; ; \; P + z_{\alpha/2}\sqrt{\frac{P(1-P)}{n}}\right]$$

Konfidenzintervall zur Konfidenzzahl $1-\alpha$ für M/N, falls die Stichprobe mit Zurücklegen gezogen wird. Das gilt auch beim Ziehen ohne Zurücklegen, falls zusätzlich der Auswahlsatz klein ist.

3.5 Auswahltechniken

Bei der praktischen Durchführung einer uneingeschränkten Zufallsauswahl nimmt man häufig eine *"Zufallszahlentafel"* zu Hilfe. Eine Zufallszahlentafel ist eine Folge zufällig aneinandergereihter Ziffern. Man kann sich eine solche Folge etwa dadurch entstanden denken, daß aus einer Urne, die mit zehn von 0 bis 9 numerierten Kugeln gefüllt ist, Kugeln mit Zurücklegen gezogen, und die jeweiligen Nummern in der Reihenfolge ihres Auftretens notiert werden. Im Anhang ist ein Auszug aus der Zufallszahlentafel von FISHER-YATES[1] wiedergegeben. Die 1. Zeile dieses Auszuges lautet:

03 47 43 73 86   36 96 47 36 61   46 98 63 71 62   33 26 16 80 45.

Unserer obigen Erläuterung entsprechend stellen wir uns vor, daß sich beim Ziehen von Kugeln mit den Nummern 0, 1,..., 9 zunächst die Ziffer 0, dann die Ziffer 3, dann die 4, die 7, wiederum die 3, die 8, die 6, die 3, ... ergeben haben.

Sind die Elemente der Grundgesamtheit von 1 bis N numeriert und ist N eine k-stellige Zahl, so geht man, an irgendeiner Stelle beginnend, in bestimmter Regel (etwa zeilenweise) die Ziffern der Zufallszahlentafel durch und liest die ersten k Ziffern als k-stellige Zahl, ebenso die folgenden k

---
[1] vgl. R.A. FISCHER, F. YATES: Statistical Tables for Biological, Agricultural and Medical Research, 6ed, Edinburgh: Oliver and Boyd, 1963, S. 134. ff

154   3. Stichproben aus Gesamtheiten

Ziffern und so fort. Von den so entstehenden k-stelligen Zahlen werden alle, die zwischen 1 und N liegen, notiert. Sind n (Stichprobenumfang) solcher Zahlen gefunden, so betrachtet man die Elemente der Grundgesamtheit, die diese Nummern tragen, als in die Stichprobe gewählt. Soll die Stichprobe ohne Zurücklegen gezogen werden, so hat man zusätzlich darauf zu achten, daß nur solche Zahlen notiert werden, die nicht schon früher vorgekommen sind.

Beispiel 3.1:
Für die statistische Auswertung des Anzeigenteils einer Tageszeitung sollen von den 623 Ausgaben der letzten beiden Jahrgänge 20 zufällig ausgewählt werden. Wir numerieren dazu die 623 Ausgaben der interessierenden Tageszeitung von 1 bis 623 durch. Da 623 eine dreistellige Zahl ist, fassen wir - an irgendeiner Stelle in unserer Zufallszahlentafel beginnend - die Ziffern zu dreistelligen Zahlen zusammen und berücksichtigen nur solche, die von Null verschieden und nicht größer als 623 sind. Wir brechen das Verfahren erst ab, wenn wir so 20 Zahlen zwischen 1 und 623 erhalten haben. Wählen wir beispielsweise die erste Ziffer unserer Zufallszahlentafel (vgl. A 2.2) als Startpunkt, so erhalten wir

0̲3̲4̲ 743 738 636 964 736 6̲1̲4̲ 698 637 1̲6̲2̲ 3̲3̲2̲ 616 804 597 742 4̲6̲7̲ 624 2̲8̲1̲ 1̲4̲5̲ 720 4̲2̲5̲ 3̲3̲2̲ 373 227 0̲7̲3̲ 607 5̲1̲1̲ 676 6̲2̲2̲ 766 5̲6̲5̲ 0̲2̲6̲ 710 732 907 978 5̲3̲1̲,

wobei die verwertbaren dreistelligen Zahlen unterstrichen sind. Ausgewählt sind also die Ausgaben mit den Nummern 34, 614, 162 usw.

Die Auswahl einer Stichprobe mit Hilfe einer Zufallszahlentafel kann besonders bei großem Stichprobenumfang einen erheblichen Aufwand verursachen. Daher verwendet man in der Praxis häufig einfachere Auswahltechniken. Beispiele sind:

a) **Systematische (= periodische) Auswahl.** Soll etwa eine Stichprobe gezogen werden, deren Auswahlsatz 1 % beträgt, so wählt man willkürlich eine sogenannte Startzahl c zwischen 1 und 100 und nimmt alle Elemente mit den Nummern c, c + 100, c + 200, usw. in die Stichprobe.

b) **Schlußziffernverfahren.** Eine Stichprobe, deren Auswahlsatz 2 % beträgt, erhält man, wenn man z. B. alle Elemente mit den Schlußziffern 11 und 98 in die Stichprobe aufnimmt. Denn auf diese Weise werden pro 100 Elemente der Grundgesamtheit 2 ausgewählt.

c) **Anfangsbuchstaben- und Geburtstagsverfahren** werden bei der Personenauswahl angewendet. Das Auswahlkriterium bildet dabei der Anfangsbuchstabe des Familiennamens bzw. das Geburtsdatum.

Beispiel 3.2:
Die unter a) und b) beschriebenen Auswahltechniken sollen weiter verdeutlicht werden. Der Auswahlsatz bei einer Stichprobenziehung soll 0,5 % betragen. Da jedes zweihundertste Element der Grundgesamtheit in die Stichprobe gezogen

wird, wählt man beim systematischen Auswahlverfahren als Startzahl ein c zwischen 1 und 200. In die Stichprobe werden dann die Elemente mit den Nummern

$$c; c + 200; c + 400; c + 600; c + 800; c + 1000 \text{ usw.}$$

gezogen. Bei einem Auswahlsatz von 0,5 % ist also - ebenso wie bei vielen anderen Auswahlsätzen auch - jedes systematische Auswahlverfahren ein Schlußziffernverfahren. Es werden nämlich alle Elemente mit den Schlußzifferngruppen

$$c; c + 200; c + 400; c + 600 \text{ und } c + 800;$$

in die Stichprobe genommen. Sollen Elemente mit optisch gut erkennbaren Nummern ausgewählt werden, so wird man sich für c = 100 entscheiden und die Elemente mit den Nummern 100; 300; 500; 700; 900; 1100 usw. in die Stichprobe ziehen.
Der Auswahlsatz von 0,5 % wird aber auch eingehalten, wenn man z. B. alle Elemente mit den Schlußzifferngruppen

$$100; 200; 500; 600 \text{ und } 800$$

in die Stichprobe aufnimmt. Dieses Schlußziffernverfahren ist kein systematisches Auswahlverfahren.

Die in 3.5 geschilderten Auswahltechniken sind nur bei "gut" gemischten Grundgesamtheiten zulässig, bei denen sichergestellt ist, daß das Auswahlverfahren nicht die Träger bestimmter Merkmalsausprägungen begünstigt. So könnte in Beispiel 3.1 die Anwendung eines systematischen Auswahlverfahrens dazu führen, daß überwiegend Ausgaben eines bestimmten Wochentags in die Auswahl gelangen. Um die Probleme zu verdeutlichen, die mit einem Anfangsbuchstabenverfahren verbunden sind, geben wir ein von KELLERER (1963) S. 58/59 zitiertes Beispiel wieder:
"Von den alphabetisch geordneten Familienbögen der Stadt Mannheim aus dem Anfang des 19. Jahrhunderts wurden willkürlich die mit den Buchstaben A, B und M beginnenden nach der Kinderzahl einer Familie ausgezählt; die zur Vorsorge indessen doch noch durchgeführte Auszählung sämtlicher Familien nach der Kinderzahl zeigte aber weit größere Unterschiede, als sie theoretisch zulässig gewesen wären. Erst die genaue Nachforschung ergab den Grund: unter den genannten Anfangsbuchstaben fanden sich verhältnismäßig sehr viel jüdische Namen; die jüdischen Ehen waren aber damals in Mannheim im ganzen kinderreicher als die christlichen ..."

4
Aufgaben

Aufgabe 1:
(X_1, X_2, X_3) sei eine Stichprobe aus einer Verteilung mit unbekanntem Erwartungswert μ und unbekannter Varianz σ^2.
a) Welche Eigenschaften besitzen dann die Zufallsvariablen X_1, X_2 und X_3?

Wir betrachten die Zufallsvariablen

$$U_1 = 0,5(X_1 + X_2)$$
$$U_2 = 0,2X_1 - 0,5X_2 + 0,3X_3$$
$$U_3 = 3X_1 + 8X_2 - 10X_3.$$

b) Welche dieser Zufallsvariablen sind erwartungstreue Schätzer für μ?
c) Berechnen Sie die Varianzen.
d) Wie lautet für die gegebene Stichprobe der BLU-Schätzer von μ?

Wir betrachten die Zufallsvariablen

$$U_4 = \frac{1}{3}\sum_1^3 (X_i - \mu)^2$$
$$U_5 = \frac{1}{3}\sum_1^3 (X_i - \bar{X})^2$$
$$U_6 = \frac{1}{2}\sum_1^3 (X_i - \bar{X})^2$$
$$U_7 = X_1^2 - X_2 X_3.$$

158   4. Aufgaben

Welche dieser Zufallsvariablen
e) kommen als Schätzfunktionen für σ^2 in Betracht ?
f) haben den Erwartungswert σ^2 ?
g) Gibt es für die Varianz einen BLU-Schätzer ?

Lösung:
a) *Die Zufallsvariablen* X_1, X_2 *und* X_3 *sind unabhängig und besitzen alle die gleiche Verteilung. Insbesondere gilt also*

$$EX_1 = EX_2 = EX_3 = \mu$$
$$\text{var } X_1 = \text{var } X_2 = \text{var } X_3 = \sigma^2 .$$

b) *Da sich* U_1, U_2 *und* U_3 *allein aus Stichprobendaten berechnen lassen, kommen sie alle als Schätzfunktionen für* μ *in Frage. Wegen*

$$EU_1 = 0,5 (EX_1 + EX_2) = 0,5 (\mu + \mu) = \mu$$
$$EU_2 = 0,2 EX_1 - 0,5 EX_2 + 0,3 EX_3 = (0,2 - 0,5 + 0,3) \mu = 0$$
$$EU_3 = 3 EX_1 + 8 EX_2 - 10 EX_3 = (3 + 8 - 10) \mu = \mu$$

sind U_1 *und* U_3 *erwartungstreue Schätzer für* μ .

c) *Wegen der Unabhängigkeit der* X_i *gilt*

$$\text{var} U_1 = 0,25 [\text{var} X_1 + \text{var} X_2] = 0,5 \sigma^2$$
$$\text{var} U_2 = 0,04 \text{ var} X_1 + 0,25 \text{ var} X_2 + 0,09 \text{ var} X_3 = 0,38 \sigma^2$$
$$\text{var} U_3 = 9 \text{ var} X_1 + 64 \text{ var} X_2 + 100 \text{ var} X_3 = 173 \sigma^2 .$$

Dabei messen var U_1 *und* var U_3 *die quadratische Streuung der Zufallsvariablen* U_1 *und* U_3 *um* μ , *var* U_2 *dagegen mißt die quadratische Streuung von* U_2 *um 0.*

d) *BLU-Schätzer für* μ *ist das Stichprobenmittel*

$$\bar{X} = \frac{1}{3}(X_1 + X_2 + X_3)$$

also das arithmetische Mittel aller Stichprobenvariablen. Zwar ist auch U_1 *arithmetisches Mittel von Stichprobenvariablen, aber nur der beiden ersten. Die Varianz von* $\bar{X}$ *(nämlich* $\sigma^2/3$ *) ist kleiner als die von* U_1 .

e) *Da die Berechnung von* U_4 *die Kenntnis des i.a. unbekannten Erwartungswerts* μ *voraussetzt, kommt* U_4 *i.a. nicht als Schätzfunktion für* σ^2 *in Betracht. Die Stichprobenfunktionen* U_5, U_6 *und* U_7 *können dagegen allein aus Stichprobendaten berechnet werden und sind somit potentielle Schätzfunktionen für* σ^2 .

f) *Es gilt*

$$EU_4 = \frac{1}{3} \sum_1^3 E(X_i - \mu)^2 = \frac{1}{3} \sum_1^3 \text{var } X_i = \sigma^2$$
$$EU_6 = E \frac{1}{2} \sum_1^3 (X_i - \bar{X})^2 = ES^2 = \sigma^2$$
$$EU_5 = E \frac{2}{3} U_6 = \frac{2}{3} \sigma^2 .$$

Wegen
$$\sigma^2 = var\, X_1 = EX_1^2 - \mu^2$$
folgt mit der Unabhängigkeit der X_i
$$EU_7 = EX_1^2 - EX_2 EX_3 = \sigma^2 + \mu^2 - \mu \cdot \mu = \sigma^2.$$

U_4, U_6 *und* U_7 *haben also den Erwartungswert* σ^2.

g) Eine lineare Stichprobenfunktion
$$U = a_o + \sum_1^3 a_i X_i$$
hat den Erwartungswert
$$EU = a_o + \mu \cdot \sum_1^3 a_i.$$
Soll dieser gleich σ^2 *sein, so müßte*
$$a_o + \mu \sum_1^3 a_i = \sigma^2$$
für beliebige μ *und* σ^2 *gelten. Das könnte nur für* $\sum_1^3 a_i = 0$ *richtig sein. Dann müßte für* a_o *der unbekannte Wert von* σ^2 *gewählt werden. Das ist unmöglich. Folglich gibt es für die Varianz keine linearen erwartungstreuen Schätzfunktionen und damit erst recht keinen BLU- Schätzer.*

Aufgabe 2:
Man weiß aus Erfahrung, daß die Dicke der von einer bestimmten Maschine gefertigten Plättchen normalverteilt ist. Um die mittlere Dicke μ der Plättchen zu schätzen, werden 10 Plättchen gefertigt; man mißt ihre Dicke und erhält (in mm)

3,18; 3,01; 3,16; 3,00; 3,23; 3,08; 2,95; 3,11; 3,21; 3,07.

Berechnen Sie aufgrund dieser Stichprobe für den unbekannten Mittelwert μ Konfidenzintervalle zu den Konfidenzzahlen 95% und 99%.

Lösung:
Da es sich bei den Daten um die Realisation einer Stichprobe aus einer Normalverteilung handelt, ist das Intervall
$$\left[\bar{X} - t_{n-1;\alpha/2} \frac{S}{\sqrt{n}}\;;\;\bar{X} + t_{n-1;\alpha/2} \frac{S}{\sqrt{n}}\right]$$

ein Konfidenzintervall zur Konfidenzzahl $1 - \alpha$ *für den unbekannten Mittelwert* μ. *Wir berechnen zunächst aus den Stichprobendaten die Realisationen von* $\bar{X}$

und S^2. Dazu benutzen wir die folgende Hilfstabelle:

x_i	$x_i - \bar{x}$	$(x_i - \bar{x})^2$
3,18	+0,08	0,0064
3,01	-0,09	0,0081
3,16	+0,06	0,0036
3,00	-0,10	0,0100
3,23	+0,13	0,0169
3,08	-0,02	0,0004
2,95	-0,15	0,0225
3,11	+0,01	0,0001
3,21	+0,11	0,0121
3,07	-0,03	0,0009
31,00		0,0810

Es ergibt sich

$$\bar{x} = \frac{1}{n}\sum x_i = \frac{1}{10} \cdot 31,0 = 3,10$$

$$s^2 = \frac{1}{n-1}\sum (x_i - \bar{x})^2 = \frac{1}{9} \cdot 0,081 = 0,009$$

$$\frac{s}{\sqrt{n}} = \sqrt{0,0009} = 0,03 \,.$$

und damit als Konfidenzintervall zur Konfidenzzahl $1 - \alpha$:

$$[3,1 - t_{9,\alpha/2} \cdot 0,03 \ ; \ 3,1 + t_{9,\alpha/2} \cdot 0,03] \,.$$

Für die Konfidenzzahl $1-\alpha = 0,95$, *d.h.* $\alpha/2 = 0,025$, *entnimmt man der Tabelle der STUDENT-t-Verteilung im Schnittpunkt der Zeile für* $k = 9$ *Freiheitsgrade und der Spalte für* $\alpha = 0,025$ *den t-Wert*

$$t_{9;\,0,025} = 2,262 \,.$$

Das Intervall

$$[3,0321 \ ; \ 3,1679]$$

ist also ein Konfidenzintervall zur Konfidenzzahl 95 % für die mittlere Dicke der Plättchen.

Für die Konfidenzzahl $1 - \alpha = 0,99$, *d.h.* $\alpha/2 = 0,005$, *entnimmt man der Tabelle der STUDENT-t-Verteilung den Wert*

$$t_{9;\,0,005} = 3,25 \,.$$

Daher ist

$$[3,0025 \ ; \ 3,1975]$$

das gesuchte Konfidenzintervall zur Konfidenzzahl 99 % .
Man sieht: Mit der Vergrößerung der Sicherheit schwindet die Genauigkeit der Aussagen über die unbekannte mittlere Dicke der Plättchen; das Konfidenzintervall zum größeren Sicherheitsgrad ist auch das längere (vgl. Abb. 4.1).

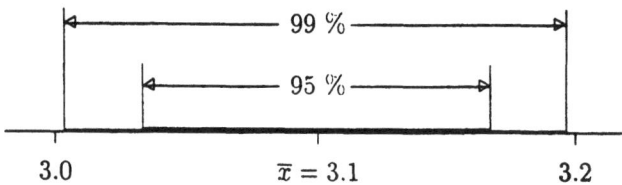

Abb. 4.1

Aufgabe 3:
Ein gefälschter Würfel wird 600-mal ausgespielt; es ergibt sich folgende Häufigkeitsverteilung:

Augenzahl	1	2	3	4	5	6
Häufigkeit	130	70	120	80	110	90

a) Berechnen Sie ein Konfidenzintervall zur Konfidenzzahl 95% für die zu erwartende mittlere Augenzahl.
b) Geben Sie zur Konfidenzzahl 95% Konfidenzintervalle für die Wahrscheinlichkeit an, mit denen beim einmaligen Ausspielen des Würfels eine gerade bzw. ungerade Augenzahl auftritt. Vergleichen Sie die Länge der beiden Konfidenzintervalle.

Lösung:
a) Bei 600 Ausspielungen des Würfels ist die beobachtete mittlere Augenzahl $\bar{X}$ nach dem Zentralen Grenzwertsatz in guter Näherung normalverteilt, und das Intervall

$$\left[\bar{X} - z_{\alpha/2}\frac{S}{\sqrt{n}} \; ; \; \bar{X} + z_{\alpha/2}\frac{S}{\sqrt{n}}\right]$$

überdeckt die zu erwartende mittlere Augenzahl mit der Wahrscheinlichkeit $1-\alpha$.
Zur Berechnung der Realisationen von $\bar{X}$ und S^2 benutzen wir folgende Hilfstabelle:

x_i	n_i	$x_i n_i$	$x_i - \bar{x}$	$(x_i - \bar{x})^2$	$(x_i - \bar{x})^2 n_i$
1	130	130	-2,4	5,76	748,8
2	70	140	-1,4	1,96	137,2
3	120	360	-0,4	0,16	19,2
4	80	320	0,6	0,36	28,8
5	110	550	1,6	2,56	281,6
6	90	540	2,6	6,76	608,4
$\sum$	600	2040			1824,0

Wir erhalten

$$\bar{x} = \frac{1}{600} \cdot 2040 = 3,4$$

$$s^2 = \frac{1}{599} \cdot 1824 = 3,0451$$
$$s = 1,7450.$$

Für die Konfidenzzahl 95% ergibt sich der $z_{\alpha/2}$-Wert 1,96. Damit folgt

$$z_{\alpha/2} \frac{s}{\sqrt{n}} = 1,96 \cdot \frac{1,7436}{\sqrt{600}} = 0,1396$$

und für die zu erwartende mittlere Augenzahl das Konfidenzintervall

$$[3,2604 \; ; \; 3,5396].$$

b) *Wir bezeichnen mit θ die Wahrscheinlichkeit, mit der das einmalige Ausspielen des Würfels zu einer geraden Augenzahl führt. Wir können θ schätzen durch die relative Häufigkeit P, mit der bei den 600 Ausspielungen gerade Augenzahlen auftreten. Aus der Häufigkeitstabelle ergibt sich*

$$P = \frac{70 + 80 + 90}{600} = 0,4.$$

Da der Stichprobenumfang 600 beträgt, ist P näherungsweise normalverteilt. Daher überdeckt das Intervall

$$\left[P - z_{\alpha/2} \sqrt{\frac{P(1-P)}{n}} \; ; \; P + z_{\alpha/2} \sqrt{\frac{P(1-P)}{n}} \right] \quad (4.1)$$

θ mit der Wahrscheinlichkeit $1 - \alpha$. Für die Konfidenzzahl 95% erhalten wir

$$z_{\alpha/2} \sqrt{\frac{p(1-p)}{n}} = 1,96 \sqrt{\frac{0,4 \cdot 0,6}{600}} = 1,96 \cdot 0,02 = 0,0392.$$

Folglich ist

$$[0,3608 \; ; \; 0,4392]$$

ein Konfidenzintervall für θ zur Konfidenzzahl 95%.

Die Wahrscheinlichkeit, mit der das Ausspielen des Würfels zu einer ungeraden Augenzahl führt, ist $1 - \theta$. Wir schätzen $1 - \theta$ durch die relative Häufigkeit, mit der bei den 600 Ausspielungen ungerade Augenzahlen auftreten, also durch $1 - P$. Folglich erhalten wir das Konfidenzintervall für $1 - \theta$, wenn wir in (4.1) P durch $1 - P$ ersetzen, d.h.

$$\left[1 - P - z_{\alpha/2} \sqrt{\frac{(1-P)P}{n}} \; ; \; 1 - P + z_{\alpha/2} \sqrt{\frac{(1-P)P}{n}} \right]$$

überdeckt $1 - \theta$ mit der Wahrscheinlichkeit $1 - \alpha$. Die Konfidenzintervalle für θ und $1 - \theta$ besitzen also beide die Länge

$$2 z_{\alpha/2} \sqrt{\frac{P(1-P)}{n}}$$

was einleuchtet, denn die Zufallsvariablen P und $1 - P$ besitzen dieselbe Varianz. Durch Einsetzen der Zahlenwerte ergibt sich zur Konfidenzzahl 95% für die

Wahrscheinlichkeit, mit der beim Ausspielen des obigen Würfels eine ungerade Augenzahl auftritt, das Konfidenintervall

$$[0,5608 \; ; \; 0,6392] \; .$$

Aufgabe 4:
Für die Gewichte der Elemente einer Stichprobe aus einer großen Grundgesamtheit ergibt sich folgende Häufigkeitsverteilung

Gewicht in Gramm	Häufigkeit n_i
17,5 bis unter 22,5	20
22,5 bis unter 27,5	40
27,5 bis unter 32,5	30
32,5 bis unter 47,5	10

a) Geben Sie für den Mittelwert der Grundgesamtheit ein Konfidenzintervall zur Konfidenzzahl 99% an.
b) Berechnen Sie zur Konfidenzzahl 95% ein Konfidenzintervall für den Anteilswert derjenigen Elemente der Grundgesamtheit, die weniger wiegen als 22,5 g.

Lösung:
a) *Zur Berechnung des Stichprobenmittels und der Stichprobenvarianz legen wir die folgende Tabelle an. Dabei bezeichnet a_i die Mitte der i-ten Klasse.*

Klasse	a_i	n_i	$a_i n_i$	$a_i - \bar{x}$	$(a_i - \bar{x})^2 n_i$
17,5 − 22,5	20	20	400	−7	980
22,5 − 27,5	25	40	1000	−2	160
27,5 − 32,5	30	30	900	3	270
32,5 − 47,5	40	10	400	13	1690
$\sum$			100	2700		3100

Wir erhalten

$$\bar{x} = \frac{1}{n} \sum a_i n_i = \frac{1}{100} 2700 = 27$$
$$s^2 = \frac{1}{n-1} \sum (a_i - \bar{x})^2 n_i = \frac{1}{99} 3100 = 31,3131$$
$$s = 5,5958 .$$

Da insgesamt 100 Beobachtungen vorliegen und die Grundgesamtheit groß (also der Auswahlsatz $\leq 5\%$) ist, ist das Intervall

$$\left[\bar{X} - z_{0,005} \frac{S}{\sqrt{n}} \; ; \; \bar{X} + z_{0,005} \frac{S}{\sqrt{n}} \right]$$

ein Konfidenzintervall zum Sicherheitsgrad 99%. Mit den berechneten Werten ergibt sich

$$z_{0,005} \frac{s}{\sqrt{n}} = 2,575 \frac{5,5958}{\sqrt{100}} = 1,4409$$

so daß man zum Intervall

$$[25,5591 \; ; \; 28,4409]$$

gelangt.

b) *Den Anteil θ der Elemente in der Grundgesamtheit, die weniger als 22,5 g wiegen, können wir durch den in der Stichprobe beobachteten Anteil P dieser Elemente schätzen. Wegen n = 100 ist das Intervall*

$$\left[P - z_{0,025}\sqrt{\frac{P(1-P)}{n}} \; ; \; P + z_{0,025}\sqrt{\frac{P(1-P)}{n}}\right]$$

ein Konfidenzintervall zum Sicherheitsgrad 95% für θ. Man berechnet

$$z_{0,025}\sqrt{\frac{p(1-p)}{n}} = 1,96\sqrt{\frac{0,2 \cdot 0,8}{100}} = 0,0784$$

und hieraus das Intervall

$$[0,1216 \; ; \; 0,2784] \;.$$

Aufgabe 5

In einer Großstadt wurden 225 Einwohner zufällig ausgewählt und nach dem Alter (in Jahren) befragt. Für das Durchschnittsalter aller Einwohner ergab sich danach das Konfidenzintervall

$$[48,14 \; ; \; 51,86] \;.$$

Die Stichprobenstandardabweichung betrug 9 (Jahre). Wie groß ist
a) das Durchschnittsalter der befragten Einwohner ?
b) die Konfidenzzahl, die der Berechnung des Konfidenzintervalls zugrunde liegt?

Lösung:
Da der Stichprobenumfang 50 übersteigt und der Auswahlsatz (Großstadt) unter 5% liegt, ist

$$\left[\bar{X} - z_{\alpha/2}\frac{S}{\sqrt{n}} \; ; \; \bar{X} + z_{\alpha/2}\frac{S}{\sqrt{n}}\right]$$

ein Konfidenzintervall zur Konfidenzzahl 1 − α für das Durchschnittsalter μ aller Einwohner der Großstadt.

a) *Das Durchschnittsalter $\bar{X}$ der befragten Einwohner ist der Mittelpunkt des Konfidenzintervalls, d.h.*

$$\bar{X} = \frac{1}{2}(48,14 + 51,86) = 50.$$

b) Das obige Konfidenzintervall hat die Länge

$$2z_{\alpha/2}\frac{S}{\sqrt{n}} = 2 \cdot z_{\alpha/2}\frac{9}{\sqrt{225}} = 1,2 \cdot z_{\alpha/2}.$$

Berechnet wurde dafür
$$51,86 - 48,14 = 3,72.$$

Folglich hat man
$$z_{\alpha/2} = \frac{3,72}{1,2} = 3,1$$

oder

$$1 - \frac{\alpha}{2} = \phi(z_{\alpha/2}) = \phi(3,1) = 0,9990$$
$$1 - \alpha = 0,9980.$$

Die Konfidenzzahl ist also 0,9980.

Testen

1 Grundbegriffe

1.1 Problemstellung

Stichprobenuntersuchungen führt man häufig durch, um festzustellen, ob vorgegebene Normen eingehalten sind. So prüft man beispielsweise, ob eine Werkstoffe bearbeitende Maschine auf den richtigen Sollwert eingestellt ist. Gesundheitsbehörden untersuchen bei Lebensmitteln, ob der Schadstoffgehalt die gesetzlich festgelegte Höchstgrenze nicht übersteigt. Eichbehörden haben das Abfüllgewicht von Fertigpackungen zu kontrollieren. So dürfen Fertigpackungen "gewerbsmäßig nur so hergestellt werden, daß die Füllmenge zum Zeitpunkt der Herstellung im Mittel die Nennfüllmenge nicht unterschreitet".[1]

Beispiel 1.1:
Wir wollen annehmen, die Eichbehörde überprüfe eine Maschine, die 500-Gramm-Zuckerpakete abfüllt. Da sich beim Abfüllvorgang viele unkontrollierbare Einflüsse unabhängig voneinander überlagern, können wir die Meßwerte nach dem Zentralen Grenzwertsatz als normalverteilte Zufallsvariablen betrachten. Wir wollen weiter annehmen, daß die Streuung der Meßwerte im interessierenden Bereich von der Maschineneinstellung unabhängig (also konstant) ist und daß aufgrund langjähriger Beobachtung von $\sigma = 10$ g ausgegangen werden kann. Die Meßwerte besitzen dann die Verteilungsfunktion

$$F(x) = \phi(x \mid \mu; 10).$$

---

[1] Vgl. Fertigpackungsverordnung vom 8.3.1994 in: Bundesgesetzblatt, Teil I, 1994, S. 456

1. Grundbegriffe

Dabei ist μ das unbekannte mittlere Füllgewicht der Zuckerpakete.

Um Informationen über den Wert von μ zu erhalten, liegt es nahe, der laufenden Produktion n Zuckerpakete zufällig zu entnehmen und ihr Durchschnittsgewicht $\bar{X}$ zu bestimmen. Für die Verteilung von $\bar{X}$ gilt:

$$W(\bar{X} \leq x) = \phi\left(x \mid \mu; 10/\sqrt{n}\right).$$

Beträgt das mittlere Füllgewicht μ der Zuckerpakete genau 500 g, so ist das Stichprobenmittel mit der Wahrscheinlichkeit 1/2 kleiner als der Mindestwert (vgl. Abb. 1.1).

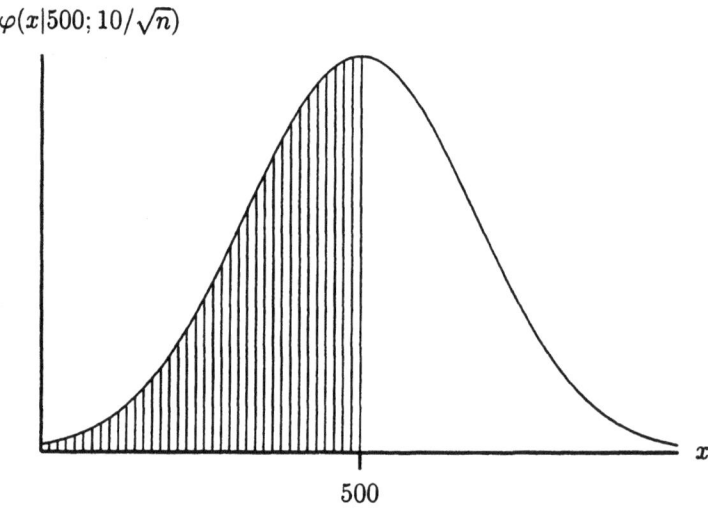

Abb. 1.1

Folglich kann die Eichbehörde den Hersteller nicht schon dann mit einem Bußgeld belegen, wenn das Stichprobenmittel kleiner ausfällt als 500 g. Vielmehr wird man in "vernünftiger" Weise einen kritischen Wert c unterhalb des Sollwerts festlegen und ein Bußgeld nur dann erheben, wenn $\bar{X}$ diesen Wert unterschreitet.

Bei der Festlegung von c ist zu beachten, daß der Hersteller – wie auch immer c gewählt wird – mit positiver Wahrscheinlichkeit bestraft werden kann, obwohl $\mu \geq$ 500 gilt. Diese Irrtumswahrscheinlichkeit ist um so kleiner, je kleiner c gewählt wird. Bei festem c ist die Irrtumswahrscheinlichkeit um so kleiner, je größer das tatsächliche Durchschnittsgewicht μ ist. Ihren maximalen Wert erreicht sie für $\mu = 500$ (vgl. Abb. 1.2).

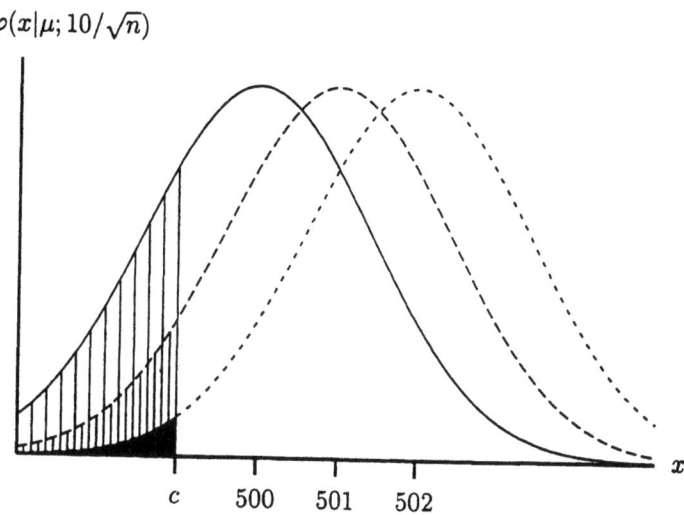

Abb. 1.2

Der Einfachheit halber wollen wir jetzt voraussetzen, daß nur $n = 2$ Zuckerpakete kontrolliert werden. Soll die Irrtumswahrscheinlichkeit dann z.B. 0,1 nicht überschreiten, so folgt für c

$$0,1 = \phi\left(c \mid 500; \frac{10}{\sqrt{2}}\right) = \phi\left(\frac{c-500}{10}\sqrt{2}\right). \quad (1.1)$$

Hieraus erhält man

$$\frac{c-500}{10}\sqrt{2} = -1,282$$

d.h.

$$c = 500 - 10\,\frac{1,282}{\sqrt{2}} = 490,93.$$

Wird also das Abfüllgewicht der Zuckerpakete beanstandet, falls das mittlere Füllgewicht der beiden kontrollierten Pakete kleiner als 490,93 g ist, so muß ein vorschriftsmäßig abfüllender Hersteller mit einer Wahrscheinlichkeit von maximal 0,1 einen Bußgeldbescheid befürchten.

1.2 Hypothesen und Testverfahren

In Beispiel 1.1 betrachten wir das Abfüllgewicht X von Zuckerpaketen. Insbesondere interessiert, ob für den Erwartungswert μ von X gilt: $\mu \geq 500$ oder $\mu < 500$. Annahmen über die Verteilung einer Zufallsvariablen nennt man *(statistische) Hypothesen*. Solche Annahmen können, wie in Beispiel 1.1, den Erwartungswert oder die Varianz, eine Wahrscheinlichkeit oder bei diskreten Zufallsvariablen die ganze Massefunktion betreffen. Vorschriften, die es gestatten, Hypothesen auf ihre Verträglichkeit mit

Stichprobendaten zu überprüfen, werden *(statistische) Testverfahren* oder kurz **Tests** genannt.

Je nach Sachverhalt wird eine Hypothese besonders hervorgehoben und zunächst als richtig unterstellt. Diese Hypothese heißt **Nullhypothese** und wird mit H_o bezeichnet. So geht beispielsweise das Eichamt von der "Unschuldsvermutung"

$$H_o : \mu \geq 500$$

aus und entscheidet nach Vorliegen von Stichprobendaten, ob H_o weiterhin als richtig angesehen werden soll oder ob die Daten nahelegen, H_o als falsch zu betrachten.

Bei Nullhypothesen über Erwartungswerte liegt es nahe, das Stichprobenmittel $\bar{X}$ für die Testentscheidung heranzuziehen. In diesem Falle wird $\bar{X}$ **Prüfgröße** genannt. $H_o : \mu \geq 500$ wird man als falsch betrachten, wenn $\bar{X}$ den Mindestwert 500 g "wesentlich" oder, wie man auch sagt, "signifikant" unterschreitet. Das ist in Beispiel 1.1 der Fall, wenn $\bar{X}$ in das Intervall

$$K = (-\infty \; ; \; c)$$

fällt. Dabei wird c so berechnet, daß die Wahrscheinlichkeit für eine irrtümliche Ablehnung von H_o höchstens gleich einer vorgegebenen "kleinen" Wahrscheinlichkeit α ist. Gebräuchliche Werte für α sind 0,01; 0,05; 0,1. In Beispiel 1.1 ergibt sich bei $\alpha = 0,1$ das Intervall

$$K = (-\infty \; ; \; 490,93) . \tag{1.2}$$

Wenn Hypothesen über Varianzen, Wahrscheinlichkeiten oder Massefunktionen interessieren, wird man anstelle von $\bar{X}$ auch andere Prüfgrößen verwenden. In jedem Fall wird man eine Teilmenge K des Wertebereichs der Prüfgröße auszeichnen und H_o als widerlegt ansehen, wenn die Prüfgröße einen Wert aus K annimmt. K heißt **Ablehnungsbereich** oder auch **kritischer Bereich**. Natürlich kann bei dieser Vorgehensweise H_o fälschlich verworfen werden. In der Praxis wird eine kleine Wahrscheinlichkeit α vorgegeben, das sog. *Signifikanzniveau*, und K so gewählt, daß die Wahrscheinlichkeit für eine irrtümliche Ablehnung von H_o höchstens gleich α ist.

Wir kommen auf Beispiel 1.1 zurück und nehmen an, man erhalte die beiden Meßwerte 489 g und 491 g. Dann nimmt die Prüfgröße $\bar{X} = (X_1 + X_2)/2$ den Wert 490 an. Dieser liegt im Ablehnungsbereich (1.2). Somit wird $H_o : \mu \geq 500$ verworfen, d.h. $\bar{X} = 490$ ist signifikant kleiner als 500. Beim Signifikanzniveau von 10% ist damit nachgewiesen, daß $\mu < 500$ ist, daß die Maschine also im Durchschnitt weniger als 500 g abfüllt.

Wenn wir andererseits die beiden Meßwerte 491 g und 495 g erhalten, nimmt die Prüfgröße den Wert 493 an. Dieser Wert liegt nicht in (1.2), so daß $H_o : \mu \geq 500$

nicht verworfen wird. Natürlich wäre es absurd, aufgrund eines Stichprobenmittelwertes von 493 g zu behaupten, $H_o : \mu \geq 500$ treffe zu. Vielmehr gibt ein Stichprobenmittelwert von 493 beim Signifikanzniveau 10% noch keinen ausreichenden Anlaß, die Nullhypothese $H_o : \mu \geq 500$ als widerlegt anzusehen, d.h. die Abweichung des Stichprobenmittelwertes 493 vom Mindestwert 500 ist nicht signifikant.

Wir fassen zusammen:

Ein Testverfahren ist festgelegt durch

- *die Nullhypothese H_o, die zunächst als zutreffend unterstellt wird;*

- *das Signifikanzniveau α als obere Schranke für die Wahrscheinlichkeit einer fälschlichen Verwerfung von H_o;*

- *eine aus der Stichprobe $(X_1, X_2, ..., X_n)$ zu berechnende Prüfgröße $U = u(X_1, X_2, ..., X_n)$;*

- *den Ablehnungsbereich oder auch kritischen Bereich K. H_o wird abgelehnt, falls $U \in K$ gilt.*

1.3 Fehler 1. und Fehler 2. Art

Eine fälschliche Ablehnung der Nullhypothese ist möglich. Die Wahrscheinlichkeit für diese Fehlentscheidung ist höchstens gleich dem Signifikanzniveau α. Da α vorgegeben wird, liegt der Gedanke nahe, α so klein (beispielsweise $\alpha = 0,000000001$) zu wählen, daß es praktisch kaum zu der erwähnten Fehlentscheidung kommt. Bei der Durchführung statistischer Tests ist aber zu beachten, daß noch eine zweite Art von Fehlentscheidung möglich ist.

Die möglichen Fehlentscheidungen bei der Durchführung eines statistischen Tests sind in Tab. 1.1 angegeben:

Testentscheidung:	tatsächlicher Zustand:	
H_o wird	H_o trifft zu	H_o trifft nicht zu
abgelehnt	Fehler 1. Art	
nicht abgelehnt		Fehler 2. Art

Tab. 1.1

Wir wollen Tab. 1.1 im Hinblick auf Beispiel 1.1 betrachten. Die Eichbehörde überprüft $H_o : \mu \geq 500$. Nehmen wir an, H_o trifft zu. Wenn das Stichprobenmittel kleiner als 490,93 g ist, wird H_o abgelehnt, eine Fehlentscheidung, die mit höchstens 10%iger Wahrscheinlichkeit (= Signifikanzniveau) eintritt. Dieser Fall ist in Tab. 1.1 mit Fehler 1. Art bezeichnet.

1. Grundbegriffe

Den Fehler 1. Art kann man im Beispiel 1.1 als "Fehlalarm" bezeichnen; er beinhaltet für den Maschinenbetreiber das Risiko, daß eine korrekt abfüllende Maschine beanstandet wird.

Nehmen wir nun an, H_o trifft nicht zu, das durchschnittliche Abfüllgewicht μ liegt also unter 500 g. Wenn die Eichbehörde eine Stichprobe zieht, deren Mittelwert 490,93 g oder mehr beträgt, wird H_o nicht abgelehnt. Auch dies ist eine Fehlentscheidung, die als Fehler 2. Art bezeichnet wird.

Den Fehler 2. Art kann man in Beispiel 1.1 als "unterbliebenen Alarm" bezeichnen; er beinhaltet das Risiko des Eichamtes, daß der durchgeführte Test eine im Durchschnitt weniger als 500 g abfüllende Maschine unbeanstandet läßt.

In 5.2 wird gezeigt, daß die Wahrscheinlichkeiten für den Fehler 2. Art bei gleichbleibendem Stichprobenumfang umso kleiner sind, je größer man α wählt. Beide Fehlerwahrscheinlichkeiten lassen sich gleichzeitig verkleinern, wenn man den Stichprobenumfang erhöht (vgl. 5.3).

2
Tests für Erwartungswerte

2.1 Tests bei bekannter Varianz

Im Beispiel 1.1 enthält die Nullhypothese eine Aussage über den unbekannten Erwartungswert der Verteilung. Im folgenden gehen wir allgemeiner auf derartige Nullhypothesen ein.

Es sei X eine Zufallsvariable, deren Erwartungswert μ unbekannt ist. Wir nehmen an, für eine feste Zahl μ_o solle eine der Nullhypothesen

$$H_o \ : \ \mu \geq \mu_o$$
$$H_o \ : \ \mu \leq \mu_o$$
$$H_o \ : \ \mu = \mu_o$$

beim Signifikanzniveau α geprüft werden. Die ersten beiden Hypothesen bezeichnet man als *einseitig*, die dritte als *zweiseitig*.

$(X_1, X_2, ..., X_n)$ sei eine Stichprobe aus der Verteilung von X. Nach den Überlegungen in 1.2 liegt es nahe, Hypothesen über den Erwartungswert von X mit der Prüfgröße $\bar{X}$ zu testen und den Ablehnungsbereich K unter Berücksichtigung der Nullhypothese und des Signifikanzniveaus in geeigneter Weise zu bestimmen. Um K festlegen zu können, müssen wir die Verteilung von $\bar{X}$ kennen. Wir werden voraussetzen, daß $(X_1, X_2, ..., X_n)$ entweder eine Stichprobe aus einer Normalverteilung ist (so daß $\bar{X}$ nach W 5.3 normalverteilt ist), oder daß der Stichprobenumfang n so groß ist, daß $\bar{X}$ bei beliebiger Ausgangsverteilung nach dem Zentralen Grenzwertsatz normalverteilt ist. Dann ist $\bar{X}$ in beiden Fällen $(\mu; \sigma/\sqrt{n})$-normalverteilt.

176   2. Tests für Erwartungswerte

Gemäß 1.2 wird man die Nullhypothese

$$H_o : \mu \geq \mu_o \qquad (2.1)$$

ablehnen, falls das Stichprobenmittel "wesentlich kleiner" ist als μ_o. Bei Gültigkeit von H_o ist mit kleinen Mittelwerten eher zu rechnen, wenn $\mu = \mu_o$ gilt. Folglich wird man die Grenze c des Ablehnungsbereichs

$$K = (-\infty;\ c)$$

so wählen, daß die links von c unter der Dichte $\varphi(x \mid \mu_o; \sigma/\sqrt{n})$ liegende Fläche den Inhalt α hat (vgl. Abb. 2.1).

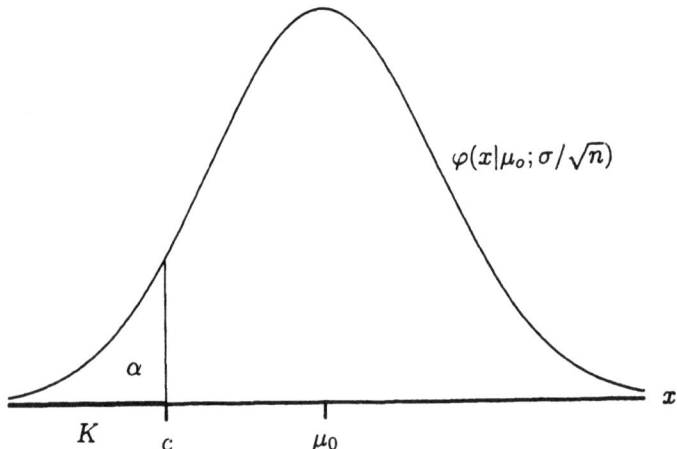

Abb. 2.1

Für c gilt dann

$$\alpha = \phi(c \mid \mu_o; \sigma/\sqrt{n}) = \phi\left(\frac{c - \mu_o}{\sigma}\sqrt{n}\right)$$

d.h.

$$\frac{c - \mu_o}{\sigma}\sqrt{n} = -z_\alpha$$

d.h.

$$c = \mu_o - z_\alpha \cdot \sigma/\sqrt{n}.$$

Beim Signifikanzniveau α wird die Nullhypothese (2.1) also abgelehnt, falls das Stichprobenmittel Werte aus dem Ablehnungsbereich

$$K = (-\infty;\ \mu_o - z_\alpha \cdot \sigma/\sqrt{n})$$

annimmt.

Entsprechend wird die Nullhypothese

$$H_o : \mu \leq \mu_o \qquad (2.2)$$

abgelehnt, wenn das beobachtete Stichprobenmittel "wesentlich größer" ist als μ_o. Für die Nullhypothese (2.2) erhält man daher einen Test zum Signifikanzniveau α, wenn H_o abgelehnt wird, falls das Stichprobenmittel Werte aus dem Ablehnungsbereich

$$K = \left(\mu_o + z_\alpha \cdot \sigma/\sqrt{n} \; ; \; \infty\right)$$

annimmt.

Die Nullhypothese

$$H_o : \mu = \mu_o \qquad (2.3)$$

wird abgelehnt, wenn das Stichprobenmittel einen Wert annimmt, der im Vergleich zu μ_o "zu klein" oder "zu groß" ist. In diesem Falle erhält man einen Test zum Signifikanzniveau α, wenn (2.3) abgelehnt wird, falls das Stichprobenmittel in den Ablehnungsbereich

$$K = \left(-\infty \; ; \; \mu_o - z_{\alpha/2} \cdot \sigma/\sqrt{n}\right) \cup \left(\mu_o + z_{\alpha/2} \cdot \sigma/\sqrt{n} \; ; \; \infty\right)$$

fällt (vgl. Abb. 2.2).

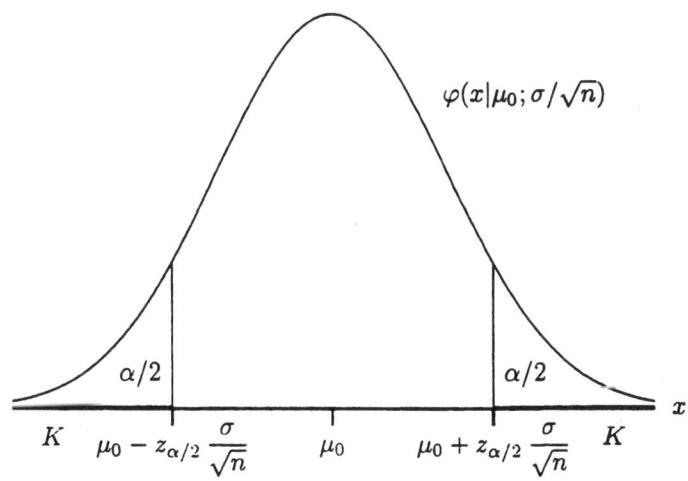

Abb. 2.2

2.2 Normierte Prüfgrößen

Häufig werden Prüfgrößen *normiert*, so daß die Grenzen der Ablehnungsbereiche den entsprechenden Tabellen direkt entnommen werden können.

2. Tests für Erwartungswerte

Da
$$\bar{X} < \mu_o - z_\alpha \cdot \sigma/\sqrt{n}$$
gleichbedeutend ist mit
$$\frac{\bar{X} - \mu_o}{\sigma}\sqrt{n} < -z_\alpha$$
erhält man für die Nullhypothese
$$H_o : \mu \geq \mu_o$$
einen Test zum Signifikanzniveau α, wenn H_o abgelehnt wird, falls die normierte Prüfgröße
$$\frac{\bar{X} - \mu_o}{\sigma}\sqrt{n} \quad (2.4)$$
in den Ablehnungsbereich
$$K = (-\infty \,;\, -z_\alpha)$$
fällt.

Entsprechend ist die Nullhypothese
$$H_o : \mu \leq \mu_o$$
beim Signifikanzniveau α abzulehnen, wenn die Prüfgröße (2.4) Werte aus dem Ablehnungsbereich
$$K = (z_\alpha \,;\, \infty)$$
annimmt, während
$$H_o : \mu = \mu_o$$
abgelehnt wird, wenn die Prüfgöße (2.4) in den Ablehnungsbereich
$$K = (-\infty \,;\, -z_{\alpha/2}) \cup (z_{\alpha/2} \,;\, \infty)$$
fällt.

2.3 Tests bei unbekannter Varianz

Im folgenden setzen wir die Kenntnis von σ nicht voraus. Stammt die Stichprobe aus einer Normalverteilung (mit unbekannter Varianz), so ist nach W 5.5 die Zufallsvariable
$$\frac{\bar{X} - \mu}{S}\sqrt{n}$$
STUDENT-t-verteilt mit n-1 Freiheitsgraden. Daher lehnt man
$$H_o : \mu \geq \mu_o$$

beim Signifikanzniveau α ab, wenn die normierte Prüfgröße

$$\frac{\bar{X} - \mu_o}{S}\sqrt{n} \qquad (2.5)$$

Werte aus dem Ablehnungsbereich

$$K = (-\infty\ ;\ -t_{n-1;\,\alpha})$$

annimmt. Beim gleichen Signifikanzniveau α wird

$$H_o : \mu \leq \mu_o$$

abgelehnt, falls die Prüfgröße (2.5) in den Ablehnungsbereich

$$K = (t_{n-1;\,\alpha}\ ;\ \infty)$$

fällt, und

$$H_o : \mu = \mu_o$$

wird abgelehnt, wenn (2.5) Werte aus dem Ablehnungsbereich

$$K = \left(-\infty\ ;\ -t_{n-1;\,\alpha/2}\right) \cup \left(t_{n-1;\,\alpha/2};\ \infty\right)$$

annimmt.

Für $n = 5$ und $\alpha = 0,05$ erhält man z.B. als Ablehnungsbereiche für die drei in 2.1 betrachteten Nullhypothesen

$$\begin{aligned} K &= (-\infty;\ -2,132) \\ K &= (2,132;\ \infty) \\ K &= (-\infty;\ -2,776) \cup (2,776;\ \infty). \end{aligned}$$

Für $n \geq 30$ können in den Ablehnungsbereichen die t-Werte durch die z-Werte der Standardnormalverteilung ersetzt werden. Die damit gegebenen Tests sind wegen des Zentralen Grenzwertsatzes auch anwendbar, wenn die Stichprobe $(X_1, X_2, ..., X_n)$ einer beliebigen Verteilung, nicht notwendigerweise einer Normalverteilung, entstammt, sofern $n \geq 50$ ist.

2.4 Vergleich zweier Erwartungswerte

Viele praktische Probleme führen zu der Aufgabe, die Erwartungswerte zweier Zufallsvariablen zu vergleichen. So kann ein Fabrikant fragen, ob ein neu entwickelter Autoreifen eine größere mittlere Lebensdauer besitzt als der bisher von ihm produzierte. Oder es soll überprüft werden, ob die durchschnittlichen Hektarerträge zweier Getreidesorten unterschiedlich

2. Tests für Erwartungswerte

sind. Oder man möchte wissen, ob das Schlafmittel 1 wirksamer ist als das Schlafmittel 2.

Wir greifen das zuletzt genannte Beispiel auf und bezeichnen mit X_1 und X_2 die Schlafdauer nach Einnahme des Präparates 1 bzw. 2. μ_1 und μ_2 seien die Erwartungswerte von X_1 und X_2. Wenn Hypothesen über μ_1 und μ_2 geprüft werden sollen, liegt es nahe, eine Gruppe von n_1 Versuchspersonen das Schlafmittel 1 und eine andere Gruppe von n_2 Versuchspersonen das Schlafmittel 2 einnehmen zu lassen und anschließend die Schlafdauer für jede Person zu ermitteln. $\bar{X}_1$ und $\bar{X}_2$ seien die beobachteten Stichprobenmittel.

Da die Stichproben durch unabhängige Zufallsexperimente gewonnen werden, sind die Stichprobenmittel $\bar{X}_1$ und $\bar{X}_2$ unabhängige Zufallsvariablen, und es gilt

$$var\left(\bar{X}_1 - \bar{X}_2\right) = var\,\bar{X}_1 + var\,\bar{X}_2 = \sigma_1^2/n_1 + \sigma_2^2/n_2$$

wobei

$$\sigma_1^2 = var\,X_1 \quad und \quad \sigma_2^2 = var\,X_2$$

gesetzt wurde. Für große n_1 und n_2 sind nach dem Zentralen Grenzwertsatz $\bar{X}_1$ und $\bar{X}_2$ und damit auch $\bar{X}_1 - \bar{X}_2$ normalverteilte Zufallsvariablen. Folglich ist

$$\frac{(\bar{X}_1 - \bar{X}_2) - (\mu_1 - \mu_2)}{\sqrt{\sigma_1^2/n_1 + \sigma_2^2/n_2}}$$

standardnormalverteilt und die Zufallsvariable

$$\frac{\bar{X}_1 - \bar{X}_2}{\sqrt{\sigma_1^2/n_1 + \sigma_2^2/n_2}} \qquad (2.6)$$

nimmt bei Gültigkeit der Nullhypothese

$$H_o : \mu_1 = \mu_2$$

mit Wahrscheinlichkeit $1 - \alpha$ Werte aus dem Intervall $[-z_{\alpha/2};\,z_{\alpha/2}]$ an. Man wird H_o daher beim Signifikanzniveau α ablehnen, wenn die **Prüfgröße** (2.6) in den Ablehnungsbereich

$$K = (-\infty;\,-z_{\alpha/2}) \cup (z_{\alpha/2}\,;\,\infty)$$

fällt.

Da (2.6) für $\mu_1 \leq \mu_2$, d.h. für $\mu_1 - \mu_2 \leq 0$ zu kleinen Realisationen tendiert, wird man

$$H_o : \mu_1 \leq \mu_2$$

beim Signifikanzniveau α ablehnen, wenn die Prüfgröße (2.6) Werte aus dem Ablehnungsbereich

$$K = (z_\alpha\,;\,\infty)$$

annimmt. Entsprechend wird die Nullhypothese

$$H_o : \mu_1 \geq \mu_2$$

beim Signifikanzniveau α abgelehnt, falls die Realisation von (2.6) in den Ablehnungsbereich

$$K = (-\infty\,;-z_\alpha)$$

fällt.
Wenn σ_1^2 und σ_2^2 nicht bekannt sind, kann man sie für große n_1 und n_2 durch die Stichprobenvarianzen

$$S_1^2\,,\ S_2^2$$

schätzen.

Beispiel 2.1:
Soll die Behauptung, Schlafmittel 1 sei wirksamer als Schlafmittel 2, beim Signifikanzniveau $\alpha = 0,05$ bestätigt werden, so ist die Nullhypothese

$$H_o : \mu_1 \leq \mu_2$$

zu prüfen. Haben die Versuchsgruppen den Umfang 50 bzw. 100 und ergeben die Versuche $\bar{x}_1 = 6{,}9$; $s_1^2 = 1$ bzw. $\bar{x}_2 = 6{,}6$; $s_2^2 = 2$, so erhalten wir für die Realisation der Prüfgröße (2.6)

$$\frac{6{,}9 - 6{,}6}{\sqrt{1/50 + 2/100}} = 1{,}5.$$

Da diese Realisation nicht in den Ablehnungsbereich

$$(z_{0,05};\ \infty) = (1{,}645;\ \infty)$$

fällt, kann beim Signifikanzniveau 0,05 nicht behauptet werden, Schlafmittel 1 sei wirksamer als Schlafmittel 2.

2.5 Übersicht über behandelte Tests für Erwartungswerte

1. $(X_1, X_2, ..., X_n)$ sei eine Stichprobe aus einer $(\mu; \sigma)$-Normalverteilung.

H_o	normierte Prüfgröße	Ablehnungsbereich
$\mu \geq \mu_o$		$(-\infty;\ -t_{n-1;\,\alpha})$
$\mu = \mu_o$	$\frac{\bar{X}-\mu_o}{S}\sqrt{n}$	$(-\infty\,;-t_{n-1;\,\alpha/2}) \cup (t_{n-1;\,\alpha/2};\ \infty)$
$\mu \leq \mu_o$		$(t_{n-1;\,\alpha}\,;\infty)$

2. Tests für Erwartungswerte

2. $(X_1, X_2, ..., X_n)$ sei eine Stichprobe aus der Verteilung einer Zufallsvariablen X mit $EX = \mu; n \geq 50$

H_o	normierte Prüfgröße	Ablehnungsbereich
$\mu \geq \mu_o$		$(-\infty\,;\,-z_\alpha)$
$\mu = \mu_o$	$\frac{\bar{X}-\mu_o}{S}\sqrt{n}$	$(-\infty;\,-z_{\alpha/2}) \cup (z_{\alpha/2}\,;\,\infty)$
$\mu \leq \mu_o$		$(z_\alpha\,;\,\infty)$

3. X_1 und X_2 seien Zufallsvariablen, denen unterschiedliche Zufallsexperimente zugrunde liegen, mit $EX_1 = \mu_1$, $EX_2 = \mu_2$. $\bar{X}_1$ sei der Mittelwert einer Stichprobe vom Umfang n_1 aus der Verteilung von X_1, $\bar{X}_2$ der Mittelwert einer Stichprobe vom Umfang n_2 aus der Verteilung von X_2. S_1^2 und S_2^2 seien die entsprechenden Stichprobenvarianzen. $n_1, n_2 \geq 50$.

H_o	normierte Prüfgröße	Ablehnungsbereich
$\mu_1 \geq \mu_2$		$(-\infty\,;\,-z_\alpha)$
$\mu_1 = \mu_2$	$\frac{\bar{X}_1 - \bar{X}_2}{\sqrt{S_1^2/n_1+S_2^2/n_2}}$	$(-\infty;\,-z_{\alpha/2}) \cup (z_{\alpha/2}\,;\,\infty)$
$\mu_1 \leq \mu_2$		$(z_\alpha\,;\,\infty)$

3
Tests für Wahrscheinlichkeiten

3.1 Hypothesen über eine Wahrscheinlichkeit

In vielen Fällen sind Hypothesen über Wahrscheinlichkeiten zu prüfen. Beispielsweise interessiert die Frage, ob Knaben- und Mädchengeburten gleichwahrscheinlich sind.

Die Überlegungen zur Konstruktion von Tests über Erwartungswerte lassen sich sinngemäß auf Wahrscheinlichkeiten übertragen. In S 1.3 wurde eine unbekannte Wahrscheinlichkeit θ erwartungstreu durch den Stichprobenanteilswert P geschätzt. Es ist daher naheliegend, den Stichprobenanteil in normierter Form als Prüfgröße zu verwenden.

Soll für eine beliebige Zahl θ_o mit $0 < \theta_o < 1$ z.B. die Nullhypothese

$$H_o : \theta = \theta_o$$

geprüft werden, so ist bei Gültigkeit von H_o die Zufallsvariable

$$\frac{P - \theta_o}{\sqrt{\theta_o(1 - \theta_o)}} \sqrt{n} \qquad (3.1)$$

bei großem n wegen des Zentralen Grenzwertsatzes standardnormalverteilt. Man wird also H_o beim Signifikanzniveau α ablehnen, falls (3.1) Werte aus dem Ablehnungsbereich

$$K = (-\infty;\ -z_{\alpha/2}) \cup (z_{\alpha/2};\ \infty)$$

annimmt.

Da die Zufallsvariable (3.1) bei Gültigkeit von

$$H_o : \theta \leq \theta_o$$

zu kleinen Realisationen tendiert, wird man diese Nullhypothese beim Signifikanzniveau α ablehnen, wenn der Wert von (3.1) in den Ablehnungsbereich

$$K = (z_\alpha; \infty)$$

fällt.

Entsprechend lehnt man die Nullhypothese

$$H_o : \theta \geq \theta_o$$

ab, wenn die Realisation von (3.1) im Ablehnungsbereich

$$K = (-\infty; -z_\alpha)$$

liegt.

Beispiel 3.1:
Wird eine Münze 100 mal geworfen und erscheint dabei 60 mal "Kopf", so ist die Hypothese, die Wahrscheinlichkeit für "Kopf" sei 0,5, beim Signifikanzniveau 0,05 wegen

$$\frac{0,6 - 0,5}{\sqrt{0,5 \cdot 0,5}} \sqrt{100} = 2$$

und

$$K = (-\infty; -1,96) \cup (1,96; \infty)$$

widerlegt.

3.2 Vergleich zweier Wahrscheinlichkeiten

In manchen Fällen möchte man die Wahrscheinlichkeiten von zwei zufälligen Ereignissen A_1 und A_2 vergleichen, etwa die Wahrscheinlichkeiten, mit denen Nebenwirkungen bei der Einnahme zweier Medikamente auftreten. Wir betrachten zwei Zufallsexperimente und interessieren uns für einen Vergleich der Wahrscheinlichkeiten

$$\theta_1 = W(A_1)$$

$$\theta_2 = W(A_2)$$

mit denen beim ersten Experiment das Ereignis A_1 und beim zweiten das Ereignis A_2 eintritt. Wir führen die zwei Zufallsexperimente n_1- bzw. n_2-mal durch und bezeichnen mit P_1 und P_2 die Anteile der Durchführungen, die zu A_1 bzw. A_2 führen. Es gilt

$$EP_1 = \theta_1, \quad var\, P_1 = \theta_1(1-\theta_1)/n_1$$
$$EP_2 = \theta_2; \quad var\, P_2 = \theta_2(1-\theta_2)/n_2.$$

Es gilt

$$E(P_1 - P_2) = \theta_1 - \theta_2$$

und wegen der Unabhängigkeit von P_1 und P_2

$$var(P_1 - P_2) = \theta_1(1-\theta_1)/n_1 + \theta_2(1-\theta_2)/n_2.$$

Für große Stichprobenumfänge n_1 und n_2 sind die Stichprobenanteile P_1 und P_2 und folglich auch die Differenz $P_1 - P_2$ nach dem Zentralen Grenzwertsatz näherungsweise normalverteilt. Die Zufallsvariable

$$\frac{(P_1 - P_2) - E(P_1 - P_2)}{\sqrt{var\,(P_1 - P_2)}} = \frac{(P_1 - P_2) - (\theta_1 - \theta_2)}{\sqrt{\theta_1(1-\theta_1)/n_1 + \theta_2(1-\theta_2)/n_2}}$$

ist dann standardnormalverteilt.

Für große Werte n_1 und n_2 ist daher auch

$$\frac{(P_1 - P_2) - (\theta_1 - \theta_2)}{\sqrt{P_1(1-P_1)/n_1 + P_2(1-P_2)/n_2}}$$

standardnormalverteilt. Für $\theta_1 = \theta_2$ ist dann

$$\frac{P_1 - P_2}{\sqrt{P_1(1-P_1)/n_1 + P_2(1-P_2)/n_2}} \tag{3.2}$$

standardnormalverteilt. Man erhält also einen Test für die Nullhypothese

$$H_o : \theta_1 = \theta_2$$

zum Signifikanzniveau α, wenn man (3.2) als Prüfgröße verwendet und H_o ablehnt, wenn die Prüfgröße Werte aus dem Ablehnungsbereich

$$K = (-\infty\,;\, -z_{\alpha/2}) \cup (z_{\alpha/2}\,;\, \infty)$$

annimmt. Entsprechend ist beim Signifikanzniveau α

$$H_o : \theta_1 \leq \theta_2$$

abzulehnen, wenn die Prüfgröße (3.2) in den Ablehnungsbereich

$$K = (z_\alpha\,;\, \infty)$$

fällt, und
$$H_o : \theta_1 \geq \theta_2$$
wird abgelehnt, falls die Realisation von (3.2) im Ablehnungsbereich
$$K = (-\infty\,;\,-z_\alpha)$$
liegt.

3.3 Übersicht über behandelte Tests für Wahrscheinlichkeiten

1. P sei der Stichprobenanteil für eine Stichprobe vom Umfang $n \geq 50$ aus einer BERNOULLI-Verteilung mit Parameter θ.

H_o	normierte Prüfgröße	Ablehnungsbereich
$\theta \geq \theta_o$		$(-\infty\,;\,-z_\alpha)$
$\theta = \theta_o$	$\dfrac{P - \theta_o}{\sqrt{\theta_o(1-\theta_o)}}\sqrt{n}$	$(-\infty;\,-z_{\alpha/2}) \cup (z_{\alpha/2}\,;\,\infty)$
$\theta \leq \theta_o$		$(z_\alpha\,;\,\infty)$

2. X_1 und X_2 seien BERNOULLI-Variablen mit den Parametern und θ_1 und θ_2, die sich auf unterschiedliche Zufallsexperimente beziehen. P_1 und P_2 seien die Anteile zugehöriger Stichproben mit den Umfängen n_1 und n_2. $n_1, n_2 \geq 50$.

H_o	normierte Prüfgröße	Ablehnungsbereich
$\theta_1 \geq \theta_2$		$(-\infty\,;\,-z_\alpha)$
$\theta_1 = \theta_2$	$\dfrac{P_1 - P_2}{\sqrt{P_1(1-P_1)/n_1 + P_2(1-P_2)/n_2}}$	$(-\infty;\,-z_{\alpha/2}) \cup (z_{\alpha/2};\infty)$
$\theta_1 \leq \theta_2$		$(z_\alpha\,;\,\infty)$

4
χ^2- Tests

4.1 χ^2- Anpassungstest

Wir betrachten ein Zufallsexperiment mit der Ergebnismenge Ω. $A_1, A_2, ..., A_I$ sei eine Zerlegung von Ω. Ferner schreiben wir zur Abkürzung

$$\theta_i = W(A_i) \quad ; \quad i = 1, 2, ..., I.$$

Es interessiere nun die Frage, ob die unbekannten Wahrscheinlichkeiten θ_i mit vermuteten Werten θ_{oi} $(i = 1, 2, ..., I)$ übereinstimmen. In diesem Falle wäre also

$$H_o : \theta_i = \theta_{oi} \quad ; \quad i = 1, 2, ..., I \tag{4.1}$$

zu prüfen.

Auf eine solche Nullhypothese wird man z.B. geführt, wenn die Massefunktion $f(x)$ einer Zufallsvariablen X mit einer hypothetischen Massefunktion verglichen werden soll. Sind nämlich $x_1, x_2, ..., x_I$ die Ausprägungen von X, so bilden die Ereignisse

$$\{X = x_i\} \quad ; \quad i = 1, 2, ..., I$$

eine Zerlegung von Ω. Für

$$\theta_i = W(X = x_i) \quad ; \quad i = 1, 2, ..., I$$

ist die Gültigkeit von (4.1) dann gleichbedeutend damit, daß X die Massefunktion

$$f(x) = \begin{cases} \theta_{oi} & \text{für } x = x_i \; ; \quad i = 1, 2, ..., I \\ 0 & \text{sonst} \end{cases}$$

besitzt. Ist X etwa die beim Ausspielen eines bestimmten Würfels beobachtete Augenzahl, so ist die Behauptung, der Würfel sei unverfälscht, gleichbedeutend mit

$$f(x) = \begin{cases} \frac{1}{6} & \text{für } x = 1, 2, ..., 6 \\ 0 & \text{sonst} \end{cases}$$

(vgl. Beispiel 4.1).

Nehmen wir nun an, eine Grundgesamtheit von N Einheiten sei in Teilmengen $K_1, K_2, ..., K_I$ zerlegt. $\theta_1, \theta_2, ..., \theta_I$ seien die Anteile dieser Teilmengen, d.h.

$$\theta_i = \frac{|K_i|}{N} \; ; \quad i = 1, 2, ..., I \; .$$

Wenn die Nullhypothese

$$H_o : \theta_i = \theta_{oi} \; ; \quad i = 1, 2, ..., I$$

zu prüfen ist - bei irgendwie vorgegebenen Werten $\theta_{oi} > 0$ mit $\sum \theta_{oi} = 1$ - liegt wiederum die oben beschriebene Fragestellung vor, weil man θ_i als Wahrscheinlichkeiten interpretieren kann. Man braucht nur an das zufällige Entnehmen einer Einheit der Grundgesamtheit zu denken und für $i = 1, 2, ..., I$ zu setzen:

A_i : ein Element von K_i wird gezogen.

Dann gilt

$\theta_i = W(A_i)$

(vgl. Beispiel 4.2).

Wir wollen einen Test beschreiben, mit dem die Nullhypothese (4.1) durch eine Stichprobe vom Umfang n beim Signifikanzniveau α geprüft werden kann. Dazu denken wir uns das zugrundeliegende Zufallsexperiment n-mal unabhängig durchgeführt. n_i sei die Häufigkeit, mit der dabei das Ereignis A_i eintritt ($i = 1, 2, ..., I$). Falls (4.1) richtig ist, sind die Zufallsvariablen n_i binomialverteilt mit

$$E\, n_i = n \theta_{oi} \; ; \quad i = 1, 2, ..., I$$

(vgl. W 4.2). Daher werden die Zufallsvariablen

$$|n_i - n\theta_{oi}| \quad ; \quad i = 1, 2, ..., I$$

und damit auch

$$U = \sum \frac{(n_i - n\theta_{oi})^2}{n\theta_{oi}}$$

zu kleinen Werten tendieren. Es ist deshalb naheliegend, U als Prüfgröße zu verwenden und (4.1) abzulehnen, falls U einen zu großen Wert annimmt. Man kann nun zeigen, daß U (für großes n) näherungsweise χ^2-verteilt ist mit $I - 1$ Freiheitsgraden (vgl. HOEL (1984), S. 252 f.). Daher wird (4.1) beim Signifikanzniveau α abgelehnt, falls die Prüfgröße U einen Wert aus dem Ablehnungsbereich

$$K = (\chi^2_{I-1;\,\alpha} \; ; \; \infty)$$

annimmt. Der so festgelegte Test heißt χ^2-*Anpassungstest*.

Wir wollen die Approximation der Verteilung von U durch die χ^2-Verteilung als ausreichend ansehen, falls

$$n\theta_{oi} \geq 5 \quad ; \quad i = 1, 2, ..., I \tag{4.2}$$

erfüllt ist. Ist das nicht der Fall, so kann man versuchen, durch Zusammenlegen geeigneter A_i zu einer gröberen Zerlegung von Ω überzugehen, für die (4.2) erfüllt ist (vgl. Beispiel 4.2). Das zufällige Auswählen von Elementen einer Grundgesamtheit darf auch ohne Zurücklegen erfolgen, wenn dabei für den Auswahlsatz $\frac{n}{N} \leq 0,05$ gilt.

Beispiel 4.1:
Bei 120 Ausspielungen eines Würfels werden folgende Augenzahlen beobachtet:

Augenzahl	1	2	3	4	5	6
Häufigkeit	10	30	10	30	10	30

Kann beim Signifikanzniveau 0,05 behauptet werden, daß der Würfel verfälscht ist?

θ_i *bezeichne die Wahrscheinlichkeit, mit der beim Ausspielen des Würfels die Augenzahl i auftritt. Der Würfel ist als verfälscht nachgewiesen, wenn*

$$H_o : \theta_i = \frac{1}{6} \quad ; \quad i = 1, 2, ..., 6 \tag{4.3}$$

durch die beobachteten Augenzahlen widerlegt wird. Da die Approximationsbedingung

$$n\theta_{oi} = 120 \cdot \frac{1}{6} = 20 > 5 \quad ; \quad i = 1, 2, ..., 6$$

190 4. χ^2 – Tests

erfüllt ist, kann der χ^2-Anpassungstest durchgeführt werden. Demnach ist (4.3) beim Signifikanzniveau 0,05 abzulehnen, wenn der Prüfgrößenwert

$$\sum_{i=1}^{6} \frac{(n_i - 20)^2}{20} = \frac{(10-20)^2}{20} + \frac{(30-20)^2}{20} + \ldots + \frac{(30-20)^2}{20}$$
$$= 6 \cdot \frac{100}{20} = 30$$

in den Ablehnungsbereich

$$K = (\chi^2_{I-1;\,\alpha}\,;\,\infty) = (\chi^2_{5;\,0,05}\,;\,\infty) = (11,070\,;\,\infty)$$

fällt. Das ist der Fall. Beim Signifikanzniveau 0,05 ist also nachgewiesen, daß der Würfel verfälscht ist.

Beispiel 4.2:
Bei der letzten Wahl erzielten die Parteien folgende Stimmanteile:

Partei	Stimmanteile [%]
A	50
B	40
C	9
sonstige	1

Ein Jahr nach der Wahl ermittelt ein Meinungsforschungsinstitut durch Befragung von 400 zufällig ausgewählten Wahlberechtigten folgende Stimmanteile:

Partei	Stimmanteile [%]
A	45
B	40
C	10
sonstige	5

Belegen diese Daten beim Signifikanzniveau 0,05 die Behauptung des Meinungsforschungsinstituts, daß sich die Einstellung der Wahlberechtigten zu den Parteien seit der letzten Wahl verändert habe?

Wir bezeichnen mit $\theta_1, \theta_2, \theta_3$ und θ_4 die Stimmanteile, die die Parteien A, B, C bzw. die sonstigen ein Jahr nach der letzten Wahl erzielen würden. Die Behauptung, die Einstellung zu den Parteien habe sich in dem Jahr nach der Wahl verändert, ist bestätigt, falls das Ergebnis der Meinungsumfrage

$$H_0 : \begin{cases} \theta_1 = 0,50 \\ \theta_2 = 0,40 \\ \theta_3 = 0,09 \\ \theta_4 = 0,01 \end{cases}$$

widerlegt. Da die sonstigen Parteien die Approximationsbedingung

$$n\theta_{oi} \geq 5$$

für die Anwendung des χ^2-Anpassungstests nicht erfüllen ($n\theta_{o4} = 4$), wird man alle kleinen Parteien zusammenfassen. H_0 ist beim Signifikanzniveau 0,05 *jedenfalls dann widerlegt, wenn das Ergebnis der Meinungsumfrage die gröbere Nullhypothese*

$$\tilde{H}_o : \begin{cases} \theta_1 = 0,50 \\ \theta_2 = 0,40 \\ \theta_3 + \theta_4 = 0,10 \end{cases}$$

beim Signifikanzniveau 0,05 widerlegt. Da die Prüfgröße

$$\frac{(180-200)^2}{200} + \frac{(160-160)^2}{160} + \frac{(60-40)^2}{40} = 2 + 0 + 10 = 12$$

in den Ablehnungsbereich

$$K = (\chi^2_{3-1;\,0,05}\,;\,\infty) = (5,991;\infty)$$

fällt, ist die Behauptung des Meinungsforschungsinstituts beim Signifikanzniveau 0,05 durch das Umfrageergebnis abgedeckt.

* *Anmerkung: Mit dem χ^2-Anpassungstest kann auch geprüft werden, ob die Dichtefunktion $f(x)$ einer stetigen Zufallsvariablen X möglicherweise mit der hypothetischen Dichte $f_o(x)$ übereinstimmt. Dazu überdeckt man den Wertebereich von X mit disjunkten Intervallen $A_1, A_2, ..., A_I$. Die Ereignisse*

$$\{X \in A_i\} = \{e : X(e) \in A_i\} \quad i = 1, 2, ..., I$$

bilden eine Zerlegung von Ω. Wir setzen

$$\theta_i = W(X \in A_i) \quad ; \quad i = 1, 2, ..., I \,.$$

θ_{oi} sei die Zahl, die sich für θ_i ergibt, falls $f_o(x)$ die Dichte von X ist. Man wird dann

$$H_o : f(x) = f_o(x)$$

beim Signifikanzniveau α ablehnen, falls die gröbere Nullhypothese

$$\tilde{H}_o : \theta_i = \theta_{oi} \quad ; \quad i = 1, 2, ..., I$$

durch den χ^2-Anpassungstest beim Signifikanzniveau α abgelehnt wird.

Wir haben z.B. bei der Durchführung von Tests häufig vorausgesetzt, daß die betrachteten Zufallsvariablen normalverteilt sind. Angenommen 100 Beobachtungen einer Zufallsvariablen X haben folgende Häufigkeitstabelle ergeben:

Klasse	Häufigkeit
$x < -0,5$	40
$-0,5 \leq x < 0,5$	50
$0,5 \leq x$	10

Kann dann beim Signifikanzniveau 0,01 ausgeschlossen werden, daß X standardnormalverteilt ist?

Die disjunkten Intervalle

$$A_1 = \{x \in \Re : x < -0,5\}$$
$$A_2 = \{x \in \Re : -0,5 \leq x < 0,5\}$$
$$A_3 = \{x \in \Re : 0,5 \leq x\}$$

überdecken den Wertebereich von X. Folglich bilden die Ereignisse $\{X \in A_i\}$; ($i = 1, 2, 3$) eine Zerlegung der Ergebnismenge Ω. Wir setzen

$$\theta_i = W(X \in A_i) \; ; \; i = 1, 2, 3$$

Wenn X standardnormalverteilt ist, gilt

$$W(X < -0,5) = \phi(-0,5) = 0,3085$$
$$W(-0,5 \leq X < 0,5) = \phi(0,5) - \phi(-0,5) = 0,3830$$
$$W(0,5 \leq X) = 1 - \phi(0,5) = 0,3085.$$

Man wird daher

$$H_o : f(x) = \varphi(x)$$

ablehnen, falls die gröbere Hypothese

$$\tilde{H}_o : \begin{cases} \theta_1 = 0,3085 \\ \theta_2 = 0,3830 \\ \theta_3 = 0,3085 \end{cases}$$

aufgrund der Beobachtungen von X abgelehnt wird. Da die Approximationsbedingung für den χ^2-Anpassungstest erfüllt ist, ist das beim Signifikanzniveau 0,01 der Fall, wenn der Prüfgrößenwert

$$\sum_{i=1}^{3} \frac{(n_i - n\theta_{oi})^2}{n\theta_{oi}} = \frac{(40 - 30,85)^2}{30,85} + \frac{(50 - 38,30)^2}{38,30} + \frac{(10 - 30,85)^2}{30,85}$$
$$= 2,7139 + 3,5742 + 14,0915 = 20,3796$$

im Ablehnungsbereich

$$K = (\chi^2_{3-1;\,0,01} \; ; \; \infty) = (9,210 \; ; \; \infty)$$

liegt. Da dies zutrifft, belegen die Werte der obigen Häufigkeitstabelle beim Signifikanzniveau 0,01, daß X nicht standardnormalverteilt ist.

4.2 χ^2-Unabhängigkeitstest

Wir betrachten für die Ergebnismenge Ω eines Zufallsexperiments zwei Zerlegungen $A_1, A_2, ..., A_I$ und $B_1, B_2, ..., B_J$. Wir setzen zur Abkürzung für $i = 1, 2, ..., I$ und $j = 1, 2, ..., J$:

$$\theta_{ij} = W(A_i \cap B_j)$$

und

$$\theta_{i\cdot} = \sum_{j=1}^{J} \theta_{ij}$$

$$\theta_{\cdot j} = \sum_{i=1}^{I} \theta_{ij}$$

Dann gilt

$$\theta_{i\cdot} = W(A_i)$$
$$\theta_{\cdot j} = W(B_j)$$

Es kann interessieren, ob jedes Ereignis der ersten Zerlegung von jedem Ereignis der zweiten Zerlegung unabhängig ist. Dann ist die Nullhypothese

$$W(A_i \cap B_j) = W(A_i) \cdot W(B_j)$$

oder kürzer

$$H_o : \theta_{ij} = \theta_{i\cdot} \cdot \theta_{\cdot j} \quad \text{für alle } i, j \tag{4.4}$$

zu prüfen.

Auf diese Nullhypothese wird man geführt, wenn z.B. die Unabhängigkeit zweier diskreter Zufallsvariablen geprüft werden soll. Sind X und Y diskrete Zufallsvariablen mit den Ausprägungen $x_1, x_2, ..., x_I$ bzw. $y_1, y_2, ..., y_J$, so bilden die Ereignisse

$$A_i = \{X = x_i\} \;\; ; \;\; i = 1, 2, ..., I$$

bzw.

$$B_j = \{Y = y_j\} \;\; ; \;\; j = 1, 2, ..., J$$

Zerlegungen von Ω. Nach W 3.6 sind X und Y genau dann unabhängig, wenn für $i = 1, 2, ..., I$, $j = 1, 2, ..., J$ gilt:

$$W(X = x_i \; ; \; Y = y_j) = W(X = x_i) \cdot W(Y = y_j)$$

d.h. wenn (4.4) richtig ist (vgl. Beispiel 4.3).

Wir betrachten einen weiteren Zusammenhang, in dem man auf die Nullhypothese (4.4) geführt wird. $\mathfrak{X}$ und $\mathfrak{Y}$ seien zwei Merkmale mit den Ausprägungen $x_1, x_2, ..., x_I$ bzw. $y_1, y_2, ..., y_J$. Die folgende Kontingenztabelle enthält die Häufigkeiten N_{ij}, mit der die Ausprägungskombination (x_i, y_j) in einer Grundgesamtheit vertreten ist:

x\y	y_1	...	y_j	...	y_J	$\sum$
x_1	N_{11}	...	N_{1j}	...	N_{1J}	$N_{1.}$
$\vdots$	$\vdots$		$\vdots$		$\vdots$	$\vdots$
x_i	N_{i1}	...	N_{ij}	...	N_{iJ}	$N_{i.}$
$\vdots$	$\vdots$		$\vdots$		$\vdots$	$\vdots$
x_I	N_{I1}	...	N_{Ij}	...	N_{IJ}	$N_{I.}$
$\sum$	$N_{.1}$	...	$N_{.j}$	...	$N_{.J}$	N

$N_{i.}$ ist die Summe der N_{ij} in der i-ten Zeile und $N_{.j}$ ist die Summe der N_{ij} in der j-ten Spalte.

Die Merkmale $\mathfrak{X}$ und $\mathfrak{Y}$ heißen in der betrachteten Grundgesamtheit *unabhängig*, wenn die relativen Häufigkeiten der $\mathfrak{X}$-Ausprägung x_i für alle Teilgesamtheiten mit fester $\mathfrak{Y}$-Ausprägung gleich sind:

$$\frac{N_{i1}}{N_{.1}} = \frac{N_{i2}}{N_{.2}} = \cdots = \frac{N_{iJ}}{N_{.J}} \left(= \frac{N_{i.}}{N} \right) \; ; \; i = 1, 2, ..., I. \qquad (4.5)$$

(Aus Symmetriegründen gilt auch die Aussage, die sich aus (4.5) ergibt, wenn man die Rollen der Merkmale $\mathfrak{X}$ und $\mathfrak{Y}$ vertauscht.)

Die Bedingung (4.5) ist gleichbedeutend mit

$$\frac{N_{ij}}{N} = \frac{N_{i.}}{N} \cdot \frac{N_{.j}}{N} \quad \text{für alle } i, j.$$

$\mathfrak{X}$ und $\mathfrak{Y}$ sind also unabhängig, wenn in der Grundgesamtheit die relative Häufigkeit für die Ausprägungskombination (x_i, y_j) gleich dem Produkt der relativen Häufigkeiten der $\mathfrak{X}$-Ausprägung x_i und der $\mathfrak{Y}$-Ausprägung y_j ist. Da das zufällige Auswählen eines Elements aus der Grundgesamtheit ein symmetrisches Zufallsexperiment ist, ist die Wahrscheinlichkeit θ_{ij}, mit der man dabei die Ausprägungskombination (x_i, y_j) erhält, gleich der relativen Häufigkeit $\frac{N_{ij}}{N}$. Folglich sind die Merkmale $\mathfrak{X}$ und $\mathfrak{Y}$ genau dann unabhängig, wenn die Nullhypothese (4.4) richtig ist. (Vgl. Beispiel 4.4).

Wir wollen nun einen Test beschreiben, mit dem die Nullhypothese (4.4) durch eine Stichprobe vom Umfang n beim Signifikanzniveau α geprüft werden kann. Dazu denken wir uns das zugrundeliegende Zufallsexperiment n-mal unabhängig durchgeführt. n_{ij} sei die Häufigkeit, mit der die Ausprägungskombination (x_i, y_j) beobachtet wird. Wir setzen

$$n_{i.} = \sum_{j=1}^{J} n_{ij} \quad n_{.j} = \sum_{i=1}^{I} n_{ij} \, .$$

Die Häufigkeiten n_{ij}, $n_{i.}$ und $n_{.j}$ sind binomialverteilt mit den Erwartungswerten $n\theta_{ij}$, $n\theta_{i.}$ und $n\theta_{.j}$. Wenn H_o richtig ist, werden folglich die

Zufallsvariablen

$$\left| \frac{n_{ij}}{n} - \frac{n_{i\cdot}}{n} \cdot \frac{n_{\cdot j}}{n} \right| \quad i = 1, 2, ..., I; \ j = 1, 2, ..., J$$

und damit auch

$$U = n \cdot \sum_{i=1}^{I} \sum_{j=1}^{J} \left(\frac{n_{ij}}{n} - \frac{n_{i\cdot}}{n} \cdot \frac{n_{\cdot j}}{n} \right)^2 \Big/ \frac{n_{i\cdot}}{n} \cdot \frac{n_{\cdot j}}{n}$$

$$= \sum_{i} \sum_{j} \left(n_{ij} - \frac{n_{i\cdot} \cdot n_{\cdot j}}{n} \right)^2 \Big/ \frac{n_{i\cdot} \cdot n_{\cdot j}}{n}$$

kleine Werte annehmen. Es ist daher naheliegend, U als Prüfgröße zu verwenden und H_o abzulehnen, falls der Prüfgrößenwert zu groß ausfällt. Da man zeigen kann, daß U (bei großem n) näherungsweise χ^2-verteilt ist mit $(I-1) \cdot (J-1)$ Freiheitsgraden (vgl. HOEL (1984), S. 262), wird man H_o beim Signifikanzniveau α ablehnen, falls der Prüfgrößenwert in den Ablehnungsbereich

$$K = (\chi^2_{(I-1)(J-1);\ \alpha}\ ;\ \infty)$$

fällt. Den so festgelegten Test nennt man χ^2-*Unabhängigkeitstest*.
Wir wollen die Approximation der Prüfgrößenverteilung durch die χ^2-Verteilung als ausreichend ansehen, falls

$$\frac{n_{i\cdot} \cdot n_{\cdot j}}{n} \geq 5 \quad \text{für } i = 1, 2, ..., I; \ j = 1, 2, ..., J$$

erfüllt ist. Beim Auswählen aus Grundgesamtheiten darf auch ohne Zurücklegen gezogen werden, falls $\frac{n}{N} \leq 0,05$ gilt.

Beispiel 4.3:
Es besteht die Vermutung, daß die Zufallsvariablen X und Y abhängig sind. 200 Beobachtungen von (X,Y) ergeben folgende Kontingenztabelle:

$x \backslash y$	y_1	y_2	y_3	
x_1	20	40	60	120
x_2	10	50	20	80
	30	90	80	200

Bestätigen die Stichprobendaten beim Signifikanzniveau 0,01 die Abhängigkeit von X und Y ?
X und Y sind unabhängig, wenn gilt

$$h(x_i, y_j) = f(x_i) \cdot g(y_j) \quad i = 1, 2 \ ; \ j = 1, 2, 3.$$

Es ist also die Nullhypothese (4.4) des χ^2-Unabhängigkeitstests zu prüfen. Die folgende Tabelle enthält die Werte $n_{i\cdot} n_{\cdot j}/n$

$x \backslash y$	y_1	y_2	y_3	
x_1	18	54	48	120
x_2	12	36	32	80
	30	90	80	200

196   4. χ^2 – Tests

Die weiteren Rechenschritte zur Berechnung der Realisation von U sind der folgenden Tabelle zu entnehmen.

n_{ij}	$\frac{n_{i.} \cdot n_{.j}}{n}$	$n_{ij} - \frac{n_{i.} \cdot n_{.j}}{n}$	$(n_{ij} - \frac{n_{i.} \cdot n_{.j}}{n})^2$	$(n_{ij} - \frac{n_{i.} \cdot n_{.j}}{n})^2 / \frac{n_{i.} \cdot n_{.j}}{n}$
20	18	+2	4	0,2222
40	54	−14	196	3,6296
60	48	+12	144	3,0000
10	12	−2	4	0,3333
50	36	+14	196	5,4444
20	32	−12	144	4,5000
$\sum$				17,1295

Da der Prüfgrößenwert 17,1295 im Ablehnungsbereich

$$K = \left(\chi^2_{(2-1)\cdot(3-1);\, 0,01} \,;\, \infty\right) = (9,210 \,;\, \infty)$$

liegt, ist H_o abzulehnen, d.h. X und Y sind als abhängig zu betrachten.

Beispiel 4.4:
Die Abteilung Qualitätssicherung eines Textilunternehmens interessiert sich bei einer Produktionsserie von 10.000 produzierten Stoffrollen für den Zusammenhang von Web- und Farbfehlern. Die Untersuchung 100 zufällig ausgewählter Stoffrollen ergab folgende Kontingenztabelle (Ereignis W: Stoffrolle mit Webfehler; Ereignis F: Stoffrolle mit Farbfehler):

	F	$\overline{F}$	$\sum$
W	9	11	20
$\overline{W}$	31	49	80
$\sum$	40	60	100

Kann man aufgrund dieses Stichprobenergebnisses beim Signifikanzniveau 0,05 den Schluß ziehen, daß in der Gesamtheit der 10.000 Stoffrollen zwischen dem Auftreten von Web- und von Farbfehlern ein Zusammenhang besteht?
Ein Zusammenhang zwischen den beiden Merkmalen ist nachgewiesen, wenn der χ^2-Unabhängigkeitstest die Nullhypothese, die beiden Merkmale seien unabhängig, verwirft. Die folgende Tabelle gibt die Rechenschritte zur Berechnung der Prüfgröße an:

n_{ij}	$\frac{n_{i.} \cdot n_{.j}}{n}$	$n_{ij} - \frac{n_{i.} \cdot n_{.j}}{n}$	$(n_{ij} - \frac{n_{i.} \cdot n_{.j}}{n})^2$	$(n_{ij} - \frac{n_{i.} \cdot n_{.j}}{n})^2 / \frac{n_{i.} \cdot n_{.j}}{n}$
9	8	+1	1	0,1250
11	12	−1	1	0,0833
31	32	−1	1	0,0313
49	48	+1	1	0,0208
$\sum$				0,2604

Da der Prüfgrößenwert 0,2604 nicht in den Ablehnungsbereich

$$K = \left(\chi^2_{(2-1)\cdot(2-1);\, 0,05} \,;\, \infty\right) = (3,841 \,;\, \infty)$$

fällt, kann die Nullhypothese, daß Web- und Farbfehler in der Gesamtheit unabhängig sind, beim Signifikanzniveau 5% nicht abgelehnt werden. Ein Zusammenhang zwischen den beiden Merkmalen ist also mit Hilfe der vorliegenden Stichprobe nicht nachweisbar.

4.3 Übersicht über behandelte χ^2– Tests

1. $A_1, A_2, ..., A_I$ sei eine Zerlegung der Ergebnismenge Ω eines Zufallsexperiments mit $\theta_i = W(A_i)$; $i = 1, 2, ..., I$. Für $i = 1, 2, ..., I$ seien $\theta_{oi} > 0$ mit $\sum \theta_{oi} = 1$ vorgegeben. Das Zufallsexperiment wird n-mal unabhängig durchgeführt. n_i sei die Häufigkeit, mit der dabei das Ereignis A_i eintritt. Ferner sei $n\theta_{oi} \geq 5$, $i = 1, 2, ..., I$.

H_o	Prüfgröße	Ablehnungsbereich
$\theta_i = \theta_{oi},\ i = 1, 2, ..., I$	$\sum \frac{(n_i - n\theta_{oi})^2}{n\theta_{oi}}$	$(\chi^2_{I-1;\,\alpha}\ ;\ \infty)$

2. $A_1, A_2, ..., A_I$ und $B_1, B_2, ..., B_J$ seien zwei Zerlegungen eines Zufallsexperiments mit Ergebnismenge Ω. Für $i = 1, 2, ..., I$ und $j = 1, 2, ..., J$ seien $\theta_{ij} = W(A_i \cap B_j)$ und $\theta_{i\cdot} = \sum_{j=1}^{J} \theta_{ij} = W(A_i)$, $\theta_{\cdot j} = \sum_{i=1}^{I} \theta_{ij} = W(B_j)$. Das Zufallsexperiment wird n-mal unabhängig durchgeführt. n_{ij} sei die Häufigkeit, mit der die Ereigniskombination (A_i, B_j) beobachtet wird, $n_{i\cdot} = \sum_{j=1}^{J} n_{ij}$, $n_{\cdot j} = \sum_{i=1}^{I} n_{ij}$.
Ferner sei $\frac{n_{i\cdot} \cdot n_{\cdot j}}{n} \geq 5$ für $i = 1, 2, ..., I;\ j = 1, 2, ..., J$.

H_o	Prüfgröße	Ablehnungsbereich
$\theta_{ij} = \theta_{i\cdot} \cdot \theta_{\cdot j}$ $i = 1, 2, ..., I$ $j = 1, 2, ..., J$	$\sum_i \sum_j \left(n_{ij} - \frac{n_{i\cdot} \cdot n_{\cdot j}}{n}\right)^2 / \frac{n_{i\cdot} \cdot n_{\cdot j}}{n}$	$(\chi^2_{(I-1)(J-1);\,\alpha}\ ;\ \infty)$

5
*Gütefunktion

5.1 Problemstellung

In Beispiel 1.1 betrachten wir Hypothesen über den Erwartungswert einer $(\mu; 10)$- normalverteilten Zufallsvariablen X. In diesem Fall ist die Verteilung von X durch den Erwartungswert von X eindeutig festgelegt. Sei $\alpha(\mu)$ die Wahrscheinlichkeit, mit der die Nullhypothese abgelehnt wird, wenn für EX der Wert μ gilt. Bei Verwendung der Prüfgröße U und des Ablehnungsbereichs K schreiben wir kurz:

$$\alpha(\mu) = W(U \in K \mid \mu).$$

Die Funktion $\alpha(\mu)$ heißt **Gütefunktion** des Tests.

In Beispiel 1.1 ist X das $(\mu; 10)$-normalverteilte Abfüllgewicht von Zuckerpaketen. Das Eichamt prüft für den Erwartungswert μ die Nullhypothese $\mu \geq 500$ beim Signifikanzniveau 0,1 durch eine Stichprobe vom Umfang 2. Prüfgröße ist das Stichprobenmittel und für den Ablehnungsbereich gilt:

$$K = (0 \;\; ; \;\; 490{,}93).$$

Für die Gütefunktion dieses Tests gilt:

$$\begin{aligned}\alpha(\mu) &= W(\bar{X} < 490{,}93 \mid \mu) = \phi(490{,}93 \mid \mu; 10/\sqrt{2}) \\ &= \phi\left(\tfrac{490{,}93-\mu}{10}\sqrt{2}\right) \quad , \quad \mu \in \Re\,.\end{aligned} \quad (5.1)$$

200   5. *Gütefunktion

In der folgenden Tabelle sind einige Werte der Gütefunktion (5.1) **angegeben**.

μ	$\alpha(\mu)$
470	0,9985
480	0,9389
485	0,7991
490,93	0,5000
495	0,2825
500	0,1000
505	0,0233

Damit ergibt sich für $\alpha(\mu)$ der in Abb. 5.1 dargestellte Verlauf.

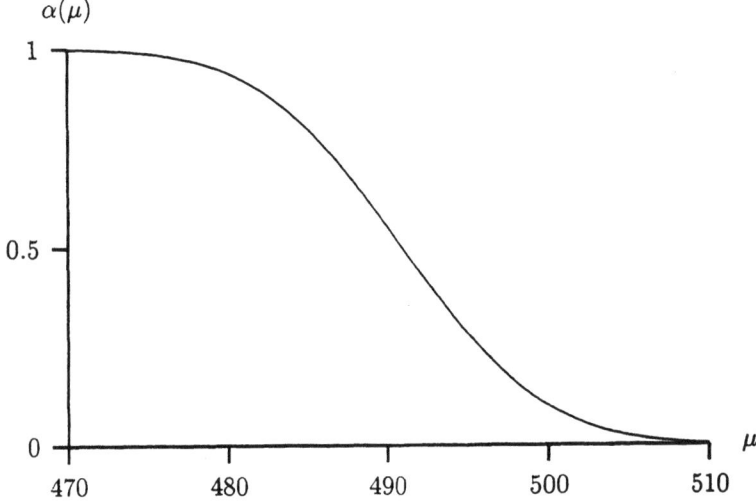

Abb. 5.1

Die Gütefunktion (5.1) hat an der Stelle $\mu = 500$ den Wert des Signifikanzniveaus α, d.h. $\alpha(500) = 0, 1$. Dies ist also die Wahrscheinlichkeit dafür, daß das Eichamt $H_o : \mu \geq 500$ irrtümlich ablehnt und den Hersteller mit einem Bußgeld belegt, obwohl die Maschine im Durchschnitt 500g abfüllt.

An der Stelle $\mu = 505$ hat die Gütefunktion den Wert $\alpha(505) = 0, 0233$. Dies ist die Wahrscheinlichkeit dafür, daß das Eichamt $H_o : \mu \geq 500$ irrtümlich ablehnt und den Hersteller mit Bußgeld belegt, obwohl die Maschine im Durchschnitt sogar 505 g abfüllt.

Im Bereich $\mu \geq 500$, wenn also H_o zutrifft, zeigt der Verlauf der Gütefunktion eine wünschenswerte Eigenschaft des Tests: Je größer der Wert von μ ist, umso kleiner ist die Wahrscheinlichkeit, mit der die Eichbehörde $H_o : \mu \geq 500$ zu Unrecht ablehnt. Das gewählte Signifikanzniveau des Tests ist die Obergrenze für diese Irrtumswahrscheinlichkeit.

5.1 Problemstellung

Nun betrachten wir die Gütefunktion im Bereich $\mu < 500$, in dem die Maschine nicht korrekt abfüllt. Beispielsweise hat die Gütefunktion $\alpha(\mu)$ an der Stelle $\mu = 485$ den Wert $\alpha(485) = 0,7991$. Mit dieser Wahrscheinlichkeit lehnt das Eichamt $H_o : \mu \geq 500$ richtigerweise ab und belegt den Hersteller mit Bußgeld. Das bedeutet aber auch: Wenn die Maschine durchschnittlich 485g abfüllt, ist die Wahrscheinlichkeit dafür, daß das Eichamt die Nullhypothese nicht ablehnt, den Abfüllvorgang also nicht beanstandet, gleich $1- \alpha(485) = 1 - 0,7991 = 0,2009$. Der Verlauf der Gütefunktion im Bereich $\mu < 500$ zeigt eine andere sinnvolle Eigenschaft unseres Tests: Je kleiner μ (d.h. je größer der wirtschaftliche Schaden für den Käufer), um so größer ist die Wahrscheinlichkeit, mit der das Eichamt den Abfüllprozeß (zu Recht) beanstandet.

Ein "idealer" Test der Nullhypothese $\mu \geq 500$ würde H_o immer ablehnen, wenn $\mu < 500$ ist und H_o nie ablehnen, wenn $\mu \geq 500$ gilt. Die Gütefunktion dieses Tests ist in Abb. 5.2 dargestellt.

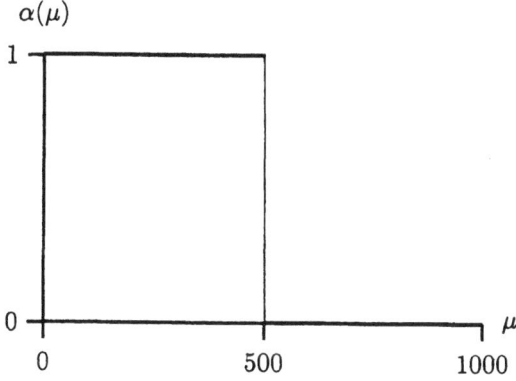

Abb. 5.2

Der Abstand der tatsächlichen Gütefunktion von dieser "idealen" Gütefunktion ist dort, wo H_o richtig ist, die Wahrscheinlichkeit für einen Fehler 1. Art und dort, wo H_o falsch ist, die Wahrscheinlichkeit für einen Fehler 2. Art. Beide sollten natürlich möglichst klein sein. Da eine Stichprobe nur unvollständig über den tatsächlichen Wert μ informiert, kann die Gütefunktion eines Tests auf Stichprobenbasis die Idealwerte 0 bzw. 1 nicht erreichen; insbesondere kann sie dort, wo der Zustand "H_o trifft zu" in den Zustand "H_o trifft nicht zu" übergeht (im Beispiel $\mu = 500$), nicht von 0 auf 1 springen. Man kann aber versuchen, die Testkomponenten (Signifikanzniveau, Stichprobenumfang, Prüfgröße, Ablehnungsbereich) so zu wählen, daß die Gütefunktion des durchzuführenden Tests der des "idealen" Tests in gewünschter Weise nahe kommt. Wir wollen deshalb in den folgenden Abschnitten untersuchen, wie die Testkomponenten den Verlauf der Gütefunktion beeinflussen. Wir werden uns dabei auf die Abhängigkeit der Gütefunktion von Signifikanzniveau, Stichprobenumfang und Prüfgröße beschränken, da sich in unserem einfachen Beispiel aus der Wahl der Prüfgröße die sinnvolle Wahl des Ablehnungsbereichs von selbst ergibt.

5.2 Wahl des Signifikanzniveaus

In Abb. 5.1 ist für eine $(\mu; 10)$-normalverteilte Zufallsvariable X der Verlauf der Gütefunktion für den Test von $H_o : \mu \geq 500$ beim Signifikanzniveau 0,1 durch eine Stichprobe vom Umfang 2 dargestellt. Wir wollen fragen wie sich der Verlauf der Gütefunktion ändert, wenn das Signifikanzniveau auf 0,2 erhöht wird.

Für die Grenze c des Ablehnungsbereichs gilt dann gemäß (1.1)

$$0,2 = \phi\left(c \mid 500\ ;\ \frac{10}{\sqrt{2}}\right) = \phi\left(\frac{c-500}{10}\sqrt{2}\right)$$

und daher

$$c = 494,05.$$

Beim Signifikanzniveau 0,2 und dem Stichprobenumfang 2 wird $H_o : \mu \geq 500$ also abgelehnt, wenn das Stichprobenmittel kleiner als 494,05 ausfällt. Für die Gütefunktion $\alpha_1(\mu)$ dieses Tests gilt

$$\alpha_1(\mu) = \phi\left(494,05 \mid \mu\ ;\ \frac{10}{\sqrt{2}}\right) = \phi\left(\frac{494,05-\mu}{10}\sqrt{2}\right)$$

In der folgenden Tabelle sind die Werte dieser Gütefunktion für einige Werte von μ angegeben.

μ	$\alpha_1(\mu)$
480	0,9765
485	0,8997
490	0,7167
494,05	0,5000
500	0,2000
505	0,0607

Abb. 5.3 zeigt den Verlauf der Gütefunktionen $\alpha(\mu)$ und $\alpha_1(\mu)$.

$\alpha_1(\mu)$ verläuft überall oberhalb von $\alpha(\mu)$. Daß die Nullhypothese falsch ist, wird beim Signifikanzniveau 0,2 mit größerer Wahrscheinlichkeit erkannt als beim Signifikanzniveau 0,1. Andererseits ist aber auch die Wahrscheinlichkeit, H_o abzulehnen, obwohl H_o richtig ist, beim Signifikanzniveau 0,2 größer als beim Signifikanzniveau 0,1. Die kleinere Wahrscheinlichkeit eines Fehlers 2. Art wird also mit einer größeren Wahrscheinlichkeit eines Fehlers 1. Art erkauft.

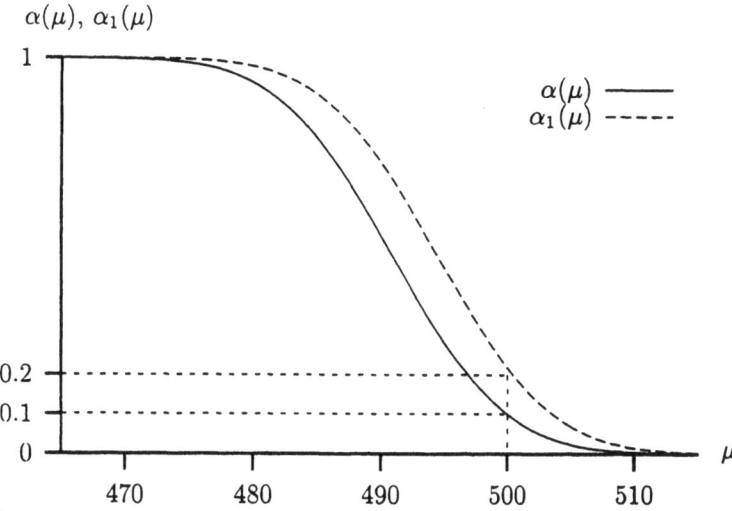
Abb. 5.3

5.3 Wahl des Stichprobenumfangs

Wir testen nun $H_o : \mu \geq 500$ beim Signifikanzniveau $0,1$, erhöhen aber den Stichprobenumfang von 2 auf 4. Für die Grenze c des Ablehnungsbereichs gilt dann nach (1.1)

$$0,1 = \phi\left(c \mid 500 ; \frac{10}{\sqrt{4}}\right) = \phi\left(\frac{c-500}{5}\right)$$

und demnach
$$c = 493,59 \ .$$

Für die Gütefunktion $\alpha_2(\mu)$ dieses Tests erhält man

$$\alpha_2(\mu) = W(\bar{X} < 493,59 \mid \mu) = \phi\left(\frac{493,59 - \mu}{5}\right)$$

Die folgende Tabelle enthält einige Werte dieser Gütefunktion.

μ	$\alpha_2(\mu)$
485	0,9571
490	0,7636
493,59	0,5000
495	0,3890
500	0,1000
505	0,0112

In Abb. 5.4 ist der Verlauf der Gütefunktionen $\alpha(\mu)$ und $\alpha_2(\mu)$ dargestellt.

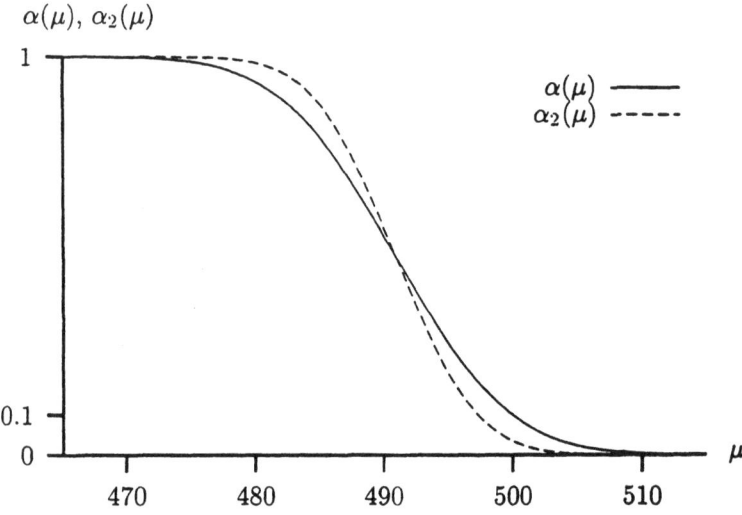

Abb. 5.4

Man entnimmt Abb. 5.4, daß $\alpha_2(\mu)$ dort, wo H_o richtig ist, kleinere Werte und dort, wo H_o falsch ist, größere Werte annimmt als $\alpha(\mu)$. Durch Vergrößerung des Stichprobenumfangs sinken also die Wahrscheinlichkeiten für die Fehler 1. und 2. Art. Der Test mit dem größeren Stichprobenumfang ist einschränkungslos besser als der Test zum kleineren Stichprobenumfang.

5.4 Wahl der Prüfgröße

Wir wollen wie in 5.1 für eine $(\mu; 10)$-normalverteilte Zufallsvariable X die Nullhypothese $\mu \geq 500$ beim Signifikanzniveau 0,1 durch eine Stichprobe vom Umfang 2 überprüfen. Man wird vermuten, daß die Güte eines Tests auch davon abhängt, wie die in der Stichprobe enthaltene Information ausgewertet wird. Bei den bisher betrachteten Tests war stets das Stichprobenmittel die Prüfgröße. Es ist sicher auch naheliegend, H_o z.B. dann abzulehnen, wenn die Werte aller Stichprobenvariablen klein sind im Vergleich zum Mindestwert 500. Dann ist H_o also abzulehnen, falls der größte Stichprobenwert unterhalb einer geeignet zu wählenden Schranke d liegt:

$$U = \max(X_1, X_2) < d.$$

Wegen der Unabhängigkeit der Stichprobenvariablen X_1 und X_2 gilt für die Verteilungsfunktion dieser Prüfgröße

$$\begin{aligned} W(U \leq x) &= W[\max(X_1, X_2) \leq x] \\ &= W(X_1 \leq x, X_2 \leq x) \\ &= W(X_1 \leq x) \cdot W(X_2 \leq x). \end{aligned}$$

Hat die zugrundeliegende Normalverteilung den Erwartungswert μ, so folgt

$$W(U \leq x \mid \mu) = \phi(x \mid \mu\;;\;10) \cdot \phi(x \mid \mu\;;\;10)$$
$$= \left[\phi\left(\frac{x-\mu}{10}\right)\right]^2$$

Kleine Werte sind für die Prüfgröße bei Gültigkeit von H_o am wahrscheinlichsten, falls $\mu = 500$. Demnach hat der Test das Signifikanzniveau 0,1, wenn für d gilt:

$$0,1 = W(U \leq d \mid 500) = \left[\phi\left(\frac{d-500}{10}\right)\right]^2$$

d.h.
$$\phi\left(\frac{d-500}{10}\right) = \sqrt{0,1} = 0,3162$$

d.h.
$$d = 495,22\;.$$

$H_o : \mu \geq 500$ ist also abzulehnen, falls beide Stichprobenvariablen kleiner als 495,22 ausfallen.

Für die Gütefunktion $\alpha_3(\mu)$ dieses Tests gilt

$$\alpha_3(\mu) = W(U < 495,22 \mid \mu) = \left[\phi\left(\frac{495,22-\mu}{10}\right)\right]^2$$

Die folgende Tabelle enthält einige Werte von $\alpha_3(\mu)$.

μ	$\alpha_3(\mu)$
480	0,8761
485	0,7174
490	0,4889
495,22	0,2500
500	0,1000
505	0,0269

In Abb. 5.5 sind die Gütefunktionen $\alpha(\mu)$ und $\alpha_3(\mu)$ dargestellt.

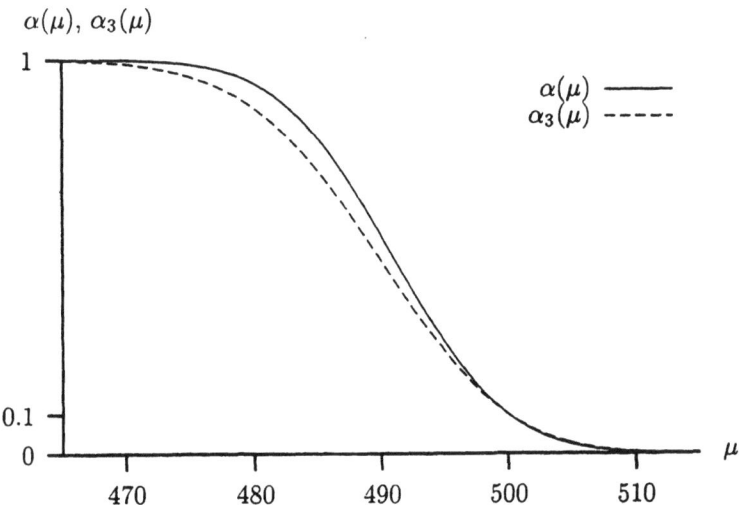

Abb. 5.5

Abb. 5.5 zeigt, daß die Wahrscheinlichkeit sowohl für den Fehler 1. Art als auch für den Fehler 2. Art bei dem Test mit der Prüfgröße $\bar{X}$ kleiner ist als bei dem Test mit der Prüfgröße max (X_1, X_2). Der Test mit der Prüfgröße $\bar{X}$ ist also besser als der mit der Prüfgröße max (X_1, X_2). An diesem Ergebnis würde sich auch dann nichts ändern, wenn max (X_1, X_2) durch irgendeine andere Prüfgröße ersetzt würde. Man kann nämlich zeigen, daß es für den Erwartungswert μ einer normalverteilten Zufallsvariablen keinen besseren Test von $H_o : \mu \geq \mu_o$ gibt als den mit der Prüfgröße $\bar{X}$. Diese Aussage gilt für beliebigen festen Stichprobenumfang (vgl. HOEL (1984), S. 235f.).

5.5 Gütefunktion für Tests über Wahrscheinlichkeiten

In 3.1 wurden Hypothesen über eine unbekannte Wahrscheinlichkeit θ bei großem Stichprobenumfang geprüft. Dabei wurde der Stichprobenanteil P als Prüfgröße verwendet. Nach dem Zentralen Grenzwertsatz ist P für $n \geq 50$ näherungsweise

$$\left(\theta \, ; \, \sqrt{\theta(1-\theta)/n}\right)\text{-normalverteilt.}$$

Die Verteilung von P ist also durch die unbekannte Wahrscheinlichkeit θ vollständig bestimmt. Daher ist auch die Gütefunktion von Tests über Wahrscheinlichkeiten allein eine Funktion von θ. Wir wollen nun für die in 3.1 betrachteten Tests die Gütefunktionen ableiten.

5.5 Gütefunktion für Tests über Wahrscheinlichkeiten

Nehmen wir an, die Nullhypothese

$$H_o : \theta \leq 0,2$$

solle durch eine Stichprobe vom Umfang 100 beim Signifikanzniveau 0,05 geprüft werden. Nach 3.1 lehnen wir H_o ab, wenn gilt

$$\frac{P - 0,2}{\sqrt{0,2 \cdot 0,8}} \sqrt{100} > z_{o,o5} = 1,645.$$

Das ist gleichbedeutend mit

$$P > 0,2658 \,.$$

Dann ist bei beliebigem Wert von θ die Ablehnungswahrscheinlichkeit für H_o gleich dem Inhalt der Fläche unter $\varphi\left(x \mid \theta \,;\, \sqrt{\theta(1-\theta)/n}\right)$, die rechts von 0,2658 liegt (vgl. Abb. 5.6), d.h. es gilt

$$\alpha(\theta) = 1 - \phi\left(0,2658 \mid \theta \,;\, \sqrt{\theta(1-\theta)/n}\right) \,.$$

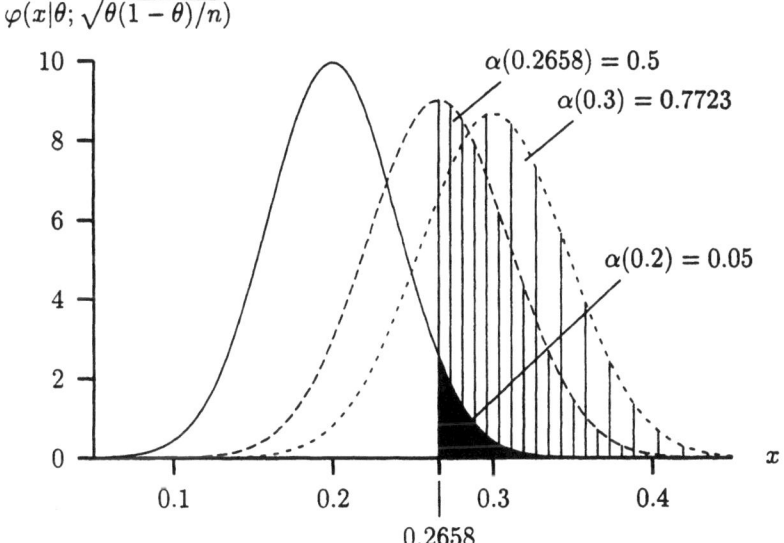

Abb. 5.6

Wie Abb. 5.6 zeigt, wird die Fläche unter der Dichtefunktion, die über dem Ablehnungsbereich liegt, um so größer, je näher θ bei 1 liegt.[1] Die Werte

---

[1] Dies gilt, obwohl die Dichtefunktion $\varphi\left(x \mid \theta \,;\, \sqrt{\theta(1-\theta)/n}\right)$ um so flacher verläuft, je weniger sich θ von $0,5$ unterscheidet. Denn bei festem n nimmt die Varianz $\theta(1-\theta)/n$ ihren größten Wert für $\theta = 0,5$ an (vgl. W 4.1).

208   5. *Gütefunktion

der Gütefunktion wachsen also monoton. Es ist $\alpha(0) = 0$ und $\alpha(1) = 1$. Weiter gilt
$$\alpha(0,2) = 0,05$$
$$\alpha(0,2658) = 0,5.$$

Für $\theta = 0,2$ ist also die Ablehnungswahrscheinlichkeit für H_o gleich dem Signifikanzniveau, was den Überlegungen bei der Konstruktion des Ablehnungsbereichs entspricht. Dagegen liegt für $\theta = 0,2658$ genau die Hälfte der Fläche unter der Dichtefunktion über dem Ablehnungsbereich. Die Wahrscheinlichkeit, daß P in den Ablehnungsbereich fällt, ist dann 0,5. Damit hat die Gütefunktion unseres Tests etwa folgenden Verlauf (vgl. Abb. 5.7).

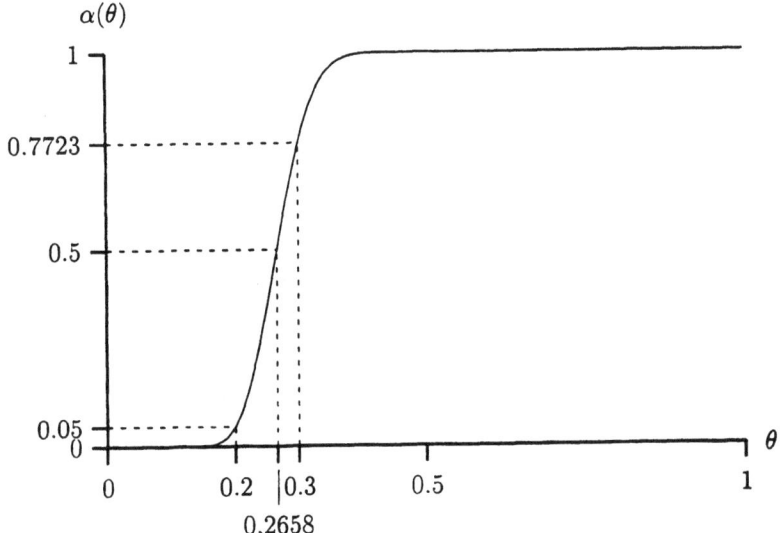

Abb. 5.7

Allgemein ergibt sich für die in 3.1 behandelten Tests:

Bei Stichprobenumfang $n \geq 50$ und Signifikanzniveau α lautet die Gütefunktion $\alpha(\theta)$ des Tests von

$H_o : \theta \leq \theta_o$

$$\alpha(\theta) = 1 - \phi\left(\theta_o + z_\alpha \sqrt{\frac{\theta_o(1-\theta_o)}{n}} \mid \theta \; ; \; \sqrt{\frac{\theta(1-\theta)}{n}}\right)$$

$$= 1 - \phi\left(\frac{\theta_o + z_\alpha \sqrt{\frac{\theta_o(1-\theta_o)}{n}} - \theta}{\sqrt{\frac{\theta(1-\theta)}{n}}}\right) \; ; \; 0 < \theta < 1$$

$$\alpha(0) = 0, \quad \alpha(1) = 1.$$

$H_o : \theta \geq \theta_o$

$$\alpha(\theta) = \phi\left(\theta_o - z_\alpha \sqrt{\frac{\theta_o(1-\theta_o)}{n}} \mid \theta; \sqrt{\frac{\theta(1-\theta)}{n}}\right)$$

$$= \phi\left(\frac{\theta_o - z_\alpha \sqrt{\frac{\theta_o(1-\theta_o)}{n}} - \theta}{\sqrt{\frac{\theta(1-\theta)}{n}}}\right) ; \quad 0 < \theta < 1$$

$$\alpha(0) = 1, \quad \alpha(1) = 0.$$

$H_o : \theta = \theta_o$

$$\alpha(\theta) = \phi\left(\theta_o - z_{\alpha/2} \sqrt{\frac{\theta_o(1-\theta_o)}{n}} \mid \theta; \sqrt{\frac{\theta(1-\theta)}{n}}\right) + 1$$

$$- \phi\left(\theta_o + z_{\alpha/2} \sqrt{\frac{\theta_o(1-\theta_o)}{n}} \mid \theta; \sqrt{\frac{\theta(1-\theta)}{n}}\right)$$

$$= \phi\left(\frac{\theta_o - z_{\alpha/2}\sqrt{\frac{\theta_o(1-\theta_o)}{n}} - \theta}{\sqrt{\frac{\theta(1-\theta)}{n}}}\right) + 1$$

$$- \phi\left(\frac{\theta_o + z_{\alpha/2}\sqrt{\frac{\theta_o(1-\theta_o)}{n}} - \theta}{\sqrt{\frac{\theta(1-\theta)}{n}}}\right) ;$$

$$0 < \theta < 1.$$

$$\alpha(0) = \alpha(1) = 1.$$

5.6 Allgemeine Definition der Gütefunktion

Wir haben oben Gütefunktionen für einige sehr spezielle Tests betrachtet. Es stellt sich die Frage, wie Gütefunktionen für beliebige Tests zu definieren sind.

Nach 1.1 sind statistische Hypothesen Annahmen über die Verteilung von Zufallsvariablen. Statistische Tests sind Verfahren, die es ermöglichen, solche Hypothesen bei vorgegebener Irrtumswahrscheinlichkeit auf Stichprobenbasis zu überprüfen. Formal läßt sich das so formulieren: Es ist bekannt, daß die Verteilung F einer Zufallsvariablen X zur Klasse $\mathfrak{F}$ gehört. Zu prüfen ist die Nullhypothese:

F gehört sogar zu der kleineren Klasse $\mathfrak{F}_o \subset \mathfrak{F}$.

Im Beispiel 1.1 war vom Abfüllgewicht X der Zuckerpakete bekannt, daß die Verteilungsfunktion F von X zur Klasse

$$\mathfrak{F} = \{\phi(x \mid \mu\,;\,10)\,;\,\mu > 0\}$$

gehört. Es wurde die Nullhypothese

$$F \in \mathfrak{F}_o = \{\phi(x \mid \mu\,;\,10)\,;\,\mu \geq 500\}$$

geprüft. Beim χ^2-Unabhängigkeitstest (vgl. 4.2) wird die Unabhängigkeit zweier Zufallsvariablen überprüft. In diesem Falle besteht $\mathfrak{F}$ aus der Menge aller gemeinsamen Verteilungsfunktionen zweier Zufallsvariablen und $\mathfrak{F}_o$ aus den gemeinsamen Verteilungsfunktionen, die Produkte zweier Verteilungsfunktionen sind.

Nun soll die Nullhypothese, die Verteilungsfunktion von X liege in $\mathfrak{F}_o$, aufgrund einer Stichprobe $(X_1, X_2, ..., X_n)$ mit Hilfe der Prüfgröße $U = u(X_1, X_2, ..., X_n)$ und des Ablehnungsbereichs $K \subset \mathfrak{R}$ geprüft werden. Man nennt dann

$$\alpha(F) = W(U \in K \mid F) \quad \text{für} \quad F \in \mathfrak{F}$$

Gütefunktion dieses Tests. $\alpha(F)$ ist die Wahrscheinlichkeit, mit der die Nullhypothese bei Vorliegen der Verteilungsfunktion F abgelehnt wird. Bei der Konstruktion eines Tests wird man daher darauf achten, daß Prüfgröße und Ablehnungsbereich so gewählt werden, daß die Wahrscheinlichkeiten

$$\alpha(F),\ F \in \mathfrak{F}_o$$

möglichst klein und die Wahrscheinlichkeiten

$$\alpha(F),\ F \notin \mathfrak{F}_o$$

möglichst groß sind.

Anstelle der Gütefunktion betrachtet man häufig auch die Funktion

$$\beta(F) = 1 - \alpha(F)$$

die angibt, mit welcher Wahrscheinlichkeit die Nullhypothese nicht abgelehnt wird. $\beta(F)$ heißt *Operationscharakteristik* oder kurz *OC-Kurve*.

Zeichnen lassen sich Gütefunktion und OC-Kurve nur, wenn die Verteilungsfunktionen der Menge $\mathfrak{F}$ durch Parameter beschrieben werden können. In diesem Falle kann wie in 5.1 - 5.5 das Argument der Gütefunktion durch die Parameterwerte ersetzt werden.

6
Aufgaben

Aufgabe 1:
Man weiß aus Erfahrung, daß die Dicke der von einer bestimmten Maschine gefertigten Plättchen normalverteilt ist. Um Hypothesen über die mittlere Dicke μ der Plättchen zu prüfen, werden 10 Plättchen gefertigt; man mißt ihre Dicke und erhält (in mm)

3,18; 3,01; 3,16; 3,00; 3,23; 3,08; 2,95; 3,11; 3,21; 3,07.

Kann aufgrund dieser Beobachtungen geschlossen werden, daß für die mittlere Dicke μ der Plättchen
a) $\mu \neq 3,03$
b) $\mu < 3,175$
c) $\mu > 3,0$
gilt? Legen Sie ein Signifikanzniveau von 5% (1%) zugrunde.

Lösung:
Für das arithmetische Mittel und die Varianz der 10 Messungen hatten wir gemäß S 4, Aufgabe 2 folgende Werte erhalten

$$\bar{x} = 3,1; \quad s^2 = 0,009.$$

Nach Voraussetzung ist die Dicke der Plättchen normalverteilt mit Erwartungswert μ. Folglich ist

$$\frac{\bar{X} - \mu_o}{S}\sqrt{n}$$

für $\mu = \mu_o$ STUDENT-t-verteilt.

a) Die Hypothese
$$H_o : \mu = 3,03$$
ist beim Signifikanzniveau α widerlegt, wenn der Wert der Prüfgröße
$$\frac{3,1-3,03}{\sqrt{0,009}}\sqrt{10} = 2,\overline{3}$$
in den Ablehnungsbereich
$$K_\alpha = (-\infty;\ -t_{9;\alpha/2}) \cup (t_{9;\alpha/2};\ \infty)$$
fällt. Es gilt
$$K_{0,05} = (-\infty;\ -2,262) \cup (2,262;\ \infty)$$
$$K_{0,01} = (-\infty;\ -3,250) \cup (3,250;\ \infty)\ .$$

Die Prüfgröße fällt also für $\alpha = 0,05$ in den Ablehnungsbereich, nicht aber für $\alpha = 0,01$. Es kann also behauptet werden, es gelte $\mu \neq 3,03$, wenn ein Signifikanzniveau von 5% zugrundegelegt wird. Bei einem Signifikanzniveau von 1% ist das nicht möglich.

b) Man entscheidet sich für die Hypothese $\mu < 3,175$, wenn die Nullhypothese
$$H_o : \mu \geq 3,175$$
abgelehnt wird. Das ist beim Signifikanzniveau α der Fall, wenn der Wert der Prüfgröße
$$\frac{3,1-3,175}{\sqrt{0,009}}\sqrt{10} = -2,5$$
in den Ablehnungsbereich
$$K_\alpha = (-\infty;\ -t_{9;\alpha})$$
fällt. Es gilt
$$K_{0,05} = (-\infty;\ -1,833)\ \text{und}\ K_{0,01} = (-\infty;\ -2,821)\ .$$

Folglich wird H_o beim Signifikanzniveau 5% abgelehnt, nicht aber beim Signifikanzniveau 1%. Mit einer Irrtumswahrscheinlichkeit von 5% kann also behauptet werden, es gelte $\mu < 3,175$. Mit 1% Irrtumswahrscheinlichkeit ist das nicht möglich.

c) Die Hypothese $\mu > 3,0$ ist bestätigt, wenn die Nullhypothese
$$H_o : \mu \leq 3,0$$
abgelehnt wird. Das ist beim Signifikanzniveau α der Fall, wenn der Wert der Prüfgröße
$$\frac{3,1-3,0}{\sqrt{0,009}}\sqrt{10} = 3,\overline{3}$$

in den Ablehnungsbereich
$$K_\alpha = (t_{9;\alpha}; \infty)$$
fällt. Es gilt
$$K_{0,05} = (1,833; \infty) \text{ und } K_{0,01} = (2,821; \infty).$$

Also fällt die Prüfgröße in beide Ablehnungsbereiche, die Nullhypothese wird in beiden Fällen abgelehnt. Folglich kann sowohl beim Signifikanzniveau 5% als auch beim Signifikanzniveau 1% behauptet werden, es gelte $\mu > 3,0$.

Aufgabe 2:
Von einem Würfel vermutet man, daß
a) die mittlere Augenzahl nicht gleich 3,5 ist.
b) die Wahrscheinlichkeit für das Auftreten einer Sechs größer als 1/6 ist.
c) der Würfel verfälscht ist, d.h. daß mindestens zwei der Augenzahlen Eins bis Sechs nicht mit Wahrscheinlichkeit 1/6 auftreten.

Man spielt den Würfel 120mal aus und erhält folgende Häufigkeitstabelle:

Augenzahl	1	2	3	4	5	6
Häufigkeit	15	20	20	10	30	25

Welche der obigen Vermutungen kann durch einen geeigneten Test zum Signifikanzniveau 5% bestätigt werden?

Lösung:
a) Die Vermutung $\mu \neq 3,5$ gilt als bestätigt, wenn $H_o : \mu = 3,5$ beim vorgegebenen Signifikanzniveau verworfen wird. Für die beobachteten Daten berechnen wir zunächst das Stichprobenmittel und die Stichprobenvarianz.

x_i	n_i	$x_i n_i$	$x_i^2 \cdot n_i$
1	15	15	15
2	20	40	80
3	20	60	180
4	10	40	160
5	30	150	750
6	25	150	900
	120	455	2085

Es ergibt sich
$$\bar{x} = \frac{1}{n}\sum x_i n_i = \frac{1}{120} \cdot 455 = 3,7917$$
$$s^2 = \frac{1}{n-1}\sum (x_i - \bar{x})^2 n_i = \frac{1}{n-1}\left[\sum x_i^2 n_i - n\bar{x}^2\right] =$$
$$= \frac{1}{119}\left[2085 - 120 \cdot (3,7917)^2\right] = 3,0232$$

also $s = 1,7387$.

Da die Prüfgröße

$$\frac{\bar{x} - \mu_o}{s}\sqrt{n} = \frac{3,7917 - 3,5}{1,7387}\sqrt{120} = 1,8378$$

nicht in den Ablehnungsbereich

$$K = (-\infty\,;\, -z_{0,025}) \cup (z_{0,025}\,;\, \infty) = (-\infty\,;\, -1,96) \cup (1,96\,;\, \infty)$$

fällt, wird $H_o : \mu = 3,5$ nicht abgelehnt. Die Vermutung, μ sei ungleich 3,5, kann also nicht bestätigt werden.

b) Bezeichne θ die Wahrscheinlichkeit, mit der die Augenzahl 6 auftritt. Die Vermutung $\theta > 1/6$ gilt als bestätigt, wenn $H_o : \theta \leq 1/6$ beim vorgegebenen Signifikanzniveau abgelehnt wird. Da die Prüfgröße

$$\frac{p - \theta_o}{\sqrt{\theta_o(1-\theta_o)}}\sqrt{n} = \frac{\frac{25}{120} - \frac{1}{6}}{\sqrt{1/6 \cdot 5/6}}\sqrt{120} = 1,225$$

nicht in den Ablehnungsbereich

$$K = (z_\alpha\,;\, \infty) = (1,645\,;\, \infty)$$

fällt, kann H_o nicht abgelehnt werden. Die Vermutung, θ sei kleiner als 1/6, kann also nicht bestätigt werden.

c) Die Vermutung, daß der Würfel verfälscht ist, gilt als bestätigt, wenn beim vorgegebenen Signifikanzniveau die Nullhypothese

$$H_o : \begin{cases} \theta_1 = 1/6 \\ \theta_2 = 1/6 \\ \vdots \\ \theta_6 = 1/6 \end{cases}$$

des χ^2-Anpassungstests verworfen wird.
Mit der Arbeitstabelle

i	n_i	$n\theta_{oi}$	$(n_i - n\theta_{oi})^2/n\theta_{oi}$
1	15	20	1,25
2	20	20	0
3	20	20	0
4	10	20	5
5	30	20	5
6	25	20	1,25
	120		12,5

erhalten wir für die Prüfgröße den Wert 12,5. Da dieser Wert im Ablehnungsbereich

$$K = (\chi^2_{5;0,05}\,;\, \infty) = (11,070\,;\, \infty)$$

liegt, wird H_o abgelehnt. Damit gilt der Würfel als verfälscht.

Aufgabe 3:
Es wird vermutet, daß Autoreifen der Marken 1 und 2 sich im Hinblick auf die erwarteten Lebensdauern unterscheiden. 140 zufällig ausgewählte Reifen der Marke 1 weisen eine mittlere Lebensdauer von 40 100 km bei einer Standardabweichung von 4 200 km auf. Für 310 Reifen der Marke 2 wird eine mittlere Lebensdauer von 41 200 km bei einer Standardabweichung von 6 200 km festgestellt.
Bestätigt dieses Ergebnis die ursprüngliche Vermutung? (Signifikanzniveau 5%).

Lösung:
Wir bezeichnen die erwartete Lebensdauer der Reifen der beiden Marken 1 und 2 mit μ_1 und μ_2. Die Vermutung $\mu_1 \neq \mu_2$ ist bestätigt, wenn die Nullhypothese

$$H_o : \mu_1 = \mu_2$$

abgelehnt werden kann. Das ist beim Signifikanzniveau 5% der Fall, da

$$\frac{\bar{x}_1 - \bar{x}_2}{\sqrt{\frac{s_1^2}{n_1} + \frac{s_2^2}{n_2}}} = \frac{40\,100 - 41\,200}{\sqrt{\frac{4\,200^2}{140} + \frac{6\,200^2}{310}}}$$

$$= \frac{-1100}{\sqrt{126\,000 + 124\,000}} = -2,2$$

im Ablehnungsbereich

$$K = (-\infty\,;\, -z_{0,025}) \cup (z_{0,025}\,;\, \infty) = (-\infty\,;\, -1,96) \cup (1,96\,;\, \infty)$$

liegt. Beim Signifikanzniveau von 5% kann also behauptet werden, daß die Reifen der Marken 1 und 2 sich im Hinblick auf die erwarteten Lebensdauern unterscheiden.

Aufgabe 4:
Es wird vermutet, daß das Wahlergebnis für einen bestimmten Kandidaten im Wahlbezirk 1 besser ausfällt als im Wahlbezirk 2.
Wird diese Vermutung durch eine Meinungsumfrage bestätigt, bei der sich 44% im Wahlbezirk 1 und 36% im Wahlbezirk 2 für den betreffenden Kandidaten aussprechen? Gehen Sie dabei davon aus, daß
a) 50 bzw. 60
b) 200 bzw. 240
Personen befragt wurden. Wählen Sie das Signifikanzniveau 10%.

Lösung:
Wir bezeichnen mit θ_1 bzw. θ_2 den Anteil der Anhänger des interessierenden Kandidaten im Wahlbezirk 1 bzw. 2. Die Vermutung $\theta_1 > \theta_2$ ist bestätigt, wenn die Nullhypothese

$$H_o : \theta_1 \leq \theta_2$$

abgelehnt werden kann. Das ist beim Signifikanzniveau 10% der Fall, wenn die Prüfgröße

$$\frac{P_1 - P_2}{\sqrt{\frac{P_1(1-P_1)}{n_1} + \frac{P_2(1-P_2)}{n_2}}}$$

in den Ablehnungsbereich

$$K = (z_{0,1}; \infty) = (1,282; \infty)$$

fällt.

a) *Als Realisation der Prüfgröße ergibt sich mit den angegebenen Werten*

$$\frac{0,44 - 0,36}{\sqrt{\frac{0,44 \cdot 0,56}{50} + \frac{0,36 \cdot 0,64}{60}}} = 0,854.$$

Da sie nicht im Ablehnungsbereich liegt, kann beim Signifikanzniveau 10% nicht gefolgert werden, daß das Abstimmungsergebnis für den Kandidaten im Wahlbezirk 1 besser sein wird als im Wahlbezirk 2.

b) *Mit den größeren Stichprobenumfängen ergibt sich für die Prüfgröße der Wert*

$$\frac{0,44 - 0,36}{\sqrt{\frac{0,44 \cdot 0,56}{200} + \frac{0,36 \cdot 0,64}{240}}} = 1,708.$$

Da er in den Ablehnungsbereich fällt, ist die Nullhypothese widerlegt. Bei einem Signifikanzniveau von 10% kann gefolgert werden, daß das Wahlergebnis im Wahlbezirk 1 besser ausfällt als im Wahlbezirk 2.

Aufgabe 5:
In einer Firma ist man daran interessiert zu wissen, ob die Wahrscheinlichkeit für einen Arbeitsunfall für alle Arbeitstage gleich hoch ist. Man ermittelt (im Laufe von mehreren Monaten) folgende Verteilung der Unfälle nach Arbeitstagen.

Arbeitstag	Montag	Dienstag	Mittwoch	Donnerstag	Freitag
Zahl der Unfälle	26	17	22	24	31

Kann die Hypothese, daß die Wahrscheinlichkeit für einen Arbeitsunfall für alle Arbeitstage gleich hoch ist, bei einem Signifikanzniveau von 5% als widerlegt angesehen werden?

Lösung:
Die Hypothese, daß die Wahrscheinlichkeit für einen Arbeitsunfall für alle Arbeitstage gleich hoch ist, bedeutet, daß für jeden Arbeitstag der Anteil θ_i an der Gesamtheit der Unfälle bei $\frac{1}{5}$ liegt. Um die Nullhypothese

$$H_o : \theta_i = \frac{1}{5} \quad \text{für} \quad i = 1, 2, ..., 5$$

zu testen, müssen wir zunächst den Wert der Prüfgröße

$$\sum_{i=1}^{5} \frac{(n_i - n\theta_{oi})^2}{n\theta_{oi}}$$

berechnen. Da insgesamt 120 Unfälle im Beobachtungszeitraum registriert wurden, gilt

$$n\theta_{oi} = 24 \ .$$

Die Approximationsbedingung ist also erfüllt und es folgt

$$\sum_{i=1}^{5} \frac{(n_i - n\theta_{oi})^2}{n\theta_{oi}} = \frac{1}{24} \sum_{i=1}^{5} (n_i - 24)^2$$
$$= \frac{1}{24} \left(2^2 + 7^2 + 2^2 + 0 + 7^2\right) = 4,4167 \ .$$

Da die Zahl der Freiheitsgrade $5 - 1 = 4$ ist, ergibt sich aus der Tabelle der χ^2-Verteilung für ein Signifikanzniveau von 5% der kritische Wert

$$\chi^2_{4;\ 0,05} = 9,488 \ .$$

Da die Realisation der Prüfgröße unterhalb dieses Wertes liegt, kann man die Hypothese, daß die Wahrscheinlichkeit für einen Arbeitsunfall für alle Arbeitstage gleich hoch ist, bei einem Signifikanzniveau von 5% nicht ablehnen.

Aufgabe 6:
Eine Stichprobe vom Umfang 300 ergab bzgl. der Merkmale $\mathfrak{X}$ und $\mathfrak{Y}$ die folgende Kontingenztabelle

$x \backslash y$	y_1	y_2	y_3
x_1	35	25	40
x_2	88	32	80

Kann bei einem Signifikanzniveau $\alpha = 0,05$ behauptet werden, $\mathfrak{X}$ und $\mathfrak{Y}$ seien abhängig?

Lösung:
Die Hypothese, $\mathfrak{X}$ und $\mathfrak{Y}$ sind abhängig, ist dann bestätigt, wenn die Nullhypothese

$$H_o : \mathfrak{X} \text{ und } \mathfrak{Y} \text{ sind unabhängig}$$

abgelehnt werden kann.
Da für die Zahl der Freiheitsgrade bei der angegebenen Kontingenztabelle

$$(2-1) \cdot (3-1) = 2$$

gilt, ist das bei einem Signifikanzniveau von 5% der Fall, wenn gilt

$$\sum_{i=1}^{2} \sum_{j=1}^{3} \frac{(n_{ij} - \frac{n_i \cdot n_{\cdot j}}{n})^2}{\frac{n_i \cdot n_{\cdot j}}{n}} > \chi^2_{2;\ 0,05} \ .$$

Mit den in der Kontingenztabelle gegebenen Häufigkeiten folgt

$$n_{.1} = 35 + 88 = 123$$
$$n_{.2} = 25 + 32 = 57$$
$$n_{.3} = 40 + 80 = 120$$
$$n_{1.} = 35 + 25 + 40 = 100$$
$$n_{2.} = 88 + 32 + 80 = 200$$
$$n = 100 + 200 = 300 \ .$$

Damit können wir die bei Unabhängigkeit von $\mathfrak{X}$ und $\mathfrak{Y}$ zu erwartenden hypothetischen Häufigkeiten

$$\frac{n_{i.}\,n_{.j}}{n}$$

bestimmen. Man erhält

$x \backslash y$	y_1	y_2	y_3
x_1	$\frac{n_{1.}\cdot n_{.1}}{n} = \frac{100\cdot 123}{300} = 41$	$\frac{100\cdot 57}{300} = 19$	$\frac{100\cdot 120}{300} = 40$
x_2	$\frac{n_{2.}\cdot n_{.1}}{n} = \frac{200\cdot 123}{300} = 82$	$\frac{200\cdot 57}{300} = 38$	$\frac{200\cdot 120}{300} = 80$

Da alle hypothetischen Häufigkeiten ≥ 5 sind, sind die Voraussetzungen für die Anwendung des χ^2-Unabhängigkeitstests erfüllt. Für die Summanden der Prüfgröße ergeben sich die Werte

$x \backslash y$	y_1	y_2	y_3
x_1	$\frac{(35-41)^2}{41} = 0,8780$	$\frac{(25-19)^2}{19} = 1,8947$	$\frac{(40-40)^2}{40} = 0$
x_2	$\frac{(88-82)^2}{82} = 0,4390$	$\frac{(32-38)^2}{38} = 0,9474$	$\frac{(80-80)^2}{80} = 0$

Damit erhalten wir

$$\sum_{i=1}^{2}\sum_{j=1}^{3} \frac{(n_{ij} - \frac{n_{i.}\,n_{.j}}{n})^2}{\frac{n_{i.}\,n_{.j}}{n}} = 0,8780 + 1,8947 + 0,4390 + 0,9474 = 4,1591.$$

Dieser Wert ist kleiner als

$$\chi^2_{2;\,0,05} = 5,991 \ .$$

Also kann H_o bei einem Signifikanzniveau von 5% nicht abgelehnt werden, d.h. aus der vorliegenden Kontingenztabelle kann nicht auf die Abhängigkeit von $\mathfrak{X}$ und $\mathfrak{Y}$ geschlossen werden.

Aufgabe 7:
Man befragt 500 Neuimmatrikulierte verschiedener Universitäten nach ihren Abiturnoten in Deutsch und Mathematik. Es ergibt sich folgende Tabelle

Deutschnote	Mathematiknote			
	1	2	3	4
1	5	12	15	10
2	9	45	69	29
3	12	40	77	67
4	6	23	27	54

Widerlegen diese Daten beim Signifikanzniveau 1% die Hypothese, die Noten in Deutsch und Mathematik seien unabhängig?

Lösung:
Die Nullhypothese, die Noten in Deutsch und Mathematik seien unabhängig, kann mit dem χ^2-Unabhängigkeitstests überprüft werden. Dazu berechnen wir die hypothetischen Häufigkeiten

$$\frac{n_{i\cdot}\, n_{\cdot j}}{n}$$

Es ergibt sich folgende Tabelle

D\M	1	2	3	4	$n_{i\cdot}$
1	3	10	16	13	42
2	10	37	57	48	152
3	12	47	74	63	196
4	7	26	41	36	110
$n_{\cdot j}$	32	120	188	160	500

Da wegen

$$\frac{n_{1\cdot}\, n_{\cdot 1}}{n} = \frac{42 \cdot 32}{500} < 5$$

die Voraussetzungen für die Anwendung des χ^2-Tests nicht erfüllt sind, müssen wir die Nullhypothese durch Zusammenfassen der Noten 1 und 2 bei Deutsch oder bei Mathematik vergröbern. Entscheiden wir uns für die Vergröberung bei den Mathematiknoten, so sind in den obigen Tabellen jeweils die ersten beiden Spalten zusammenzufassen. In der folgenden Tabelle stehen links die beobachteten und rechts die hypothetischen Häufigkeiten

D\M	1 oder 2		3		4	
1	17	13	15	16	10	13
2	54	47	69	57	29	48
3	52	59	77	74	67	63
4	29	33	27	41	54	36

Daraus ergibt sich für die Prüfgröße der Wert

$$\sum\sum (n_{ij} - \frac{n_{i\cdot}\, n_{\cdot j}}{n})^2 / \frac{n_{i\cdot}\, n_{\cdot j}}{n}$$
$$= \frac{4^2}{13} + \frac{1^2}{16} + \frac{3^3}{13} + \frac{7^2}{47} + \frac{12^2}{57} + \frac{19^2}{48} + \frac{7^2}{59} + \frac{3^2}{74} + \frac{4^2}{63} + \frac{4^2}{33} + \frac{14^2}{41} + \frac{18^2}{36}$$
$$= 28{,}5467\,.$$

Bei der Bestimmung der Anzahl der Freiheitsgrade hat man von der reduzierten Anzahl der Zeilen und Spalten auszugehen und erhält

$$(4-1) \cdot (3-1) = 6 \,.$$

Der kritische Wert

$$\chi^2_{6;\,0,01} = 16,812$$

ist kleiner als der Wert der Prüfgröße. Folglich ist beim Signifikanzniveau 1% die Hypothese der Unabhängigkeit der Noten in Deutsch und Mathematik abzulehnen.

*Aufgabe 8:
Es sollen
a) $H_o : \theta \leq 0,36$ beim Signifikanzniveau 5%
b) $H_o : \theta \geq 0,36$ beim Signifikanzniveau 5%
c) $H_o : \theta = 0,36$ beim Signifikanzniveau 10%
und einem Stichprobenumfang $n = 144$ geprüft werden.
Zeichnen Sie für jeden Test die Gütefunktion und die Operationscharakteristik.

Lösung:
a) *Da der Stichprobenumfang über 50 liegt, ist der Stichprobenanteil P in guter Näherung normalverteilt. Die Nullhypothese*

$$H_o : \theta \leq 0,36$$

wird daher beim Signifikanzniveau 5% abgelehnt, wenn für den Stichprobenanteil P gilt

$$P > 0,36 + z_{0,05}\sqrt{\frac{0,36 \cdot 0,64}{144}} = 0,36 + 1,645 \cdot 0,04 = 0,4258 \,.$$

H_o *wird also abgelehnt, wenn P in das Intervall (0,4258 ; 1] fällt. Die Wahrscheinlichkeit, mit der H_o abgelehnt wird, hängt vom tatsächlichen θ-Wert in der Grundgesamtheit ab. Die Gütefunktion $\alpha(\theta)$ gibt diese Ablehnungswahrscheinlichkeit in Abhängigkeit von θ an. Da $\alpha(\theta)$ gleich dem Inhalt der Fläche ist, die zwischen der Dichtefunktion von P und dem Ablehnungsbereich K liegt (vgl. Abb. 6.1), gilt*

$$\begin{aligned}\alpha(\theta) &= 1 - \phi\left(0,4258 \mid \theta\,;\,\sqrt{\frac{\theta(1-\theta)}{144}}\right) \\ &= 1 - \phi\left(\frac{0,4258 - \theta}{\sqrt{\theta(1-\theta)}} \cdot 12\right)\,.\end{aligned}$$

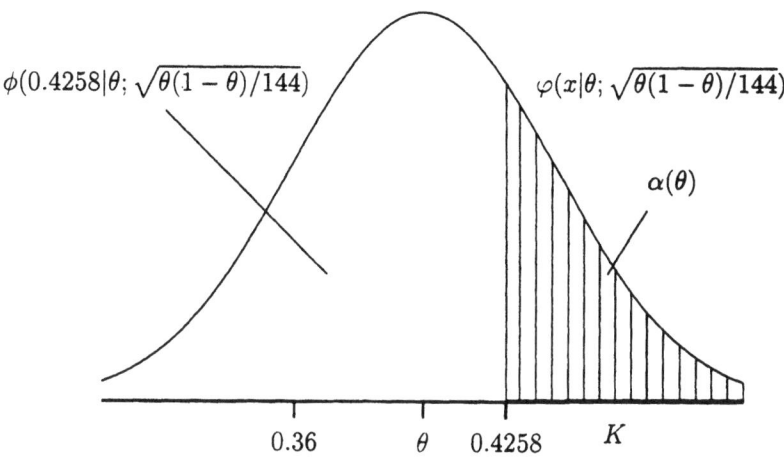

Abb. 6.1

Für einige Werte von θ läßt sich α(θ) einfach berechnen. So ist

$$\alpha(0,1) = 1 - \phi\left(\frac{0,4258 - 0,1}{\sqrt{0,1 \cdot 0,9}} \cdot 12\right) = 1 - \phi(13,032) = 0$$

$$\alpha(0,2) = 1 - \phi\left(\frac{0,4258 - 0,2}{\sqrt{0,2 \cdot 0,8}} \cdot 12\right) = 1 - \phi(6,774) = 0$$

$$\alpha(0,36) = 1 - \phi\left(\frac{0,4258 - 0,36}{\sqrt{0,36 \cdot 0,64}} \cdot 12\right) = 1 - \phi(z_{0,05}) = 0,05$$

$$\alpha(0,4258) = 1 - \phi(0) = 0,5$$

$$\alpha(0,5) = 1 - \phi\left(\frac{0,4258 - 0,5}{\sqrt{0,5 \cdot 0,5}} \cdot 12\right) = 1 - \phi(-1,781) = 0,9626$$

$$\alpha(0,8) = 1 - \phi\left(\frac{0,4258 - 0,8}{\sqrt{0,8 \cdot 0,2}} \cdot 12\right) = 1 - \phi(-11,226) = 1\ .$$

α(θ) *ist also eine von 0 bis 1 ansteigende Funktion. Für* $\theta_o = 0,36$ *gilt (entsprechend den Überlegungen bei der Konstruktion des Ablehnungsbereichs)*

$$\alpha(\theta_o) = \alpha$$

und für die Grenze $p^* = 0,4258$ *des Ablehnungsbereichs erhält man*

$$\alpha(p^*) = 0,5\ .$$

Um den Verlauf der Gütefunktion im Intervall von 0,36 bis 0,5 besser zeichnen zu können, berechnen wir α(θ) *noch für* θ = 0,4 *und* θ = 0,45. *Es ergibt sich*

$$\alpha(0,4) = 1 - \phi\left(\frac{0,4258 - 0,4}{\sqrt{0,4 \cdot 0,6}} \cdot 12\right) = 1 - \phi(0,632) = 0,2637$$

$$\alpha(0,45) = 1 - \phi\left(\frac{0,4258 - 0,45}{\sqrt{0,45 \cdot 0,55}} \cdot 12\right) = 1 - \phi(-0,584) = 0,7204\ .$$

Die Gütefunktion hat also folgenden Verlauf (vgl. Abb. 6.2).

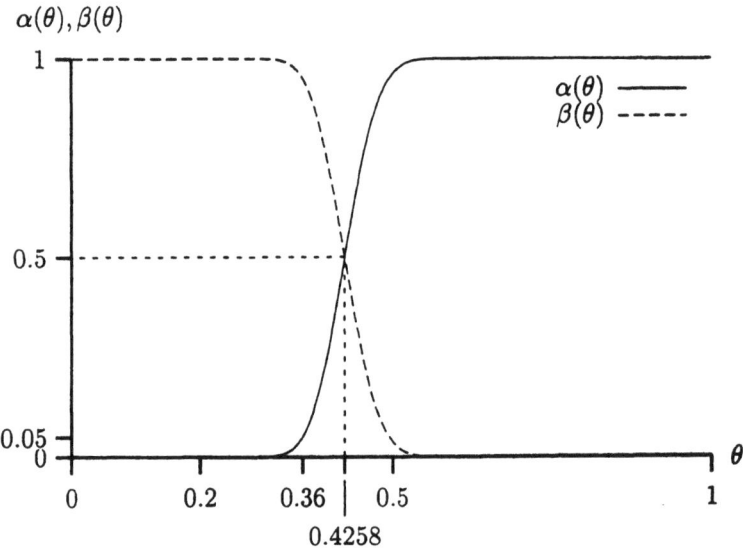

Abb. 6.2

Abb. 6.2 enthält auch die Operationscharakteristik (OC-Kurve)

$$\beta(\theta) = 1 - \alpha(\theta).$$

Sie gibt - in Abhängikeit von θ - die Wahrscheinlichkeit dafür an, daß H_o nicht abgelehnt wird. Gütefunktion und Operationscharakteristik schneiden sich über der Grenze des Ablehnungsbereichs. Dort gilt

$$\alpha(p^*) = \beta(p^*) = 0,5$$

b) Die Nullhypothese

$$H_o : \theta \geq 0,36$$

wird beim Signifikanzniveau 5% abgelehnt, wenn für den Stichprobenanteil gilt

$$P < 0,36 - z_{0,05}\sqrt{\frac{0,36 \cdot 0,64}{144}} = 0,2942.$$

Für die Wahrscheinlichkeit, mit der H_o abgelehnt wird, wenn θ zutrifft, folgt dann

$$\alpha(\theta) = \phi\left(0,2942 \mid \theta\,;\ \sqrt{\frac{\theta(1-\theta)}{144}}\right) = \phi\left(\frac{0,2942 - \theta}{\sqrt{\theta(1-\theta)}} \cdot 12\right)$$

(vgl. Abb. 6.3).

6. Aufgaben 223

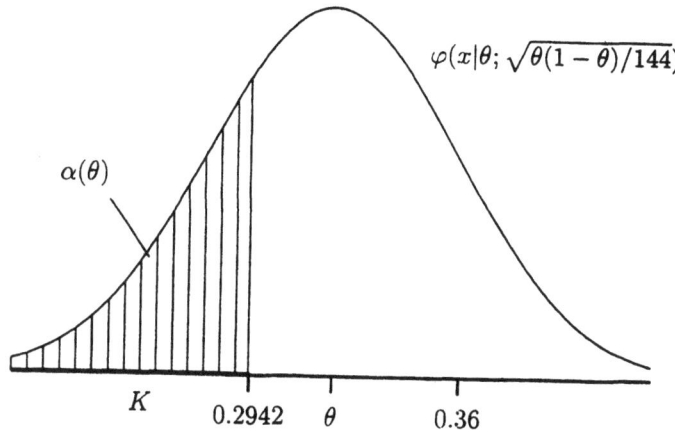

Abb. 6.3

Im einzelnen erhält man

$$\alpha(0,1) = \phi\left(\frac{0,2942-0,1}{\sqrt{0,1\cdot 0,9}}\cdot 12\right) = \phi(7,768) = 1$$

$$\alpha(0,2) = \phi\left(\frac{0,2942-0,2}{\sqrt{0,2\cdot 0,8}}\cdot 12\right) = \phi(2,826) = 0,9977$$

$$\alpha(0,2942) = \phi(0) = 0,5$$

$$\alpha(0,36) = \phi(-z_{0,05}) = 0,05$$

$$\alpha(0,5) = \phi\left(\frac{0,2942-0,5}{\sqrt{0,5\cdot 0,5}}\cdot 12\right) = \phi(-4,9392) = 0.$$

Die Werte der Gütefunktion fallen also monoton von 1 bis 0. Um den Verlauf der Gütefunktion zwischen 0,2 und 0,36 besser zeichnen zu können, berechnen wir noch zwei Werte.

$$\alpha(0,25) = \phi\left(\frac{0,2942-0,25}{\sqrt{0,25\cdot 0,75}}\cdot 12\right) = \phi(1,225) = 0,8898$$

$$\alpha(0,32) = \phi\left(\frac{0,2942-0,32}{\sqrt{0,32\cdot 0,68}}\cdot 12\right) = \phi(-0,664)$$

$$= 1-\phi(0,664) = 0,2534.$$

In Abb. 6.4 wird der Verlauf der Gütefunktion und der Operationscharakteristik dargestellt.

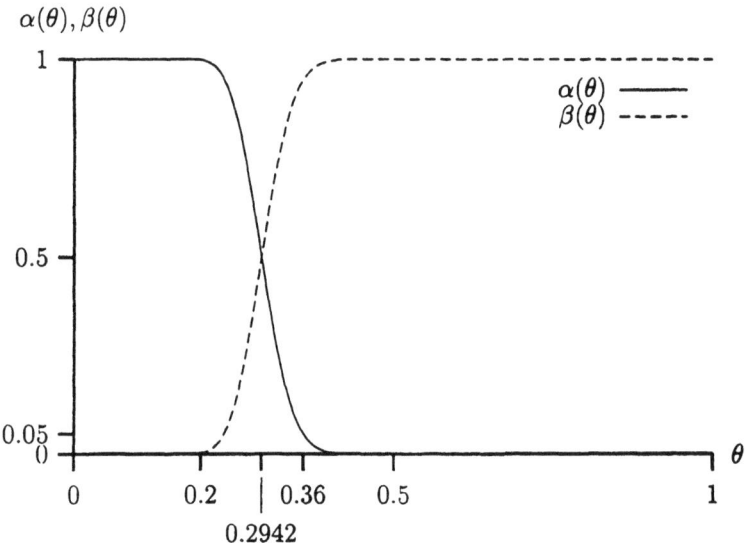

Abb. 6.4

c) *Die Nullhypothese*
$$H_o : \theta = 0,36$$
wird abgelehnt, wenn sich der Stichprobenanteil "zu stark" von 0,36 unterscheidet. Für die Grenzen des Ablehnungsbereichs gilt beim Signifikanzniveau 10%

$$0,36 \pm z_{0,05}\sqrt{\frac{0,36 \cdot 0,64}{144}} = 0,36 \pm 0,0658 \,.$$

H_o *wird also abgelehnt, wenn der Stichprobenanteil entweder in das Intervall* [0 ; 0,2942) *oder in das Intervall* (0,4258 ; 1] *fällt (vgl. Abb. 6.5).*

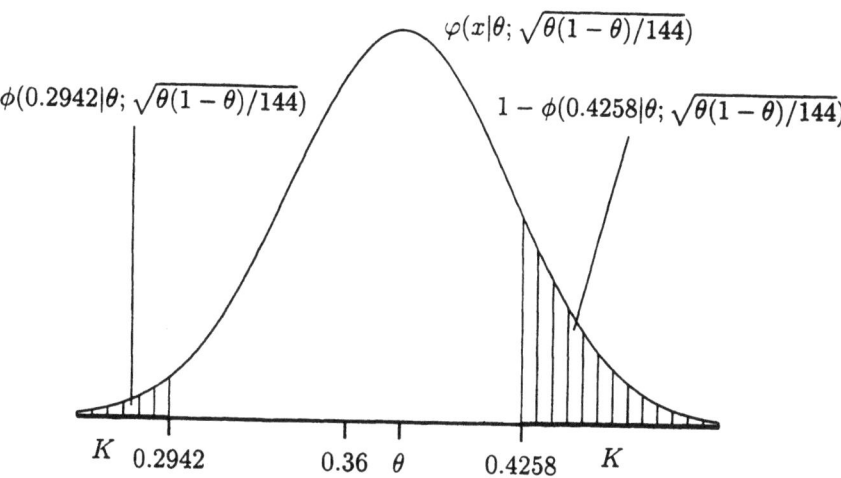

Abb. 6.5

Der Ablehnungsbereich für den Test der zweiseitigen Nullhypothese $H_o : \theta = 0,36$ beim Signifikanzniveau 10% ist also die Vereinigung der Ablehnungsbereiche der in a) und b) behandelten Tests der einseitigen Nullhypothesen $H_o : \theta \leq 0,36$ und $H_o : \theta \geq 0,36$ beim Signifikanzniveau 5%. Da die beiden Ablehnungsbereiche disjunkt sind, ist dann die Gütefunktion des Tests von $H_o : \theta = 0,36$ die Summe der Gütefunktionen der beiden anderen Tests

$$\alpha(\theta) = \phi\left(0,2942 \mid \theta\,;\,\sqrt{\frac{\theta(1-\theta)}{144}}\right) \qquad (6.1)$$
$$+ 1 - \phi\left(0,4258 \mid \theta\,;\,\sqrt{\frac{\theta(1-\theta)}{144}}\right).$$

Mit den in a) und b) erhaltenen Werten ergibt sich für die Gütefunktion (6.1) folgendes Bild (vgl. Abb. 6.6).

226   6. Aufgaben

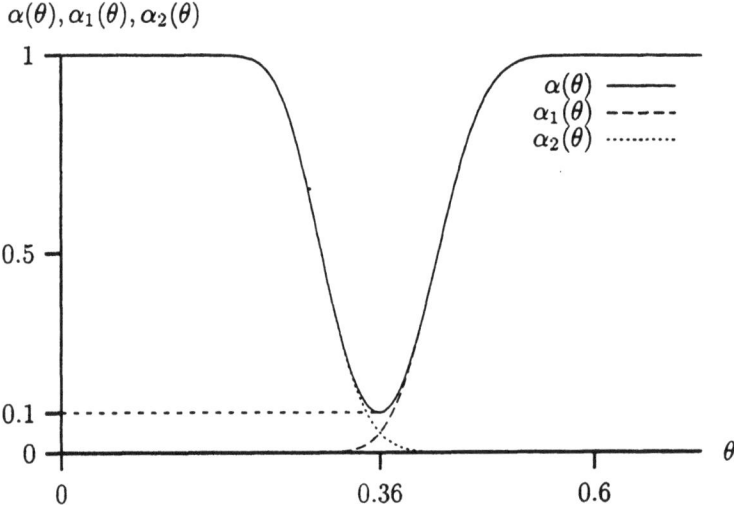

Abb. 6.6

Die Gütefunktion des Tests für $H_o : \theta = 0,36$ unterscheidet sich links von 0,36 um weniger als 0,05 von der Gütefunktion des Tests für $H_o : \theta \geq 0,36$ und rechts von 0,36 um weniger als 0,05 von der Gütefunktion des Tests für $H_o : \theta \leq 0,36$. Bei $\theta = 0,36$ erreicht sie ihr Minimum. In Abb. 6.7 sind die Gütefunktion und die Operationscharakteristik für den Test der Nullhypothese $H_o : \theta = 0,36$ dargestellt

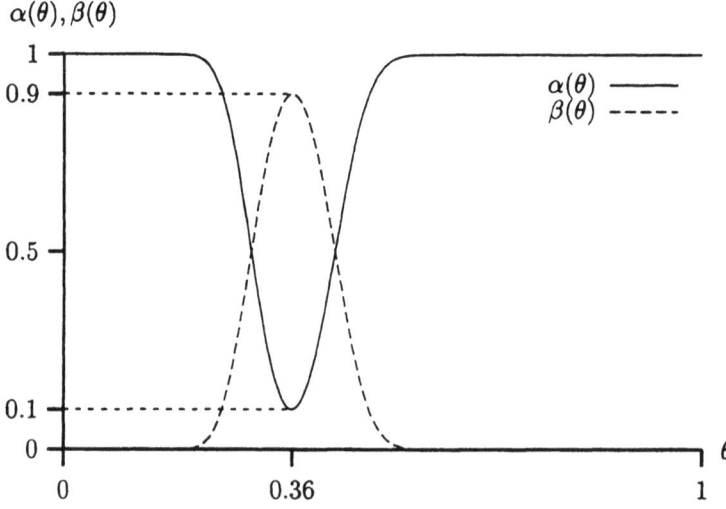

Abb. 6.7

Eine grobe Übersicht über den Verlauf der Gütefunktionen für die verschiedenen Nullhypothesen kann man sich auf folgende Weise verschaffen: Hat das interessierende Ereignis die Wahrscheinlichkeit $\theta = 0$ oder $\theta = 1$, so wird man in der Stichprobe stets auch $P = 0$ bzw. $P = 1$ beobachten. Entsprechend der Lage des Ablehnungsbereichs folgt dann für die verschiedenen Nullhypothesen:

$$(\alpha(0) \, ; \, \alpha(1)) = \begin{cases} (0 \, ; \, 1) \; \text{für } H_o : \theta \leq \theta_o \\ (1 \, ; \, 0) \; \text{für } H_o : \theta \geq \theta_o \\ (1 \, ; \, 1) \; \text{für } H_o : \theta = \theta_o \end{cases}$$

Daraus ergibt sich der ungefähre Verlauf der Gütefunktionen anhand folgender Überlegungen. Gütefunktionen von Tests einseitiger Nullhypothesen verlaufen monoton und nehmen an der Grenze des Ablehnungsbereichs den Wert 0,5 an. Jede Gütefunktion eines Tests der zweiseitigen Nullhypothese $H_o : \theta = \theta_o$ läßt sich als Summe von Gütefunktionen zu Tests der einseitigen Nullhypothesen $H_o : \theta \leq \theta_o$ und $H_o : \theta \geq \theta_o$ erhalten. Schließlich gilt für jede Gütefunktion

$$\alpha(\theta_o) = \alpha \, .$$

Für zweiseitige Nullhypothesen ist das gleichzeitig der kleinste Wert, den die Gütefunktion annehmen kann.

*Aufgabe 9:
Die Nullhypothese

$$H_o : \theta \leq 0,5$$

soll bei einem Signifikanzniveau von 5% durch eine Stichprobe vom Umfang
a) $n = 64$
b) $n = 100$
geprüft werden. Zeichnen Sie die Gütefunktion für die beiden Tests.

Lösung:
Die Nullhypothese

$$H_o : \theta \leq 0,5$$

wird beim Signifikanzniveau 5% abgelehnt, wenn für den Stichprobenanteil P gilt

$$P > 0,5 + 1,645 \sqrt{\frac{0,5 \cdot 0,5}{n}} = 0,5 + \frac{0,8225}{\sqrt{n}}$$

Der Ablehnungsbereich des Tests ist daher für $n = 64$ das Intervall $(0,6028 \, ; \, 1]$ und für $n = 100$ das Intervall $(0,58225 \, ; \, 1]$ (vgl. Abb. 6.8).

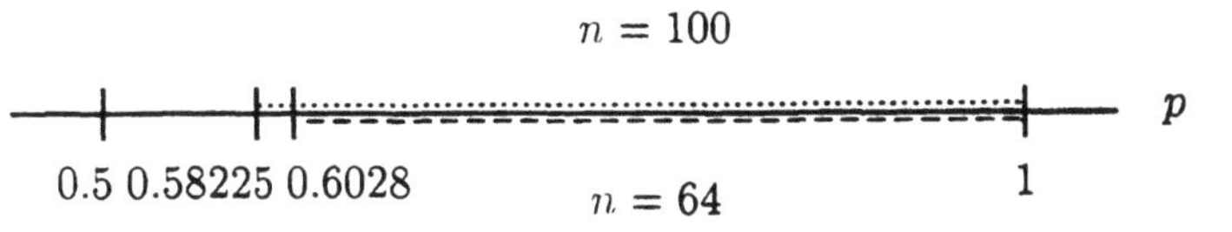

```
                           n = 100
        ──┼────┼┼┄┄┄┄┄┄┄┄┄┄┄┄┄┄┄┄┄┄┄┄┄┄┄┄┄┄┄┄┄┼──  p
         0.5 0.58225 0.6028      n = 64        1
```

Abb. 6.8

228   6. Aufgaben

Die Gütefunktionen sind also monoton steigende Funktionen, die für $\theta = 0,5$ den Wert 0,05 und für $\theta = 0,6028$ bzw. $\theta = 0,58225$ den Wert 0,5 annehmen. Die Gütefunktion lautet

$$\alpha(\theta) = 1 - \phi\left(0,5 + \frac{0,8225}{\sqrt{n}} \mid \theta\,;\, \sqrt{\frac{\theta(1-\theta)}{n}}\right)$$

$$= 1 - \phi\left(\frac{0,5 + \frac{0,8225}{\sqrt{n}} - \theta}{\sqrt{\theta(1-\theta)}} \cdot \sqrt{n}\right).$$

a) Für $n = 64$ ergibt das die Gütefunktion

$$\alpha(\theta) = 1 - \phi\left(\frac{0,6028 - \theta}{\sqrt{\theta(1-\theta)}} \cdot 8\right).$$

Um sie zu zeichnen, berechnen wir sie für einige Werte von θ. Es ergibt sich

$$\alpha(0,45) = 1 - \phi\left(\frac{0,6028 - 0,45}{\sqrt{0,45 \cdot 0,55}} \cdot 8\right) = 1 - \phi(2,457) = 0,007$$

$$\alpha(0,5) = 0,05$$

$$\alpha(0,55) = 1 - \phi(0,849) = 0,198$$

$$\alpha(0,6) = 1 - \phi(0,046) = 0,482$$

$$\alpha(0,6028) = 0,5$$

$$\alpha(0,65) = 1 - \phi(-0,792) = 0,786$$

$$\alpha(0,7) = 1 - \phi(-1,697) = 0,955$$

$$\alpha(0,75) = 1 - \phi(-2,720) = 0,997.$$

b) Entsprechend erhält man als Gütefunktion für $n = 100$

$$\alpha(\theta) = 1 - \phi\left(\frac{0,58225 - \theta}{\sqrt{\theta(1-\theta)}} \cdot 10\right).$$

Auch hier berechnen wir $\alpha(\theta)$ für einige θ-Werte. Es ergibt sich

$$\alpha(0,45) = 1 - \phi(2,658) = 0,0039$$

$$\alpha(0,5) = 0,005$$

$$\alpha(0,55) = 1 - \phi(0,648) = 0,2585$$

$$\alpha(0,58225) = 0,5$$

$$\alpha(0,6) = 1 - \phi(-0,362) = 0,6413$$

$$\alpha(0,7) = 1 - \phi(-2,569) = 0,9949$$

In Abb. 6.9 sind die beiden Gütefunktionen mit Hilfe der in a) und b) berechneten Werte gezeichnet.

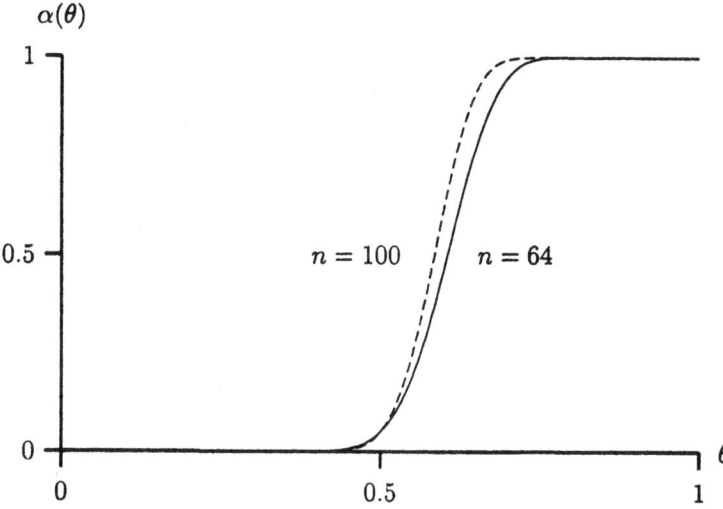

Abb. 6.9

Man sieht: Die Gütefunktion verläuft um so steiler (der Test ist also um so besser), je größer der Stichprobenumfang n ist. Die beiden Gütefunktionen schneiden sich für $\theta = 0,5$.

Aufgabe 10:
Ein Test zur Widerlegung der Hypothese

$$H_o : \theta \geq 0,6$$

soll so geplant werden, daß gilt

$$\alpha(0,5) = 0,9$$
$$\alpha(0,64) = 0,02\,.$$

a) Wie sind der Ablehnungsbereich und der Stichprobenumfang zu wählen, wenn der Stichprobenanteil als Prüfgröße verwendet wird?
b) Wie hoch ist das Signifikanzniveau dieses Tests?

Lösung:
a) Beträgt der Stichprobenumfang mindestens 50, so ist die Prüfgröße P in guter Näherung normalverteilt (vgl. Abb. 6.10).

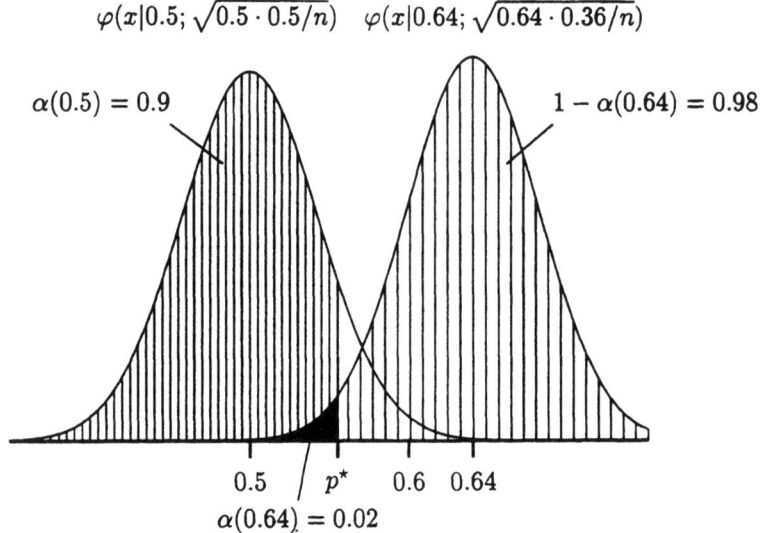

Abb. 6.10

Dann sind die Grenze p^* des Ablehnungsbereichs und der Stichprobenumfang n so zu bestimmen, daß ungefähr gilt

$$0,9 = \phi\left(p^* \mid 0,5 ; \sqrt{\frac{0,5 \cdot 0,5}{n}}\right) = \phi\left(\frac{p^* - 0,5}{0,5}\sqrt{n}\right)$$

$$0,98 = 1 - \phi\left(p^* \mid 0,64 ; \sqrt{\frac{0,64 \cdot 0,36}{n}}\right) = \phi\left(\frac{0,64 - p^*}{0,48}\sqrt{n}\right).$$

Suchen wir in der Tabelle der Normalverteilung für die ϕ–Werte 0,9 und 0,98 die zugehörigen z-Werte auf, so erhalten wir für p^* und n die Bedingungen

$$1,282 = \frac{p^* - 0,5}{0,5}\sqrt{n} \qquad (6.2)$$

$$2,054 = \frac{0,64 - p^*}{0,48}\sqrt{n}.$$

Das sind zwei Gleichungen für die beiden unbekannten Parameter der Gütefunktion. Bei einseitigen Nullhypothesen ist also der Verlauf der Gütefunktion schon durch zwei ihrer Werte vollständig bestimmt, d.h. durch zwei vorgegebene Punkte verläuft immer nur eine solche Gütefunktion.

Dividieren wir die beiden letzten Gleichungen durcheinander, so erhalten wir für p^*

$$\frac{1,282}{2,054} = \frac{p^* - 0,5}{0,5} \cdot \frac{0,48}{0,64 - p^*}$$

d.h.

$$(0,64 - p^*)\frac{1,282}{2,054} = (p^* - 0,5)\frac{0,48}{0,5}$$

d.h.
$$p^* = 0,5552.$$

Setzen wir den Zahlenwert von p^* in die Gleichung (6.2) ein, so folgt für n

$$1,282 = \frac{0,5552 - 0,5}{0,5}\sqrt{n}$$

d.h.
$$n = 134,85.$$

Die Bedingungen $\alpha(0,5) = 0,9$ und $\alpha(0,64) = 0,02$ sind also näherungsweise erfüllt, wenn als Ablehnungsbereich

$$K = [0\,;\,0,5552)$$

und als Stichprobenumfang $n = 135$ gewählt wird.

b) *Da für den Endpunkt p^* des Ablehnungsbereichs allgemein gilt*

$$p^* = \theta_o - z_\alpha \sqrt{\frac{\theta_o(1-\theta_o)}{n}}$$

folgt in unserem Falle

$$0,5552 = 0,6 - z_\alpha \sqrt{\frac{0,6 \cdot 0,4}{135}} = 0,6 - z_\alpha \cdot 0,04216$$

und damit

$$z_\alpha = \frac{0,6 - 0,5552}{0,04216} = 1,0626$$

d.h.
$$1 - \alpha = \phi(z_\alpha) = \phi(1,0626) = 0,8560$$

d.h.
$$\alpha = 0,1440.$$

Der Test besitzt also das Signifikanzniveau 14,4%.

Regressionsanalyse

1
Einführung

1.1 Problemstellung

In den Wirtschaftswissenschaften interessieren Zusammenhänge zwischen ökonomischen Variablen. Beispielsweise versucht man, die von einem bestimmten Gut abgesetzte Menge q als Funktion des dafür geforderten Preises p zu erklären. Man nennt dann p *erklärende* und q *erklärte* Variable. Natürlich wird die abgesetzte Menge außer vom Preis auch von anderen Einflußgrößen wie den verfügbaren Haushaltseinkommen, den Preisen von Konkurrenzgütern, den Ausgaben für Werbung usw. beeinflußt. Wenn man trotzdem die abgesetzte Menge als Funktion $f(p)$ des Preises allein betrachtet, unterstellt man, daß der Preis die einzige Einflußgröße ist, die die abgesetzte Menge systematisch beeinflußt. Die Wirkungen der übrigen Einflußgrößen heben sich dagegen im Mittel gegenseitig auf und werden als zufällig betrachtet. Es handelt sich also nicht um eine funktionale Abhängigkeit der verkauften Menge vom gesetzten Preis, sondern um eine Abhängigkeit "im Mittel": wird das interessierende Gut zu verschiedenen Zeitpunkten zum festen Preis p angeboten, so ist $f(p)$ die im Durchschnitt abgesetzte Menge. Die zu einem bestimmten Zeitpunkt abgesetzte Menge Q dagegen betrachten wir als Zufallsvariable. $f(p)$ ist ihr Erwartungswert. Zur Erklärung von Q bietet sich daher der Ansatz

$$Q = f(p) + U \qquad (1.1)$$

1. Einführung

an, wobei U eine Zufallsvariable ist, die alle nichtsystematischen Einflußgrößen auffängt und für die gilt

$$EU = 0$$

(vgl. Abb. 1.1). Dabei kann zu vorgegebenem Preis p die abgesetzte Menge Q beobachtet werden, nicht aber $f(p)$ und U.

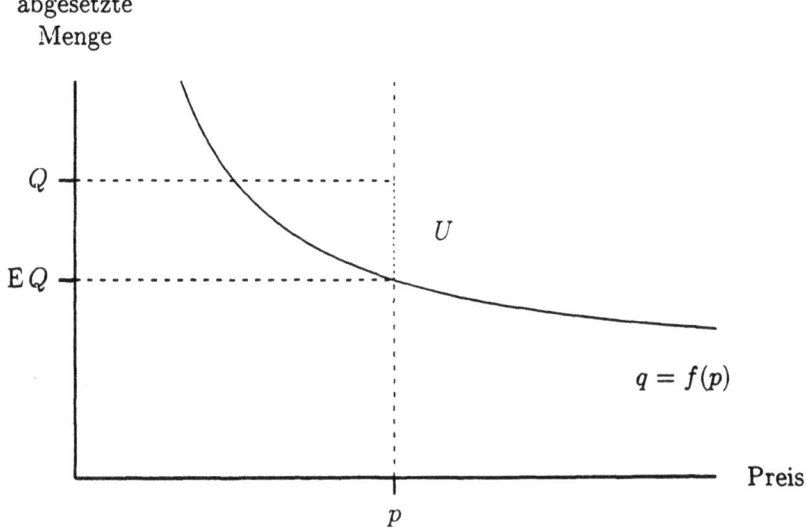

Abb. 1.1

1.2 Lineare Einfachregression

Wenn eine Zufallsvariable Y durch eine einzige Variable x auf die Weise erklärt wird, wie oben die abgesetzte Menge durch den geforderten Preis, so spricht man von **Regression** oder genauer von **Einfachregression**. (Entsprechend bedeutet **Mehrfachregression**, daß mehrere Variablen zur Erklärung herangezogen werden.) Im Falle der Einfachregression schreiben wir dann anstelle von (1.1)

$$Y = f(x) + U \quad \text{mit} \quad EU = 0 \,. \tag{1.2}$$

U wird **Residuum**, **Residualvariable** oder **Störvariable** genannt.

Der Einfachheit halber wollen wir nur die **lineare Einfachregression** betrachten, d.h. wir gehen speziell von

$$Y = \beta_o + \beta_1 x + U \quad \text{mit} \quad EU = 0 \tag{1.3}$$

aus, setzen also den Erwartungswert EY der erklärten Variablen als lineare Funktion
$$\beta_o + \beta_1 x$$
der erklärenden Variablen x voraus. β_o und β_1 heißen dann **Regressionskoeffizienten**; die durch β_o und β_1 festgelegte Gerade
$$y = \beta_o + \beta_1 x$$
wird **Regressionsgerade** genannt (vgl. Abb. 1.2).

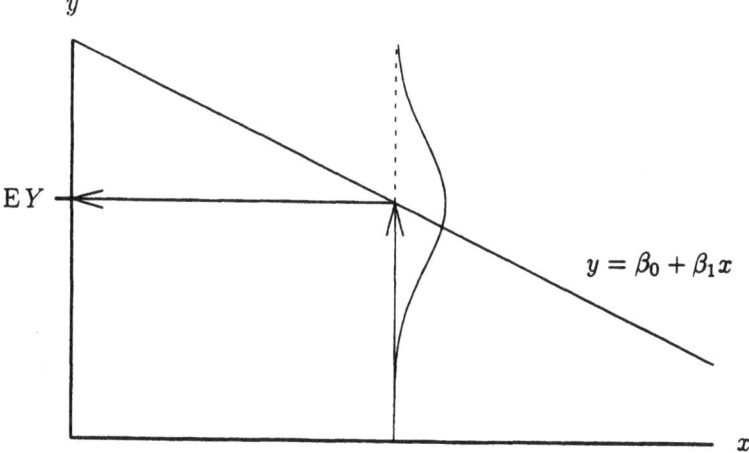

Abb. 1.2

Im allgemeinen sind die Regressionskoeffizienten unbekannt. Da die Residualvariable U nicht beobachtet werden kann, lassen sich die Regressionskoeffizienten auch bei Vorliegen von Beobachtungen nicht berechnen. Es ist dann naheliegend, geeignete Funktionen
$$u_i(Y_1, Y_2, ..., Y_n) \; ; \quad i = 0, 1$$
der Beobachtungen $Y_1, Y_2, ..., Y_n$ zu suchen und ihre Realisationen entweder als Näherungswerte für die Regressionskoeffizienten β_o und β_1 oder zum Prüfen von Hypothesen über die Regressionskoeffizienten zu verwenden. Im ersten Fall werden wir sie **Schätzfunktionen**, im zweiten Fall **Prüfgößen** nennen.

2
Methode der Kleinsten Quadrate

2.1 Streuungsdiagramm und Ausgleichsgerade

Es seien n beliebige Werte $x_1, x_2, ..., x_n$ der erklärenden Variablen x vorgegeben. Wir bezeichnen die dazu beobachteten Zufallsvariablen mit $Y_1, Y_2, ..., Y_n$. Aufgrund der obigen Annahmen gilt dann

$$Y_1 = \beta_o + \beta_1 x_1 + U_1$$
$$\vdots$$
$$Y_i = \beta_o + \beta_1 x_i + U_i \qquad (2.1)$$
$$\vdots$$
$$Y_n = \beta_o + \beta_1 x_n + U_n$$

mit

$$EU_1 = EU_2 = ... = EU_n = 0 \,. \qquad (2.2)$$

Für Realisationen $y_1, y_2, ..., y_n$ der Variablen $Y_1, Y_2, ..., Y_n$ bilden die Paare (x_1, y_1), $(x_2, y_2), ..., (x_n, y_n)$ in der (x, y)-Ebene eine Punktwolke, deren Darstellung *Streuungsdiagramm* genannt wird (vgl. Abb. 2.1).

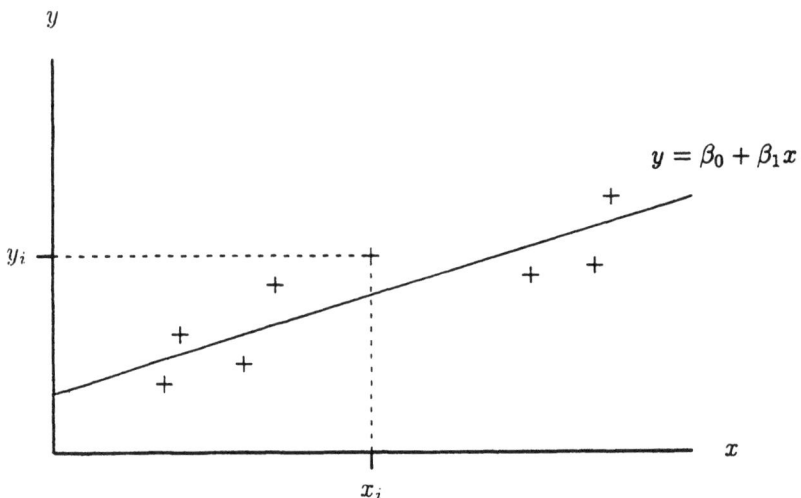

Abb. 2.1

Wegen (2.1) und (2.2) werden sich die Beobachtungspaare des Streuungsdiagramms um die unbekannte Regressionsgerade

$$y = \beta_o + \beta_1 x$$

gruppieren. Es ist deshalb naheliegend, Aussagen über β_o und β_1 dadurch zu gewinnen, daß man die unbekannte Regressionsgerade durch die Gerade annähert, die dem Streuungsdiagramm am besten angepaßt ist. Eine solche Gerade heißt *Ausgleichsgerade*.

2.2 Ausgleichsgerade nach der Methode der Kleinsten Quadrate

Mit der Idee der Ausgleichsgeraden verbindet sich sicher zunächst die Gerade, für die die Summe der orthogonalen Abstände aller Punkte des Streuungsdiagramms am kleinsten ist. Diese Gerade läßt sich jedoch analytisch schwer ermitteln. Einfacher ist es, die Gerade

$$y = b_o + b_1 x$$

nach der *Methode der Kleinsten Quadrate* zu berechnen, d.h. die Summe der Quadrate der vertikalen Abstände

$$\sum (y_i - b_o - b_1 x_i)^2$$

zu minimieren (vgl. Abb. 2.2).

2.2 Ausgleichsgerade nach der Methode der Kleinsten Quadrate

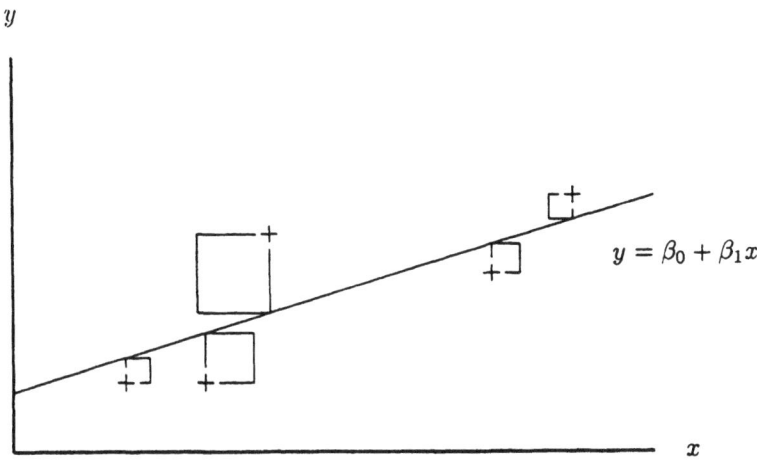

Abb. 2.2

Ausgehend von (x_i, y_i); $i = 1, 2, ..., n$ **erhält man nach der Methode der Kleinsten Quadrate die Ausgleichsgerade**

$$y = b_o + b_1 x$$

wobei

$$b_1 = \frac{\sum (x_i - \bar{x})(y_i - \bar{y})}{\sum (x_i - \bar{x})^2} \tag{2.3}$$

$$b_o = \bar{y} - b_1 \bar{x}. \tag{2.4}$$

Dabei ist gesetzt

$$\bar{x} = \frac{1}{n} \sum x_i, \quad \bar{y} = \frac{1}{n} \sum y_i.$$

Beweis: Gesucht ist die Minimalstelle der Funktion

$$f(b_o, b_1) = \sum (y_i - b_o - b_1 x_i)^2.$$

Wir bilden die partiellen Ableitungen von f nach b_o und b_1

$$\frac{\partial f}{\partial b_o} = -2 \sum (y_i - b_o - b_1 x_i)$$

$$\frac{\partial f}{\partial b_1} = -2 \sum (y_i - b_o - b_1 x_i) x_i.$$

2. Methode der Kleinsten Quadrate

Notwendige Bedingung für ein Minimum ist das Verschwinden dieser Ableitungen

$$0 = \sum (y_i - b_o - b_1 x_i) = \sum y_i - n \cdot b_o - b_1 \sum x_i \qquad (2.5)$$

$$0 = \sum (y_i - b_o - b_1 x_i) x_i = \sum x_i y_i - b_o \sum x_i - b_1 \sum x_i^2 \qquad (2.6)$$

oder

$$n \cdot b_o + b_1 \sum x_i = \sum y_i$$
$$b_o \sum x_i + b_1 \sum x_i^2 = \sum x_i y_i$$

oder

$$b_o + b_1 \bar{x} = \bar{y}$$
$$b_o n \bar{x} + b_1 \sum x_i^2 = \sum x_i y_i \ .$$

Aus der ersten Gleichung folgt

$$b_o = \bar{y} - b_1 \bar{x} \ .$$

Subtrahiert man von der zweiten Gleichung das $n\bar{x}$-fache der ersten, so erhält man

$$b_1 \left(\sum x_i^2 - n\bar{x}^2 \right) = \sum x_i y_i - n\bar{x}\bar{y}$$

oder

$$b_1 = \frac{\sum x_i y_i - n\bar{x}\bar{y}}{\sum x_i^2 - n\bar{x}^2} \ .$$

Wegen

$$\sum (x_i - \bar{x})(y_i - \bar{y}) = \sum (x_i - \bar{x}) y_i = \sum x_i y_i - n\bar{x}\bar{y}$$

und damit insbesondere

$$\sum (x_i - \bar{x})^2 = \sum x_i^2 - n\bar{x}^2$$

kann man b_1 auch in der Form (2.3) schreiben.

Für die Ausgleichsgerade gilt nach (2.4):

$$y = b_o + b_1 x = \bar{y} - b_1 \bar{x} + b_1 x = \bar{y} + b_1 (x - \bar{x})$$

Sie nimmt sie $x = \bar{x}$ also den Wert $y = \bar{y}$ an, d.h. sie verläuft stets durch den Schwerpunkt $(\bar{x}, \bar{y})$ des Streuungsdiagramms.

2.2 Ausgleichsgerade nach der Methode der Kleinsten Quadrate

Beispiel 2.1:
Für ein bestimmtes Gut habe man folgende Preis-Absatz-Daten:

Preis p (DM)	abgesetzte Menge q (Stück)
12	80
10	100
15	66
18	60
20	40

Es soll die Ausgleichsgerade nach der Methode der kleinsten Quadrate berechnet werden.
Mit der Hilfstabelle

i	p_i	q_i	$p_i - \bar{p}$	$q_i - \bar{q}$	$(p_i - \bar{p})(q_i - \bar{q})$	$(p_i - \bar{p})^2$
1	12	80	-3	10	-30	9
2	10	100	-5	30	-150	25
3	15	66	0	-4	0	0
4	18	60	3	-10	-30	9
5	20	44	5	-26	-130	25
$\sum$	75	350	0	0	-340	68

wobei
$$\bar{p} = \frac{75}{5} = 15, \quad \bar{q} = \frac{350}{5} = 70$$

erhält man nach (2.3)
$$b_1 = \frac{-340}{68} = -5$$

und nach (2.4)
$$b_o = \bar{q} - b_1 \bar{p} = 70 - (-5) \cdot 15 = 145.$$

Die nach der Methode der kleinsten Quadrate berechnete Ausgleichsgerade lautet also
$$q = 145 - 5p.$$

Sie verläuft durch den Schwerpunkt $(\bar{p}, \bar{q}) = (15; 70)$ *des Streuungsdiagramms und hat die Steigung -5. In Abb. 2.3 sind Streuungsdiagramm und Ausgleichsgerade dargestellt.*

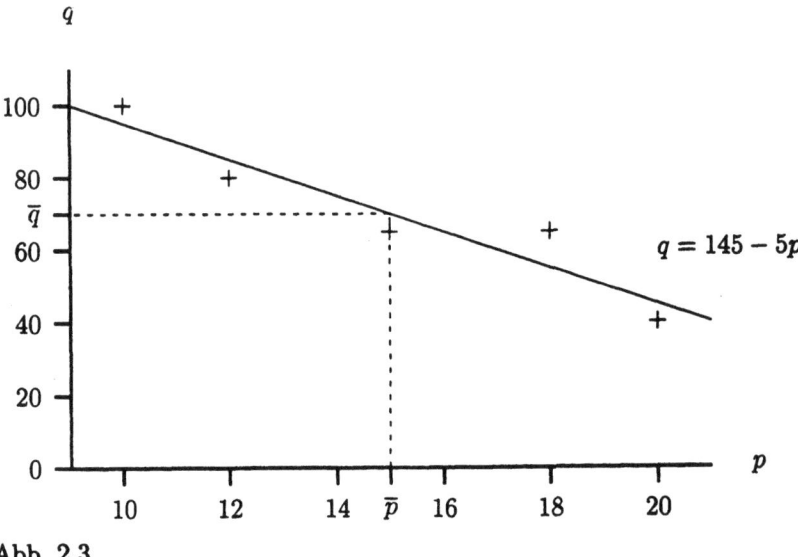

Abb. 2.3

2.3 Die Kleinste-Quadrate-Schätzer B_o und B_1

Es liegt nahe, in b_o und b_1 die Zahlen $y_1, y_2, ..., y_n$ durch die Zufallsvariablen $Y_1, Y_2, ..., Y_n$ zu ersetzen und die so entstehenden Zufallsvariablen

$$B_o = \bar{Y} - \bar{x}B_1$$
$$B_1 = \frac{\sum (x_i - \bar{x})(Y_i - \bar{Y})}{\sum (x_i - \bar{x})^2}$$

als Schätzfunktionen für die Regressionskoeffizienten zu verwenden. Unter den Voraussetzungen (2.1) und (2.2) nennt man B_o und B_1 **Kleinste-Quadrate-Schätzer** (abgekürzt: **KQ-Schätzer**) für β_o und β_1 und

$$Y = B_o + B_1 x$$

geschätzte oder **empirische Regressionsgerade**.

Wir wollen zeigen, daß B_o und B_1 unter den Voraussetzungen (2.1) und (2.2) erwartungstreue Schätzfunktionen für β_o und β_1 sind. Nach (2.1) gilt

$$EY_i = \beta_o + \beta_1 x_i \ ; \ i = 1, 2, ..., n \ .$$

Hieraus folgt:

$$E\bar{Y} = \beta_o + \beta_1 \bar{x}$$
$$E(Y_i - \bar{Y}) = \beta_1(x_i - \bar{x}) \ ; \ i = 1, 2, ..., n$$

und wir erhalten

$$\begin{aligned} EB_1 &= E\sum \frac{x_i - \bar{x}}{\sum(x_i - \bar{x})^2}\,(Y_i - \bar{Y}) \\ &= \sum \frac{x_i - \bar{x}}{\sum(x_i - \bar{x})^2}\,E(Y_i - \bar{Y}) \\ &= \beta_1 \sum \frac{(x_i - \bar{x})^2}{\sum(x_i - \bar{x})^2} = \beta_1\,. \end{aligned}$$

$$\begin{aligned} EB_o &= E\bar{Y} - \bar{x}EB_1 \\ &= \beta_o + \beta_1 \bar{x} - \beta_1 \bar{x} = \beta_o\,. \end{aligned}$$

3 BLU-Schätzer für β_o und β_1

3.1 Einfaches lineares Regressionsmodell

$x_1, x_2, ..., x_n$ seien n Werte der erklärenden Variablen x. Für die dazu beobachteten Zufallsvariablen $Y_1, Y_2, .., Y_n$ setzen wir die Annahmen (2.1) und (2.2) voraus. Zusätzlich fordern wir in diesem und den noch folgenden Abschnitten, daß die Residualvariablen U_i alle die gleiche Varianz σ_u^2 besitzen und unabhängig sind. Im eingangs betrachteten Fall der Preis-Absatz-Funktion wäre die Unabhängigkeit der U_i (und damit die der Y_i) beispielsweise dann nicht gegeben, wenn das betrachtete Gut lagerfähig ist und die Käufer bei günstigen Preisen Vorräte anlegen können.

Wir gehen nunmehr also von folgenden Annahmen aus:

$$Y_i = \beta_o + \beta_1 x_i + U_i \ ; \quad i = 1, 2, ..., n \qquad (3.1)$$

$$EU_1 = EU_2 = ... = EU_n = 0 \qquad (3.2)$$

$$var\, U_1 = var\, U_2 = ... = var\, U_n = \sigma_u^2 \qquad (3.3)$$

$$U_1, U_2, ..., U_n \text{ unabhängig.} \qquad (3.4)$$

Wenn die Voraussetzungen (3.1) - (3.4) erfüllt sind, sprechen wir vom *einfachen linearen Regressionsmodell*.

248   3. BLU-Schätzer für β_o und β_1

3.2 BLU-Eigenschaft von B_o und B_1

Für das einfache lineare Regressionsmodell besitzen von allen linearen unverzerrten Schätzern für die Regressionskoeffizienten die KQ-Schätzer

$$B_o = \bar{Y} - \bar{x} B_1$$

$$B_1 = \frac{\sum (x_i - \bar{x})(Y_i - \bar{Y})}{\sum (x_i - \bar{x})^2}$$

die kleinsten Varianzen. Sie werden deshalb die besten linearen unverzerrten (BLU-)Schätzer der Regressionskoeffizienten β_o und β genannt. Für die Varianzen gilt

$$\text{var } B_o = \frac{\sum x_i^2}{n \sum (x_i - \bar{x})^2} \sigma_u^2$$

$$\text{var } B_1 = \frac{\sigma_u^2}{\sum (x_i - \bar{x})^2}.$$

Beweis: Wir zeigen zunächst die BLU-Eigenschaft für B_1. Dazu betrachten wir eine beliebige lineare Funktion

$$B = c_o + \sum_{i=1}^{n} c_i Y_i$$

der Beobachtungen Y_i, $i = 1, 2, ..., n$. Wegen

$$\begin{aligned} EB &= c_o + \sum c_i E Y_i = c_o + \sum c_i (\beta_o + \beta_1 x_i) \\ &= c_o + \beta_o \sum c_i + \beta_1 \sum c_i x_i \end{aligned}$$

ist B für beliebige Werte von β_o und β_1 genau dann erwartungstreue Schätzfunktion für β_1, wenn erfüllt ist

$$c_o = 0, \quad \sum c_i = 0, \quad \sum c_i x_i = 1. \tag{3.5}$$

Da $Y_1, Y_2, ..., Y_n$ unabhängig sind, gilt für die Varianz (vgl. W(3.7))

$$\text{var } B = \sum c_i^2 \text{ var } Y_i = \sigma_u^2 \cdot \sum c_i^2. \tag{3.6}$$

Sie wird für eine erwartungstreue Schätzfunktion von β_1 am kleinsten, wenn die c_i unter den Nebenbedingungen (3.5) so gewählt werden, daß Σc_i^2 minimal ist. Wegen (3.5) gilt

$$\sum c_i (x_i - \bar{x}) = \sum c_i x_i - \bar{x} \sum c_i = 1$$

3.2 BLU-Eigenschaft von B_0 und B_1

und es folgt

$$\sum \left[c_i - \frac{x_i - \bar{x}}{\sum(x_i - \bar{x})^2}\right]^2 = \sum c_i^2 - 2\sum \frac{c_i(x_i - \bar{x})}{\sum(x_i - \bar{x})^2} + \sum \frac{(x_i - \bar{x})^2}{[\sum(x_i - \bar{x})^2]^2}$$

$$= \sum c_i^2 - \frac{2}{\sum(x_i - \bar{x})^2} + \frac{1}{\sum(x_i - \bar{x})^2}$$

$$= \sum c_i^2 - \frac{1}{\sum(x_i - \bar{x})^2}$$

oder

$$\sum c_i^2 = \sum \left[c_i - \frac{x_i - \bar{x}}{\sum(x_i - \bar{x})^2}\right]^2 + \frac{1}{\sum(x_i - \bar{x})^2} .$$

Da die rechte Seite am kleinsten wird, wenn der erste Summand verschwindet, ist Σc_i^2 unter den Nebenbedingungen (3.5) minimal für

$$c_i = \frac{x_i - \bar{x}}{\sum(x_i - \bar{x})^2} \quad ; \quad i = 1, 2, ..., n . \tag{3.7}$$

Also ist

$$\sum c_i Y_i = \sum \frac{x_i - \bar{x}}{\sum(x_i - \bar{x})^2} Y_i = \sum \frac{x_i - \bar{x}}{\sum(x_i - \bar{x})^2} (Y_i - \bar{Y}) = B_1$$

BLU-Schätzer für β_1.

Entsprechend erfolgt der Beweis im Falle β_0. Die lineare Funktion B ist für beliebige Werte von β_0 und β_1 genau dann erwartungstreue Schätzfunktion für β_0, wenn gilt

$$c_0 = 0, \quad \sum c_i = 1, \quad \sum c_i x_i = 0 .$$

Wie oben zeigt man, daß unter diesen Nebenbedingungen Σc_i^2 minimal wird für

$$c_i = \frac{1}{n} - \bar{x}\frac{x_i - \bar{x}}{\sum(x_i - \bar{x})^2} \quad ; \quad i = 1, 2, ..., n . \tag{3.8}$$

Dann ist

$$\sum \left[\frac{1}{n} - \bar{x}\frac{x_i - \bar{x}}{\sum(x_i - \bar{x})^2}\right] Y_i = \frac{1}{n}\sum Y_i - \bar{x}\sum \frac{x_i - \bar{x}}{\sum(x_i - \bar{x})^2} Y_i$$

$$= \bar{Y} - \bar{x}B_1 = B_0$$

BLU-Schätzer für β_0.

Wegen (3.6) und (3.7) bzw. (3.8) erhält man für die Varianzen von B_0 und B_1 im einfachen linearen Regressionsmodell

$$\text{var } B_0 = \sigma_u^2 \sum \left[\frac{1}{n} - \bar{x}\frac{x_i - \bar{x}}{\sum(x_i - \bar{x})^2}\right]^2$$

$$= \sigma_u^2 \left[n \cdot \frac{1}{n^2} - \frac{2\bar{x}\sum(x_i - \bar{x})}{n\sum(x_i - \bar{x})^2} + \frac{\bar{x}^2 \cdot \sum(x_i - \bar{x})^2}{[\sum(x_i - \bar{x})^2]^2}\right]$$

$$= \sigma_u^2 \left[\frac{1}{n} + \frac{\bar{x}^2}{\sum(x_i - \bar{x})^2}\right] = \sigma_u^2 \frac{\Sigma x_i^2}{n\sum(x_i - \bar{x})^2}$$

250   3. BLU-Schätzer für β_o und β_1

und
$$\operatorname{var} B_1 = \sigma_u^2 \sum \left[\frac{x_i - \bar{x}}{\Sigma(x_i - \bar{x})^2}\right]^2 = \frac{\sigma_u^2}{\Sigma(x_i - \bar{x})^2}.$$

3.3 Unverzerrte Schätzer für var B_o und var B_1

Im allgemeinen wird σ_u unbekannt sein. Dann lassen sich die angegebenen Varianzen nicht berechnen und müssen geschätzt werden. Wegen

$$E \sum (Y_i - \beta_o - \beta_1 x_i)^2 = \sum E U_i^2 = n \sigma_u^2$$

ist die mittlere quadratische Abweichung der Beobachtungen von der (wahren) Regressionsgeraden, also

$$\frac{1}{n} \sum (Y_i - \beta_o - \beta_1 x_i)^2$$

eine Zufallsvariable, deren Erwartungswert σ_u^2 ist. Deren Realisationen können aber nicht berechnet werden, da β_o und β_1 unbekannt sind. Da die geschätzte Regressionsgerade - wie wir gesehen haben - diejenige Gerade ist, welche die Summe der quadrierten Abweichungen der Beobachtungen minimiert, gilt

$$\sum (Y_i - B_o - B_1 x_i)^2 \leq \sum (Y_i - \beta_o - \beta_1 x_i)^2$$

weshalb σ_u^2 durch
$$\frac{1}{n} \sum (Y_i - B_o - B_1 x_i)^2$$

im Mittel unterschätzt wird. Man kann aber zeigen:

Die Zufallsvariable

$$S_u^2 = \frac{1}{n-2} \sum (Y_i - B_o - B_1 x_i)^2$$

ist eine unverzerrte Schätzfunktion für σ_u^2.

Beweis: Wegen
$$E Y_i = \beta_o + \beta_1 x_i = E(B_o + B_1 x_i)$$
hat man mit W(3.2)

$$\begin{aligned} E(Y_i - B_o - B_1 x_i)^2 &= \operatorname{var}(Y_i - B_o - B_1 x_i) \\ &= \operatorname{var} Y_i - 2 \operatorname{cov}(Y_i\,;\, B_o + B_1 x_i) + \operatorname{var}(B_o + B_1 x_i). \end{aligned}$$

Nun gilt

$$\begin{aligned} B_o + B_1 x_i &= \bar{Y} - B_1 \bar{x} + B_1 x_i \\ &= \bar{Y} + B_1(x_i - \bar{x}) \\ &= \sum_{j=1}^{n} \left[\frac{1}{n} + (x_i - \bar{x}) \frac{x_j - \bar{x}}{\sum (x_j - \bar{x})^2} \right] Y_j \\ &= \sum_{j=1}^{n} a_{ij} Y_j . \end{aligned}$$

Dabei ist gesetzt

$$a_{ij} = \frac{1}{n} + (x_i - \bar{x}) \frac{x_j - \bar{x}}{\sum_j (x_j - \bar{x})^2} .$$

Wegen der Unabhängigkeit der Y_j folgt

$$\begin{aligned} \operatorname{var}(B_o + B_1 x_i) &= \operatorname{var} \sum_j a_{ij} Y_j \\ &= \sum_j a_{ij}^2 \operatorname{var} Y_j \\ &= \sigma_u^2 \sum_j a_{ij}^2 \end{aligned}$$

$$\begin{aligned} \operatorname{cov}(Y_i ; B_o + B_1 x_i) &= \operatorname{cov}\left(Y_i ; \sum_j a_{ij} Y_j\right) \\ &= \sum_j a_{ij} \operatorname{cov}(Y_i ; Y_j) \\ &= a_{ii} \operatorname{var} Y_i = a_{ii} \sigma_u^2 . \end{aligned}$$

Man erhält also

$$\begin{aligned} E(Y_i - B_o - B_1 x_i)^2 &= \sigma_u^2 - 2 a_{ii} \sigma_u^2 + \sigma_u^2 \sum_j a_{ij}^2 \\ &= \left(1 - 2 a_{ii} + \sum_j a_{ij}^2\right) \sigma_u^2 \end{aligned}$$

und daher

$$E \sum_i (Y_i - B_o - B_1 x_i)^2 = \left(n - 2 \sum_i a_{ii} + \sum_{i,j} a_{ij}^2\right) \sigma_u^2 .$$

Für die a_{ij} hat man

$$\sum_i a_{ii} = \sum_i \left[\frac{1}{n} + \frac{(x_i - \bar{x})^2}{\sum (x_j - \bar{x})^2} \right]$$

3. BLU-Schätzer für β_o und β_1

$$= n \cdot \frac{1}{n} + \frac{\sum (x_i - \bar{x})^2}{\sum (x_j - \bar{x})^2}$$

$$= 1 + 1 = 2$$

$$\sum_{i,j} a_{ij}^2 = \sum_{i,j} \left[\frac{1}{n} + \frac{(x_i - \bar{x}) \cdot (x_j - \bar{x})}{\sum_j (x_j - \bar{x})^2} \right]^2$$

$$= \sum_{i,j} \frac{1}{n^2} + \frac{2}{n \sum_j (x_j - \bar{x})^2} \sum_i (x_i - \bar{x}) \sum_j (x_j - \bar{x})$$

$$+ \frac{\sum_{i,j} (x_i - \bar{x})^2 (x_j - \bar{x})^2}{\left[\sum_j (x_j - \bar{x})^2 \right]^2}$$

$$= 1 + 0 + 1 = 2 \, .$$

Damit folgt die Behauptung

$$E \sum_i (Y_i - B_o - B_1 x_i)^2 = (n - 2 \cdot 2 + 2) \sigma_u^2$$

$$= (n - 2) \sigma_u^2 \, .$$

Die Berechnung von S_u^2 erfolgt zweckmäßigerweise nicht nach der Definitionsgleichung, sondern mit Hilfe der Identitäten

$$S_u^2 = \frac{1}{n-2} \left[\sum Y_i^2 - B_o \sum Y_i - B_1 \sum x_i Y_i \right]$$

$$= \frac{1}{n-2} \left[\sum (Y_i - \bar{Y})^2 - B_1^2 \sum (x_i - \bar{x})^2 \right] \, .$$

Zum Beweis dieser Identität betrachten wir die **Normalgleichungen** (2.5) und (2.6):

$$\sum (y_i - b_o - b_1 x_i) = 0$$

$$\sum (y_i - b_o - b_1 x_i) x_i = 0 \, .$$

Es folgt

$$(n-2)s_u^2 = \sum(y_i - b_o - b_1 x_i)^2$$
$$= \sum(y_i - b_o - b_1 x_i)y_i - b_o \sum(y_i - b_o - b_1 x_i)$$
$$\quad - b_1 \sum(y_i - b_o - b_1 x_i)x_i$$
$$= \sum y_i^2 - b_o \sum y_i - b_1 \sum x_i y_i \,.$$

Das beweist die erste Identität. Wegen

$$b_o \sum y_i = (\bar{y} - b_1 \bar{x}) \sum y_i = n(\bar{y}^2 - b_1 \bar{x}\bar{y})$$

folgt weiter

$$(n-2)s_u^2 = \sum y_i^2 - n\bar{y}^2 - b_1 \left(\sum x_i y_i - n\bar{x}\bar{y} \right)$$
$$= \sum(y_i - \bar{y})^2 - b_1 \sum(x_i - \bar{x})(y_i - \bar{y})$$
$$= \sum(y_i - \bar{y})^2 - b_1^2 \sum(x_i - \bar{x})^2$$

womit auch die zweite Identität nachgewiesen ist. Damit ist gezeigt:

Unverzerrter Schätzer für $\text{var } B_o$ *ist*

$$\frac{\sum x_i^2}{n(\sum x_i^2 - n\bar{x}^2)} S_u^2 = \frac{\sum x_i^2}{n \sum(x_i - \bar{x})^2} S_u^2 \,.$$

Unverzerrter Schätzer für $\text{var } B_1$ *ist*

$$\frac{S_u^2}{\sum x_i^2 - n\bar{x}^2} = \frac{S_u^2}{\sum(x_i - \bar{x})^2} \,.$$

Dabei berechnet man S_u^2 *gemäß*

$$S_u^2 = \frac{1}{n-2} \left[\sum Y_i^2 - B_o \sum Y_i + B_1 \sum x_i Y_i \right]$$
$$= \frac{1}{n-2} \left[\sum(Y_i - \bar{Y})^2 - B_1^2 \sum(x_i - \bar{x})^2 \right] \,.$$

Beispiel 3.1:
Sind für die Daten der in Beispiel 2.1 geschätzten Preis-Absatz-Funktion die Bedingungen des einfachen linearen Regressionsmodells erfüllt, so ist

$$S_u^2 = \frac{1}{n-2} \left[\sum(Q_i - \bar{Q})^2 - B_1^2 \sum(p_i - \bar{p})^2 \right]$$

3. BLU-Schätzer für β_o und β_1

eine erwartungstreue Schätzfunktion für die Varianz der Störvariablen. Wegen

$$\sum (q_i - q)^2 = 100 + 900 + 16 + 100 + 676 = 1792$$

ergibt sich der Zahlenwert

$$s_u^2 = \frac{1}{5-2} \left[1792 - (-5)^2 \cdot 68 \right] = \frac{92}{3}.$$

Als Schätzwert für die Varianz von B_1 *ergibt sich*

$$\frac{s_u^2}{\sum (p_i - \bar{p})^2} = \frac{92}{3 \cdot 68} = 0,4510.$$

4
Konfidenzintervalle für β_o und β_1

4.1 Konfidenzintervalle bei normalverteilten Residuen

Wenn Konfidenzintervalle für β_o und β_1 berechnet werden sollen, muß die Verteilung der BLU-Schätzer B_o und B_1 bekannt sein. Wir werden deshalb zunächst zusätzlich zu den Voraussetzungen des einfachen linearen Regressionsmodells fordern, daß die Residualvariablen $U_1, U_2, ..., U_n$ normalverteilte Zufallsvariablen sind. Dann sind die U_i im einfachen linearen Regressionsmodell unabhängige $(0;\ \sigma_u)$-normalverteilte Zufallsvariablen und die Beobachtungen

$$Y_i = \beta_o + \beta_1 x_i + U_i \ ; \quad i = 1, 2, ..., n$$

sind unabhängige $(\beta_o + \beta_1 x_i, \sigma_u)$-normalverteilte Zufallsvariablen mit den in Abb. 4.1 dargestellten Verteilungen.

256   4. Konfidenzintervalle für β_o und β_1

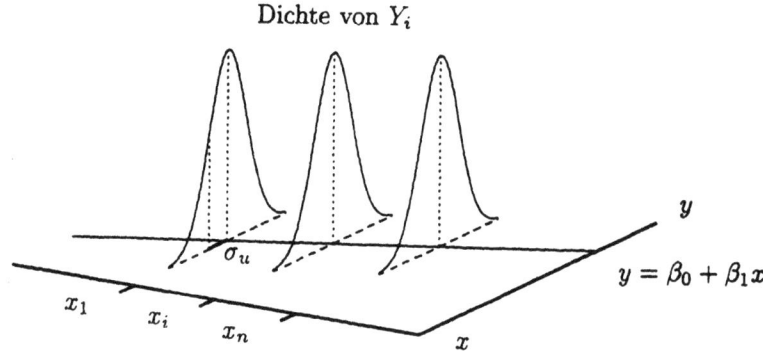

Abb. 4.1

Die Schätzfunktionen B_o und B_1 sind dann als lineare Funktionen der Y_i ebenfalls normalverteilt (vgl. W 5.3). Daher sind die Zufallsvariablen

$$\frac{B_i - \beta_i}{\sqrt{var\ B_i}} \quad ; \quad i = 0,\ 1$$

standardnormalverteilt, und es gilt

$$W\left(-z_{\alpha/2} \leq \frac{B_i - \beta_i}{\sqrt{var\ B_i}} \leq z_{\alpha/2}\right) = 1 - \alpha \quad ; \quad i = 0,\ 1.$$

Mit den üblichen Überlegungen bei der Konstruktion von Konfidenzintervallen folgt dann, daß das Intervall

$$\left[B_i - z_{\alpha/2} \cdot \sqrt{var\ B_i}\ ;\ B_i + z_{\alpha/2} \cdot \sqrt{var\ B_i}\right]$$

den Parameter β_i mit der Wahrscheinlichkeit $1 - \alpha$ überdeckt ($i = 0,\ 1$). Mit den in 3.3 berechneten Varianzen von B_o und B_1 ergibt sich dann bei bekanntem σ_u zur Konfidenzzahl $1 - \alpha$ für β_o das Konfidenzintervall

$$\left[B_o - z_{\alpha/2} \cdot \sigma_u \sqrt{\frac{\Sigma x_i^2}{n\Sigma(x_i - \bar{x})^2}}\ ;\ B_o + z_{\alpha/2} \cdot \sigma_u \sqrt{\frac{\Sigma x_i^2}{n\Sigma(x_i - \bar{x})^2}}\right] \quad (4.1)$$

und für β_1 das Konfidenzintervall

$$\left[B_1 - z_{\alpha/2} \frac{\sigma_u}{\sqrt{\Sigma(x_i - \bar{x})^2}}\ ;\ B_1 + z_{\alpha/2} \frac{\sigma_u}{\sqrt{\Sigma(x_i - \bar{x})^2}}\right]. \quad (4.2)$$

Im allgemeinen wird σ_u unbekannt sein. Dann muß σ_u durch S_u geschätzt werden. Man kann nun zeigen, daß die Zufallsvariablen

$$\frac{B_o - \beta_o}{S_u}\sqrt{\frac{n\sum(x_i-\bar{x})^2}{\sum x_i^2}} \quad \text{und} \quad \frac{(B_1-\beta_1)\sqrt{\sum(x_i-\bar{x})^2}}{S_u}$$

STUDENT-t-verteilt sind mit $n-2$ Freiheitsgraden (vgl. SCHNEEWEISS (1990), S.66 ff.). Damit haben wir:

Im einfachen linearen Regressionsmodell mit normalverteilten Residualvariablen ist

$$\left[B_o - t_{n-2;\,\frac{\alpha}{2}} S_u \sqrt{\frac{\sum x_i^2}{n\sum(x_i-\bar{x})^2}} \;;\; B_o + t_{n-2;\,\frac{\alpha}{2}} S_u \sqrt{\frac{\sum x_i^2}{n\sum(x_i-\bar{x})^2}}\right] \quad (4.3)$$

ein Konfidenzintervall zur Konfidenzzahl $1-\alpha$ *für* β_o *und*

$$\left[B_1 - t_{n-2;\,\frac{\alpha}{2}} \frac{S_u}{\sqrt{\sum(x_i-\bar{x})^2}} \;;\; B_1 + t_{n-2;\,\frac{\alpha}{2}} \frac{S_u}{\sqrt{\sum(x_i-\bar{x})^2}}\right] \quad (4.4)$$

ein Konfidenzintervall zur Konfidenzzahl $1-\alpha$ *für* β_1.

Beispiel 4.1:
Sind für die Daten der in Beispiel 2.1 geschätzten Preis-Absatz-Funktion die Bedingungen des einfachen linearen Regressionsmodells mit normalverteilten Residualvariablen erfüllt, so ist bei Berücksichtigung des in Beispiel 3.1 berechneten Schätzwerts für var B_1

$$\left[B_1 - t_{n-2;\,0{,}025} \cdot \frac{S_u}{\sqrt{\sum(p_i-\bar{p})^2}} \;;\; B_1 + t_{n-2;\,0{,}025} \frac{S_u}{\sqrt{\sum(p_i-\bar{p})^2}}\right]$$

$$= \left[-5 - 3{,}182 \cdot \sqrt{0{,}4510} \;;\; -5 + 3{,}182 \cdot \sqrt{0{,}4510}\right]$$
$$= \left[-5 - 3{,}182 \cdot 0{,}6716 \;;\; -5 + 3{,}182 \cdot 0{,}6716\right]$$
$$= \left[-7{,}137 \;;\; -2{,}863\right]$$

ein 95%-Konfidenzintervall für die Steigung β_1 *der unbekannten Preis-Absatz-Funktion.*

4.2 Konfidenzintervalle bei großem n

Wir wollen nun nicht voraussetzen, daß die Residualvariablen im einfachen linearen Regressionsmodell normalverteilt sind, sondern annehmen, daß die

4. Konfidenzintervalle für β_o und β_1

Zahl der Beobachtungen groß ist ($n \geq 50$). Die BLU-Schätzer der Regressionskoeffizienten sind Summen von unabhängigen Zufallsvariablen

$$c_i Y_i \quad ; \quad i = 1,...,n$$

wobei die Koeffizienten c_i allein von den Werten $x_1, x_2, .., x_n$ der erklärenden Variablen x abhängen. Für die Varianzen der Summanden gilt

$$\text{var } c_i Y_i = c_i^2 \cdot \sigma_u^2 .$$

In W 5.6 wurde darauf hingewiesen, daß der Zentrale Grenzwertsatz für Summen unabhängiger Zufallsvariablen schon dann gilt, wenn sich die Varianzen der Summanden "nicht zu sehr" voneinander unterscheiden. Da das bei allen praktisch relevanten Fragestellungen erfüllt ist, können wir bei großer Beobachtungszahl ($n \geq 50$) davon ausgehen, daß die BLU-Schätzer B_o und B_1 in guter Näherung normalverteilt sind. Dann sind die Zufallsvariablen

$$\frac{B_i - \beta_i}{\sqrt{\text{var } B_i}} \quad ; \quad i = 0; 1$$

standardnormalverteilt und wie in 4.1 ergeben sich dann bei bekanntem σ_u für β_o und β_1 zur Konfidenzzahl $1 - \alpha$ die Konfidenzintervalle (4.1) und (4.2). Bei großem n darf dabei auch σ_u durch S_u ersetzt werden. Damit haben wir:

Im einfachen linearen Regressionsmodell ist bei großem n

$$\left[B_o - z_{\alpha/2}\, S_u \sqrt{\frac{\Sigma x_i^2}{n \sum (x_i - \bar{x})^2}} \; ; \; B_o + z_{\alpha/2}\, S_u \sqrt{\frac{\Sigma x_i^2}{n \sum (x_i - \bar{x})^2}} \right] \quad (4.5)$$

ein Konfidenzintervall zur Konfidenzzahl $1 - \alpha$ für β_o und

$$\left[B_1 - z_{\alpha/2}\, \frac{S_u}{\sqrt{\sum (x_i - \bar{x})^2}} \; ; \; B_1 + z_{\alpha/2}\, \frac{S_u}{\sqrt{\sum (x_i - \bar{x})^2}} \right] \quad (4.6)$$

ein Konfidenzintervall zur Konfidenzzahl $1 - \alpha$ für β_1.

Die Konfidenzintervalle (4.3) und (4.5) bzw. (4.4) und (4.6) unterscheiden sich nur darin, daß die t-Werte durch die entsprechenden z-Werte ersetzt sind. Da S_u^2 eine erwartungstreue Schätzfunktion für σ_u^2 ist, wird σ_u durch S_u im Durchschnitt unterschätzt (vgl. S 1.2), was sich besonders bei kleinem Stichprobenumfang bemerkbar macht. Das wird ausgeglichen durch die gegenüber den z-Werten größeren t-Werte. Für $n \geq 30$ können die t-Werte durch die z-Werte ersetzt werden.

5
Prüfen von Hypothesen über β_o und β_1

5.1 Tests bei normalverteilten Residuen

Wir betrachten das einfache lineare Regressionsmodell mit normalverteilten Residualvariablen. Wenn β_o^* irgendeine vorgegebene reelle Zahl ist und die Nullhypothese

$$H_o : \beta_o = \beta_o^*$$

beim Signifikanzniveau α geprüft werden soll, berechnet man die Prüfgröße

$$\frac{(B_o - \beta_o^*)\sqrt{n\Sigma(x_i - \bar{x})^2}}{S_u\sqrt{\Sigma x_i^2}}.$$

Bei Gültigkeit von H_o ist sie STUDENT-t-verteilt mit $n-2$ Freiheitsgraden. Daher sieht man die Nullhypothese beim Signifikanzniveau α als widerlegt an, wenn die Prüfgröße einen Wert aus dem Ablehnungsbereich

$$K = (-\infty;\ -t_{n-2;\ \alpha/2}) \cup (t_{n-2;\ \alpha/2};\ \infty)$$

annimmt.

Zur Prüfung der Hypothese

$$H_o : \beta_o \leq \beta_o^* \quad \text{bzw.} \quad H_o : \beta_o \geq \beta_o^*$$

verwendet man dieselbe Prüfgröße wie vorher. Beim Signifikanzniveau α ergeben sich die Ablehnungsbereiche

$$K = (t_{n-2;\ \alpha};\ \infty) \quad \text{bzw.} \quad K = (-\infty;\ -t_{n-2;\ \alpha})\ .$$

5. Prüfen von Hypothesen über β_o und β_1

Ist β_1^* eine vorgegebene reelle Zahl, so kann die Hypothese

$$H_o : \beta_1 = \beta_1^*$$

mit Hilfe der Prüfgröße

$$\frac{(B_1 - \beta_1^*)\sqrt{\Sigma(x_i - \bar{x})^2}}{S_u} \qquad (5.1)$$

getestet werden. Bei Gültigkeit von H_o ist sie STUDENT-t-verteilt mit $n-2$ Freiheitsgraden. Daher wird man H_o beim Signifikanzniveau α ablehnen, wenn der Wert der Prüfgröße in den Ablehnungsbereich

$$K = (-\infty;\ -t_{n-2;\ \alpha/2}) \cup (t_{n-2;\ \alpha/2};\ \infty)$$

fällt.

Entsprechend werden die Hypothesen

$$H_o : \beta_1 \leq \beta_1^* \quad \text{bzw.} \quad H_o : \beta_1 \geq \beta_1^*$$

beim Signifikanzniveau α abgelehnt, wenn die gleiche Prüfgröße einen Wert aus dem Ablehnungsbereich

$$K = (t_{n-2;\alpha};\ \infty) \quad \text{bzw.} \quad K = (-\infty;\ -t_{n-2;\alpha})$$

annimmt.

Beispiel 5.1:
Wir nehmen an, daß die Daten des Beispiels 2.1 den Voraussetzungen des einfachen linearen Regressionsmodells mit normalverteilten Residualvariablen genügen. Geprüft werden soll beim Signifikanzniveau 1%, ob

$$H_o : \beta_1 = 0$$

abgelehnt wird. Da der Prüfgrößenwert (vgl. Beispiel 4.1)

$$(b_1 - 0)\frac{\sqrt{\Sigma(p_i - \bar{p})^2}}{s_u} = \frac{-5}{0,6716} = -7,4455$$

im Ablehnungsbereich

$$\begin{aligned}K &= (-\infty;\ -t_{3;\ 0,005}) \cup (t_{3;\ 0,005};\ \infty)\\ &= (-\infty;\ -5,841) \cup (5,841;\ \infty)\end{aligned}$$

liegt, kann beim Signifikanzniveau 1% behauptet werden, es gelte $\beta_1 \neq 0$.

In ökonomischen Arbeiten wird die Prüfgröße (5.1) auch als **t-Statistik** bezeichnet. Schätzwerten von Regressionskoeffizienten wird häufig in Klammern der Betrag der t-Statistik für $\beta_1 = 0$ angefügt. Es handelt sich dabei um den Betrag der Prüfgröße des Tests der Nullhypothese $\beta_1 = 0$. Der in Klammern angeführte Wert ist also mit einem Wert der zugehörigen STUDENT-t-Verteilung (im obigen Beispiel mit $t_{n-2;\,\alpha/2}$) zu vergleichen. So soll dem Leser ohne eigenen Rechenaufwand eine Vorstellung davon vermittelt werden, wie hoch der geschätzte Regressionskoeffizient statistisch gegen 0 abgesichert ist. Im obigen Beispiel wäre dem Schätzwert $B_1 = -5$ also $(7, 445)$ anzufügen.

5.2 Tests bei großem n

Bei großer Beobachtungszahl $(n \geq 50)$ können die in 5.1 betrachteten Tests auch dann durchgeführt werden, wenn die Residualvariablen nicht normalverteilt sind. In diesem Falle ist die Prüfgröße (5.1) näherungsweise standardnormalverteilt (vgl. 4.2). In den in 5.1 angegebenen Ablehnungsbereichen sind dann die t_{n-2}-Werte durch die z-Werte der Standardnormalverteilung zu ersetzen.

6
Aufgaben

Aufgabe 1:
Ein Unternehmer unterstellt für den Zusammenhang zwischen der in Periode i produzierten Stückzahl x_i und den dabei anfallenden Kosten Y_i das einfache lineare Regressionsmodell mit normalverteilten Residuen. Die Daten von 20 Perioden ergeben folgende Werte:

$$\bar{x} = 120$$
$$\bar{y} = 54$$
$$\sum x_i^2 = 305\,000$$
$$\sum y_i^2 = 60\,400$$
$$\sum x_i y_i = 133\,500\,.$$

a) Wie lautet die geschätzte Kostenfunktion?
b) Geben Sie Konfidenzintervalle zur Konfidenzzahl 95% für die fixen Kosten und die variablen Stückkosten des Unternehmers an.

Lösung:
a) Um die geschätzte Kostenfunktion zu ermitteln, haben wir die Schätzwerte b_o und b_1 für die Regressionskoeffizienten β_o und β_1 zu berechnen. Es gilt

$$b_o = \bar{y} - b_1 \bar{x}$$
$$b_1 = \frac{\sum x_i y_i - n\bar{x}\bar{y}}{\sum x_i^2 - n\bar{x}^2}\,.$$

Durch Einsetzen der gegebenen Zahlenwerte erhalten wir

$$b_1 = \frac{133\,500 - 20 \cdot 120 \cdot 54}{305\,000 - 20 \cdot 120^2} = 0,2294$$

$$b_o = \bar{y} - b_1 \bar{x} = 54 - 0,2294 \cdot 120 = 26,4720.$$

Die geschätzte Kostenfunktion lautet also

$$y = 26,4720 + 0,2294 \cdot x.$$

b) *Es sind Konfidenzintervalle zur Konfidenzzahl 0,95 für die fixen Kosten und die variablen Stückkosten, d.h. für β_o und β_1 zu bestimmen. Die Konfidenzintervalle zur Konfidenzzahl $1-\alpha$ lauten*

$$\left[B_o - t_{n-2;\alpha/2}\, S_u \sqrt{\frac{\sum x_i^2}{n \sum (x_i - \bar{x})^2}} \ ; \ B_o + t_{n-2;\alpha/2}\, S_u \sqrt{\frac{\sum x_i^2}{n \sum (x_i - \bar{x})^2}} \right]$$

bzw.

$$\left[B_1 - t_{n-2;\alpha/2} \frac{S_u}{\sqrt{\sum (x_i - \bar{x})^2}} \ ; \ B_1 + t_{n-2;\alpha/2} \frac{S_u}{\sqrt{\sum (x_i - \bar{x})^2}} \right].$$

Nun ist

$$\sum (x_i - \bar{x})^2 = \sum x_i^2 - n\bar{x}^2 = 305\,000 - 20 \cdot 120^2 = 17\,000.$$

Weiter gilt für die Realisation von S_u^2

$$\begin{aligned} s_u^2 &= \frac{1}{n-2} \left[\sum y_i^2 - b_o \sum y_i - b_1 \sum x_i y_i \right] \\ &= \frac{1}{n-2} \left[\sum y_i^2 - b_o\, n\, \bar{y} - b_1 \sum x_i y_i \right] \\ &= \frac{1}{18} \left[60\,400 - 26,472 \cdot 20 \cdot 54 - 0,2294 \cdot 133\,500 \right] \\ &= 65,852 \end{aligned}$$

und damit

$$s_u = 8,1149.$$

Für $t_{n-2;\alpha/2}$ ergibt sich wegen $n=20$ und $\alpha/2 = 0,025$

$$t_{18;0,025} = 2,101.$$

Die Endpunkte des Konfidenzintervalls für β_o sind dann

$$26,472 \pm 2,101 \cdot 8,1149 \cdot \sqrt{\frac{305\,000}{20 \cdot 17\,000}} = 26,4720 \pm 16,1480.$$

Als Konfidenzintervall für β_o erhält man also

$$[10,3240 \ ; \ 42,6200].$$

Für die Endpunkte des Konfidenzintervalls für β_1 gilt

$$0,2294 \pm 2,101 \frac{8,1149}{\sqrt{17\,000}} = 0,2294 \pm 0,1308.$$

Das gesuchte Konfidenzintervall für β_1 ist dann

$$[0,0986 \;;\; 0,3602].$$

Aufgabe 2:
Eine Zeitschrift unterstellt, daß für die Werbungskosten x_i und die Zahl neuer Abonnenten Y_i im Monat i das einfache lineare Regressionsmodell gilt. Die Auswertung der Daten von 52 Monaten ergibt:

$$\begin{aligned}
\sum x_i &= 3\,120 \\
\sum y_i &= 260 \\
\sum (x_i - \bar{x})^2 &= 10\,000 \\
\sum (y_i - \bar{y})^2 &= 59 \\
\sum (x_i - \bar{x})(y_i - \bar{y}) &= 300.
\end{aligned}$$

a) Schätzen Sie die Regressionsgerade.
b) Geben Sie für β_o und β_1 Konfidenzintervalle zur Konfidenzzahl 95,44% an.
c) Prüfen Sie die Hypothesen

$$\begin{aligned}
H_o &: \beta_1 \leq 0 \\
H_o &: \beta_o \leq 2
\end{aligned}$$

bei einem Signifikanzniveau von 1%.

Lösung:
a) Die Koeffizienten der geschätzten Regressionsgeraden

$$y = b_o + b_1 x$$

ergeben sich aus den Formeln

$$\begin{aligned}
b_o &= \bar{y} - b_1 \bar{x} \\
b_1 &= \frac{\sum x_i^* y_i^*}{\sum x_i^{*2}}
\end{aligned}$$

wobei wir zur Abkürzung setzen

$$\begin{aligned}
x_i^* &= x_i - \bar{x} \\
y_i^* &= y_i - \bar{y}.
\end{aligned}$$

266   6. Aufgaben

Für $\bar{x}$ und $\bar{y}$ ermittelt man aus den angegebenen Daten

$$\bar{x} = \frac{1}{n}\sum x_i = \frac{1}{52} 3\,120 = 60$$

$$\bar{y} = \frac{1}{n}\sum y_i = \frac{1}{52} 260 = 5\,.$$

Dann gilt

$$b_1 = \frac{300}{10\,000} = 0,03\,.$$

Daraus ergibt sich für b_o

$$b_o = 5 - 0,03 \cdot 60 = 3,2$$

und wir erhalten die Geradengleichung

$$y = 3,2 + 0,03x\,.$$

b) *Da der Stichprobenumfang groß ist, können Konfidenzintervalle für β_o und β_1 mit Hilfe des Zentralen Grenzwertsatzes berechnet werden. Die Konfidenzintervalle zur Konfidenzzahl $1-\alpha$ für β_o und β_1 sind dann*

$$\left[B_o - z_{\alpha/2}\, S_u \sqrt{\frac{\sum x_i^2}{n \sum x_i^{*2}}}\;;\; B_o + z_{\alpha/2}\, S_u \sqrt{\frac{\sum x_i^2}{n \sum x_i^{*2}}}\right]$$

$$\left[B_1 - z_{\alpha/2}\, \frac{S_u}{\sqrt{\sum x_i^{*2}}}\;;\; B_1 + z_{\alpha/2}\, \frac{S_u}{\sqrt{\sum x_i^{*2}}}\right]\,.$$

Mit $1-\alpha = 0,9544$ ergibt sich

$$z_{\alpha/2} = 2\,.$$

Für die Realisation von S_u^2 gilt

$$s_u^2 = \frac{1}{n-2}\left[\sum y_i^{*2} - b_1^2 \sum x_i^{*2}\right] = \frac{1}{50}\left(59 - 0,03^2 \cdot 10\,000\right) = 1\,.$$

Aus

$$\sum x_i^{*2} = \sum x_i^2 - n\bar{x}^2$$

folgt

$$\sum x_i^2 = \sum x_i^{*2} + n\bar{x}^2 = 10\,000 + 52 \cdot 3600 = 197\,200\,.$$

Damit erhalten wir

$$b_o \pm z_{\alpha/2}\, s_u \sqrt{\frac{\sum x_i^2}{n \sum x_i^{*2}}} = 3,2 \pm 2 \cdot 1 \cdot \sqrt{\frac{197\,200}{52 \cdot 10\,000}}$$

$$= 3,2 \pm 1,2316\,.$$

Als Konfidenzintervall für β_o ergibt sich

$$[1,9684 \; ; \; 4,4316] \; .$$

Entsprechend folgt

$$b_1 \pm z_{\alpha/2} \frac{s_u}{\sqrt{\sum x_i^{*2}}} = 0,03 \pm 2\frac{1}{\sqrt{10\,000}} = 0,03 \pm 0,02 \; .$$

Das Konfidenzintervall für β_1 lautet also

$$[0,01 \; ; \; 0,05] \; .$$

c) Die Nullhypothese

$$H_o : \beta_1 \leq 0$$

wird beim Signifikanzniveau 1% abgelehnt, wenn gilt

$$\frac{b_1 \sqrt{\sum x_i^{*2}}}{s_u} > z_{0,01} \; .$$

Es gilt

$$\phi(z_{0,01}) = 1 - 0,01 = 0,99$$
$$z_{0,01} = 2,327 \; .$$

Da die Ungleichung

$$\frac{b_1 \sqrt{\sum x_i^{*2}}}{s_u} = \frac{0,03 \cdot 100}{1} = 3 > 2,327$$

richtig ist, wird H_o beim Signifikanzniveau 1% abgelehnt.

Die Nullhypothese

$$H_o : \beta_o \leq 2$$

wird beim Signifikanzniveau 1% abgelehnt, wenn

$$\frac{(b_o - 2)\sqrt{n \sum x_i^{*2}}}{s_u \sqrt{\sum x_i^2}} > z_{0,01} = 2,327$$

erfüllt ist. Nun ist

$$\frac{(b_o - 2)\sqrt{n \sum x_i^{*2}}}{s_u \sqrt{\sum x_i^2}} = \frac{(3,2-2)\sqrt{52 \cdot 10\,000}}{1 \sqrt{197\,200}} = 1,9486 \; .$$

Beim Signifikanzniveau 1% kann also nicht behauptet werden, es gelte $\beta_o > 2$.

Aufgabe 3:
Ein Monopolist hat zu einigen Preisen Absatzmengen (pro Zeiteinheit) beobachtet:

Preis pro Stück in DM	Absatzmenge
20	220
18	260
15	350
12	480
10	600

a) Schätzen Sie eine Preis-Absatz-Funktion konstanter Preiselastizität.
b) Zeichnen Sie das Streuungsdiagramm und die geschätzte Preis-Absatz-Kurve.
c) Geben Sie Voraussetzungen an, unter denen Konfidenzintervalle für die Preiselastizität konstruiert werden können.
d) Berechnen Sie ein Konfidenzintervall zum Sicherheitsgrad 90% für die Preiselastizität.

Lösung:
Die Elastizität der Absatzmenge q in bezug auf den Preis ist für jeden Punkt der Preis-Absatz-Funktion wie folgt definiert:

$$\varepsilon_{q/p} = \frac{dq}{q} : \frac{dp}{p} = \frac{dq}{dp} \cdot \frac{p}{q} .$$

$\varepsilon_{q/p}$ ist also der Grenzwert des Quotienten

$$\frac{\text{relative Mengenänderung}}{\text{relative Preisänderung}} .$$

Man kann zeigen, daß alle Funktionen konstanter Preiselastizität der Nachfrage die Gestalt

$$q = c_o \, p^{c_1}$$

besitzen, wobei c_o und c_1 reelle Zahlen sind mit $c_o > 0$ und $c_1 = \varepsilon_{q/p}$.

a) Um die Koeffizienten c_o und c_1 schätzen zu können, logarithmieren wir die Preis-Absatz-Funktion

$$\log q = \log c_o + c_1 \log p . \qquad (6.1)$$

Man erhält dadurch eine lineare Funktion in den Variablen $\log q$, $\log p$. Die zu vorgegebenem Preis p tatsächlich beobachtete Menge Q hängt außer vom Preis noch von weiteren Einflußgrößen ab. Dann ist auf der rechten Seite von (6.1) eine Residualvariable zu ergänzen. Wählen wir also als Beobachtungen

$$x_i = \log p_i, \quad Y_i = \log Q_i \quad ; \quad i = 1, 2, \ldots, n$$

so können wir die Koeffizienten c_1 und $\log c_o$ schätzen durch

$$C_1 = \frac{\sum x_i Y_i - n \bar{x} \bar{Y}}{\sum x_i^2 - n \bar{x}^2} = \frac{\sum \log p_i \log Q_i - \frac{1}{n} \sum \log p_i \sum \log Q_i}{\sum (\log p_i)^2 - \frac{1}{n} (\sum \log p_i)^2}$$

$$\log C_o = \frac{1}{n} \sum \log Q_i - C_1 \cdot \frac{1}{n} \sum \log p_i .$$

Die Berechnung der notwendigen Summen erfolgt in der folgenden Tabelle:

p_i	$\log p_i$	$(\log p_i)^2$	Q_i	$\log Q_i$	$\log p_i \cdot \log Q_i$	$(\log Q_i)^2$
20	1,3010	1,6926	220	2,3424	3,0475	5,4868
18	1,2553	1,5758	260	2,4150	3,0315	5,8322
15	1,1761	1,3832	350	2,5441	2,9921	6,4724
12	1,0792	1,1647	480	2,6812	2,8936	7,1888
10	1,0000	1,0000	600	2,7782	2,7782	7,7184
$\sum$	5,8116	6,8163	-	12,7609	14,7429	32,6986

Wir erhalten

$$c_1 = \frac{14,7429 - \frac{1}{5} \cdot 5,8116 \cdot 12,7609}{6,8163 - \frac{1}{5}(5,8116)^2} = -1,4561$$

$$\log c_o = 2,5522 + 1,1623 \cdot 1,4561 = 4,2446$$

und damit

$$c_o = 17\,563\,.$$

Die geschätzte Preis-Absatz-Funktion lautet also

$$q = 17\,563\, p^{-1,4561}\,.$$

b) *Um die geschätzte Preis-Absatz-Kurve ungefähr zeichnen zu können, berechnen wir die Funktionswerte* $q(10)$, $q(15)$ *und* $q(20)$. *Wir erhalten*

$$\log q(10) = 4,2446 - 1,4561 \log 10 = 2,7885$$

d.h.

$$q(10) = 614,5$$

$$\log q(15) = 4,2446 - 1,4561 \log 15 = 2,5321$$

d.h.

$$q(15) = 340,5$$

$$\log q(20) = 4,2446 - 1,4561 \log 20 = 2,3502$$

d.h.

$$q(20) = 224,0\,.$$

Es ergibt sich die Darstellung in Abb. 6.1

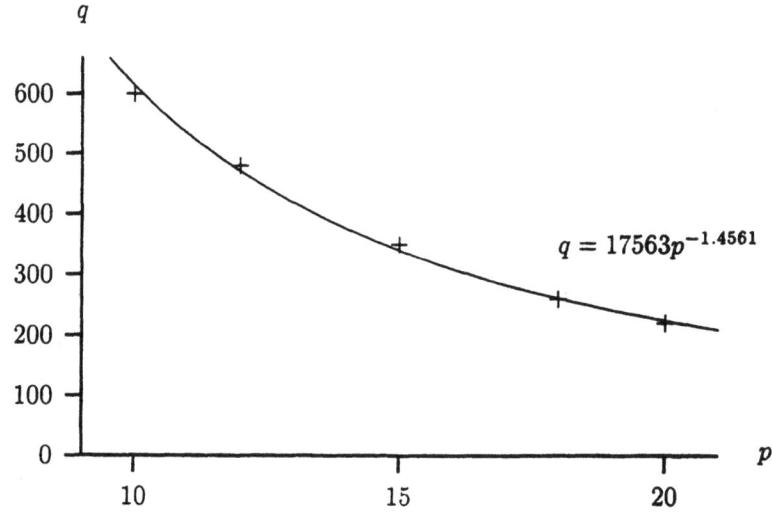

Abb. 6.1

c) *Um Konfidenzintervalle für die Regressionskoeffizienten konstruieren zu können, mußten wir voraussetzen, daß die Zufallsvariable Y für jeden festen Wert der Variablen x normalverteilt ist. Wegen (6.1) müssen wir dann bei der Berechnung von Konfidenzintervallen für die Preiselastizität c_1 voraussetzen, daß die Zufallsvariable $Y = \log Q$ bei vorgegebenem Preis normalverteilt ist. In diesem Falle besitzt Q bei festem p eine Dichtefunktion, wie sie in Abb. 6.2 dargestellt ist.*

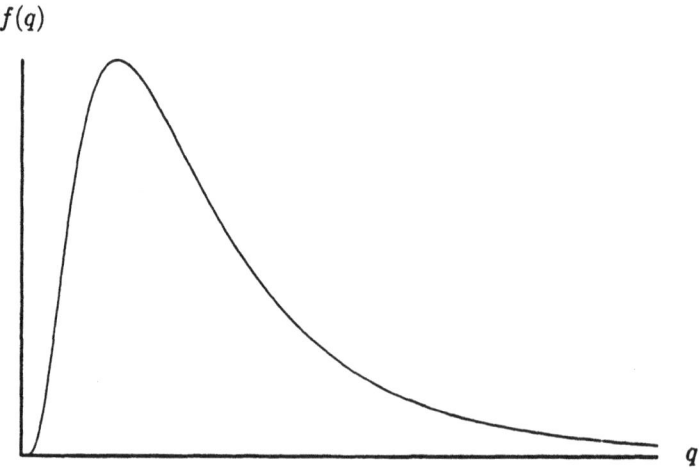

Abb. 6.2

Eine Zufallsvariable mit einer solchen Dichtefunktion heißt **lognormalverteilt.**

d) Sind die in c) angegebenen Voraussetzungen erfüllt, so ist

$$\left[C_1 - t_{n-2;\alpha/2} \frac{S_u}{\sqrt{\sum (x_i - \bar{x})^2}} \ ; \ C_1 + t_{n-2;\alpha/2} \frac{S_u}{\sqrt{\sum (x_i - \bar{x})^2}}\right]$$

ein Konfidenzintervall zur Konfidenzzahl $1-\alpha$ *für die unbekannte Preiselastizität* c_1. *Um* S_u *zu berechnen, benutzen wir die Beziehung*

$$S_u^2 = \frac{1}{n-2}\left[\sum Y_i^2 - B_o \sum Y_i - B_1 \sum x_i Y_i\right].$$

Dabei sind x_i, Y_i; B_o *und* B_1 *gemäß (6.1) durch* $\log p_i$, $\log Q_i$, $\log C_o$ *bzw.* C_1 *zu ersetzen. Es gilt also*

$$S_u^2 = \frac{1}{n-2}\left[\sum (\log Q_i)^2 - \log C_o \sum \log Q_i - C_1 \sum \log p_i \log Q_i\right].$$

Mit den in a) berechneten Werten folgt dann

$$s_u^2 = \frac{1}{5-2}[32,6986 - 4,2446 \cdot 12,7609 + 1,4561 \cdot 14,7429]$$

$$= 0,000\,2733.$$

Ferner ist

$$\sum (x_i - \bar{x})^2 = \sum x_i^2 - \frac{1}{n}\left(\sum x_i\right)^2$$

$$= \sum (\log p_i)^2 - \frac{1}{n}\left(\sum \log p_i\right)^2$$

$$= 0,06136.$$

Damit folgt

$$\frac{s_u^2}{\sum (x_i - \bar{x})^2} = \frac{0,0002733}{0,06136} = 0,004454$$

$$t_{3;0,05} \cdot \frac{s_u}{\sqrt{\sum(x_i - \bar{x})^2}} = 2,353 \cdot \sqrt{0,004454} = 0,1570.$$

Die Grenzen des 90%-Konfidenzintervalls für c_1 *sind*

$$c_1 \pm t_{3;0,05} \cdot \frac{s_u}{\sqrt{\sum(x_i - \bar{x})^2}} = -1,4561 \pm 0,1570.$$

Das gesuchte 90%-Konfidenzintervall für die unbekannte Preiselastizität ist dann

$$[-1,6131 \ ; \ -1,2991].$$

Anhang

1
Mathematische Hilfsmittel

1.1 Mengen

Jede Zusammenfassung von Personen oder Dingen nennt man **Menge**. So spricht man beispielsweise von der Menge der Studierenden einer Fakultät, von der Menge der in einem Kreis zugelassenen Personenwagen oder von der Menge der ganzen Zahlen. Die in einer Menge zusammengefaßten Personen oder Dinge bezeichnet man als **Elemente** der Menge.

Eine Menge, die nur endlich viele Elemente enthält, heißt **endlich**. Ist A eine endliche Menge mit den Elementen $e_1, e_2, ..., e_k$, so schreibt man

$$A = \{e_1, e_2, ..., e_k\} \;.$$

Bei unendlichen Mengen gibt man die Elemente soweit an, bis das Bildungsgesetz für alle weiteren Elemente klar ist, oder man nennt die Eigenschaften, durch die die Elemente der Menge charakterisiert sind. Zum Beispiel ist

$$\{2, 4, 6, ...\}$$

die Menge der (positiven) geraden Zahlen und

$$\{x : x \text{ reell}, \; x > 0\}$$

die Menge aller positiven reellen Zahlen.

A sei eine beliebige Menge. Für "e ist ein Element von A" schreibt man kurz

$$e \in A$$

und für die Negation "e ist kein Element von A"

$$e \notin A.$$

Ist $A = \{1, 2, 3, ...\}$ die Menge aller natürlichen Zahlen, so gilt z.B. $1 \in A$, $0 \notin A$.

Wir bezeichnen mit $\Re$ die Menge der reellen Zahlen. Für $a, b \in \Re$, $a < b$ setzt man

$$\begin{aligned}
[a, b] &= \{x \in \Re : a \leq x \leq b\} \\
(a, b) &= \{x \in \Re : a < x < b\} \\
(a, b] &= \{x \in \Re : a < x \leq b\} \\
[a, b) &= \{x \in \Re : a \leq x < b\}.
\end{aligned}$$

Diese Mengen heißen *endliche Intervalle* mit den Endpunkten a und b; $[a, b]$ nennt man *abgeschlossen*, (a, b) *offen* und $(a, b]$ sowie $[a, b)$ *halboffen*. Als *unendliche Intervalle* bezeichnet man die Mengen ($a \in \Re$)

$$\begin{aligned}
(-\infty, a] &= \{x \in \Re : x \leq a\} \\
(-\infty, a) &= \{x \in \Re : x < a\} \\
[a, +\infty) &= \{x \in \Re : x \geq a\} \\
(a, +\infty) &= \{x \in \Re : x > a\}
\end{aligned}$$

sowie

$$(-\infty, +\infty) = \Re.$$

Eine Menge B heißt *Teilmenge* einer Menge A, in Zeichen: $B \subset A$, wenn jedes Element von B auch Element von A ist. Zum Beispiel sind alle Intervalle Teilmengen von $\Re$. - Die Menge $\{2, 4, 6, ...\}$ der geraden Zahlen ist eine Teilmenge der Menge $\{1, 2, 3, ...\}$ der natürlichen Zahlen.
Nach der obigen Definition gilt stets

$$A \subset A.$$

Aus formalen Gründen wird ferner die sogenannte *leere Menge* $\emptyset$, die überhaupt kein Element enthält, als Teilmenge einer jeden Menge A angesehen.

Im folgenden sei Ω eine fest gewählte Menge. Ist A eine Teilmenge von Ω, so ist auch die Gesamtheit aller Elemente von Ω, die nicht zu A gehören, eine Teilmenge von Ω; wir bezeichnen sie mit $\bar{A}$:

$$\bar{A} = \{e \in \Omega : e \notin A\}.$$

$\bar{A}$ wird zu *A* **komplementäre** Menge oder **Komplement** von *A* (bezüglich Ω) genannt.
Ist Ω beispielsweise die Menge der natürlichen Zahlen und

$$A = \{2, 4, 6, ...\}$$

die Menge der geraden Zahlen, so ist das Komplement von A die Menge der ungeraden Zahlen:

$$\bar{A} = \{1, 3, 5, ...\} \ .$$

A und *B* seien Teilmengen von Ω. Die Gesamtheit aller Elemente von Ω, die zu (wenigstens) einer der beiden Teilmengen *A* und *B* gehören, stellt gleichfalls eine Teilmenge von Ω dar, die mit $A \cup B$ (lies: *A* vereinigt *B*) bezeichnet wird

$$A \cup B = \{e \in \Omega : e \in A \quad oder \quad e \in B\} \ .$$

$A \cup B$ heißt die **Vereinigung** der Teilmengen *A* und *B*.
Ebenso ist die Menge aller Element von Ω, die sowohl zu *A* als auch zu *B* gehören, eine Teilmenge von Ω. Sie wird mit $A \cap B$ (lies: *A* geschnitten *B*) bezeichnet und heißt der **Durchschnitt** der Teilmengen *A* und *B*

$$A \cap B = \{e \in \Omega : e \in A, \quad e \in B\} \ .$$

Wenn es kein Element $e \in \Omega$ gibt, das beiden Teilmengen *A* und *B* angehört, gilt

$$A \cap B = \emptyset \ .$$

Die Teilmengen *A* und *B* heißen dann **disjunkt**. Zum Beispiel sind *A* und $\bar{A}$ stets disjunkte Mengen.

Beispiel: Es sei $\Omega = \{1, 2, 3, ...\}$ *und* $A = \{2, 4, 6\}$, $B = \{2, 3, 4\}$, $C = \{3, 5\}$. *Dann gilt*

$$A \cup B = \{2, 3, 4, 6\}, \quad A \cap B = \{2, 4\},$$
$$A \cup C = \{2, 3, 4, 5, 6\}, \quad A \cap C = \emptyset,$$
$$B \cup C = \{2, 3, 4, 5\}, \quad B \cap C = \{3\}.$$

A und C sind also disjunkt.

Die zwischen Teilmengen einer Menge Ω bestehenden Beziehungen lassen sich in einfacher Weise durch ein sogenanntes **VENN-Diagramm** veranschaulichen. Dazu symbolisiert man jede der interessierenden Teilmengen durch ein möglichst einfaches Flächenstück in der Zeichenebene, wobei man auf folgendes achten sollte:

- Die Flächenstücke für je zwei Teilmengen sollen sich nur dann nicht überlappen, wenn bekannt ist, daß diese Teilmengen disjunkt sind.

278   1. Mathematische Hilfsmittel

- Wenn eine Menge Teilmenge einer anderen Menge ist, so soll das ihr zugeordnete Flächenstück ganz von dem der umfassenden Menge zugeordneten Flächenstück überdeckt werden.

Beispiel: A und B seien zwei Teilmengen von Ω. In Abb. 1.1 ist das A entsprechende Flächenstück waagerecht, das B entsprechende senkrecht schraffiert. $A \cup B$ ist dargestellt durch die (waagerecht oder senkrecht) schraffierte Fläche, $A \cap B$ durch die doppelt schraffierte Fläche.

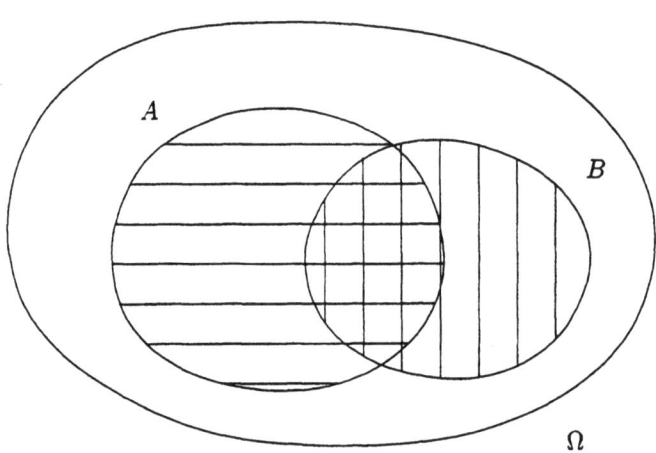

Abb. 1.1

Anhand eines VENN-Diagramms wollen wir uns überlegen, daß für beliebige Teilmengen A und B einer Menge Ω gilt

$$\overline{A \cup B} = \bar{A} \cap \bar{B}$$
$$\overline{A \cap B} = \bar{A} \cup \bar{B}.$$

In Abb. 1.2 sind $\bar{A}$ und $\bar{B}$ waagerecht bzw. senkrecht schraffiert. Der Durchschnitt $\bar{A} \cap \bar{B}$ ist daher die doppelt schraffierte Menge, also offensichtlich gleich dem Komplement von $A \cup B$

$$\overline{A \cup B} = \bar{A} \cap \bar{B}.$$

$\bar{A} \cup \bar{B}$ ist der schraffierte und $A \cap B$ der unschraffierte Teil von Ω. $\bar{A} \cup \bar{B}$ ist daher gleich dem Komplement von $A \cap B$

$$\overline{A \cap B} = \bar{A} \cup \bar{B}.$$

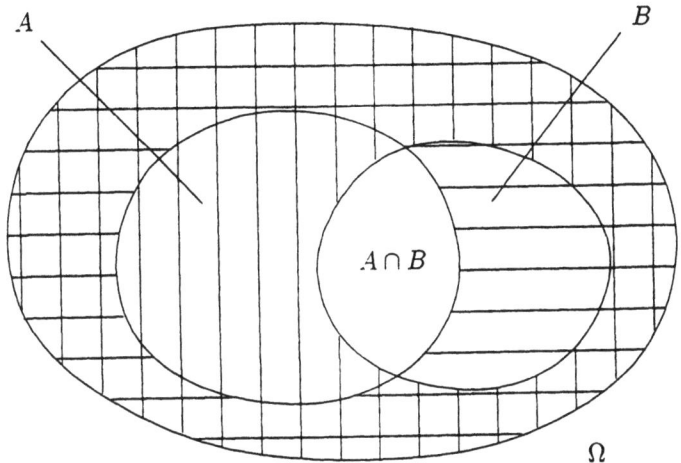

Abb. 1.2

Vereinigung und Durchschnitt werden in naheliegender Weise auch für beliebig viele Teilmengen einer Menge Ω definiert. Sind $A_1, A_2, \ldots$ Teilmengen von Ω, so versteht man unter ihrer Vereinigung $\cup A_i = A_1 \cup A_2 \cup \ldots$ die Menge aller Elemente von Ω, die mindestens einer Menge A_i angehören

$$\cup A_i = \{e \in \Omega : e \in A_i \text{ für mindestens ein } i\} \, .$$

Der Durchschnitt $\cap A_i = A_1 \cap A_2 \cap \ldots$ ist die Menge der Elemente von Ω, die zu allen Mengen $A_1, A_2, \ldots$ gehören

$$\cap A_i = \{e \in \Omega : e \in A_i \quad \text{für alle } i\} \, .$$

A sei eine beliebige Teilmenge von Ω. Ein System von Teilmengen $A_1, A_2, \ldots$ heißt eine **Zerlegung** von A, wenn $A_1, A_2, \ldots$ **paarweise disjunkt** sind, wenn also

$$A_i \cap A_j = \emptyset \quad \text{für } i \neq j$$

gilt, und wenn die Vereinigung aller A_i gleich A ist

$$A = \cup A_i \, .$$

Jedes Element von A liegt also in genau einer Menge A_i.

Beispiele:
a) Es sei $\Omega = \{1, 2, 3, \ldots\}$ *und* $A = \{1, 2, \ldots, 10\}$. *Die Mengen*

$$A_1 \;\; = \;\; \{1, 3, 5\}$$

$$A_2 = \{2,4,6\}$$
$$A_3 = \{7\}$$
$$A_4 = \{8,9,10\}$$

bilden eine Zerlegung von A.

b) Es sei $\Omega = \Re$ und $A = \{x \in \Re : x > 0\}$. Die halboffenen Intervalle

$$A_i = (i-1, i] \quad i = 1, 2, ..$$

bilden eine Zerlegung von A.

$A_1, A_2, ...$ sei eine Zerlegung von Ω. Für jede Teilmenge $A \subset \Omega$ ist dann das System der Durchschnitte

$$A \cap A_1, \ A \cap A_2, \ ...$$

eine Zerlegung von A (vgl. Abb. 1.3).

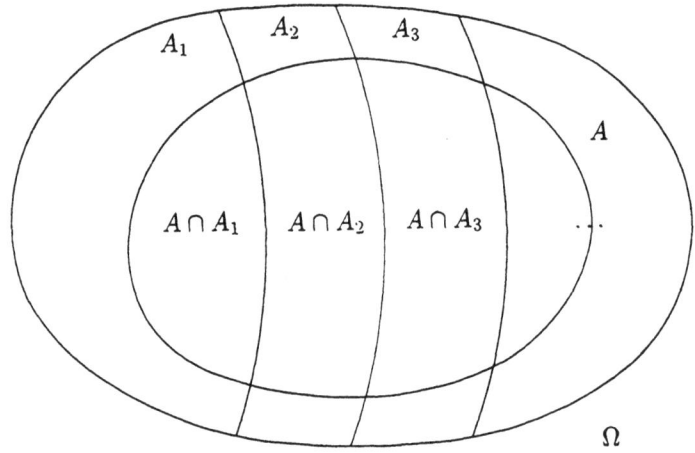

Abb. 1.3

Insbesondere ist für beliebige Teilmengen A und B

$$A \cap B, \quad A \cap \bar{B}$$

eine Zerlegung von A, da B und $\bar{B}$ eine Zerlegung von Ω bilden.

$A_1, A_2, ...$ und $B_1, B_2, ...$ seien Zerlegungen von Ω. Die Ereignisse

$$A_i \cap B_1, \ A_i \cap B_2, \ ...$$

bilden eine Zerlegung von A_i ($i = 1, 2, ...$); das System aller Durchschnitte

$$A_i \cap B_j \quad i = 1, 2, ...; \ j = 1, 2, ...$$

ist daher ebenfalls eine Zerlegung von Ω.

1.2 Kartesische Produkte

A und B seien beliebige Mengen. Die Menge aller Paare (a,b) mit $a \in A$ und $b \in B$ heißt das *(kartesische) Produkt* von A und B und wird mit $A \times B$ bezeichnet

$$A \times B = \{(a,b) : a \in A, \ b \in B\}\ .$$

A und B heißen die **Faktoren** des Produktes.

Beispiele:
a) *Das Produkt der Menge $A = \{1,2,3\}$ und $B = \{a,b\}$ ist die Menge*

$$A \times B = \{(1,a),\ (1,b),\ (2,a),\ (2,b),\ (3,a),\ (3,b)\}\ .$$

b) *Das Produkt*

$$\Re \times \Re = \{(x,y)\ : x,y \in \Re\}$$

ist die Menge aller reellen Zahlenpaare, d.h. die Zahlenebene.
(c) *Für beliebige Intervalle $I = [x_1, x_2]$ und $J = [y_1, y_2]$ ist das Produkt*

$$I \times J = \{(x,y) : x_1 \leq x \leq x_2,\ y_1 \leq y \leq y_2\}$$

ein achsenparalleles Rechteck in der x,y-Ebene (vgl. Abb. 1.4).

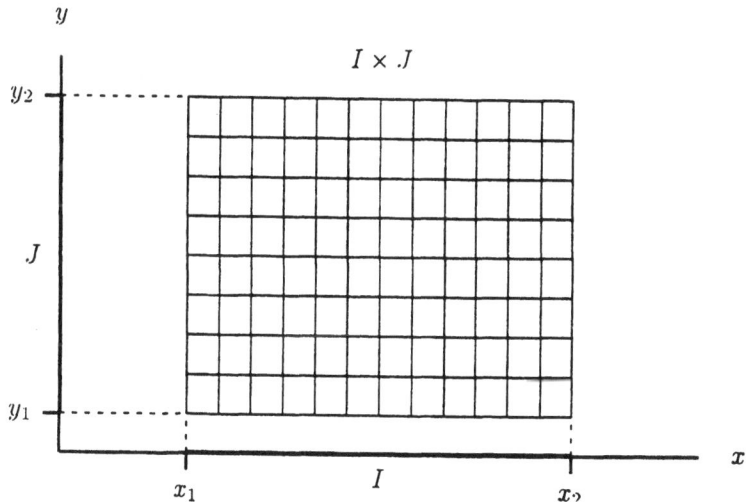

Abb. 1.4

Die Definition der Produktmenge kann auf den Fall mehrerer Faktoren verallgemeinert werden. Sind $A_1, A_2, ..., A_n$ beliebige Mengen, so ist das Produkt $A_1 \times A_2 \times ... \times A_n$ die Menge aller n-Tupel $(a_1, a_2, ..., a_n)$ mit $a_i \in A_i$ für $i = 1, 2, ..., n$

$$A_1 \times A_2 \times ... \times A_n = \{(a_1, a_2, ..., a_n)\ :\ a_1 \in A_1, ..., a_n \in A_n\}\ .$$

Speziell für das n-fache Produkt $\Re \times \Re \times ... \times \Re$, also für die **Menge aller n-Tupel** $(x_1, x_2, ..., x_n)$ reeller Zahlen, schreiben wir zur Abkürzung $\Re^n$.

Die Anzahl der Elemente einer endlichen Menge A bezeichnen wir mit $|A|$.

A_1 und A_2 seien endliche Mengen. Für jedes Element $a_1 \in A_1$ gibt es $|A_2|$ Paare (a_1, a_2) mit $a_2 \in A_2$; die Anzahl aller Paare (a_1, a_2) mit $a_1 \in A_1$ und $a_2 \in A_2$ ist also gleich $|A_1| \cdot |A_2|$, d.h. es gilt

$$|A_1 \times A_2| = |A_1| \cdot |A_2|.$$

Sind A_1, A_2, A_3 endliche Mengen, so kann jedes der $|A_1| \cdot |A_2|$ Paare $(a_1, a_2) \in A_1 \times A_2$ durch ein beliebiges Element $a_3 \in A_3$ zu einem Tripel $(a_1, a_2, a_3) \in A_1 \times A_2 \times A_3$ ergänzt werden. Man hat daher

$$|A_1 \times A_2 \times A_3| = |A_1| \cdot |A_2| \cdot |A_3|.$$

Wenn speziell
$$A_1 = A_2 = A_3 = \{1, 2, ..., N\}$$
gilt, ist
$$A_1 \times A_2 \times A_3$$

die Menge aller 3-Tupel, die aus den Zahlen $1, 2, ..., N$ gebildet werden können. Es gibt N^3 derartige 3-Tupel. Allgemein hat man:

Für endliche Mengen $A_1, A_2, ..., A_n$ gilt

$$|A_1 \times A_2 \times ... \times A_n| = |A_1| \cdot |A_2| \cdots |A_n|.$$

Insbesondere ist die Anzahl der n-Tupel, die sich aus den Zahlen $1, 2, ..., N$ bilden lassen, gleich N^n.

1.3 Kombinatorik

$(i_1, i_2, ..., i_n)$ sei ein aus den Zahlen $1, 2, ..., N$ gebildetes n-Tupel. Wir bezeichnen $(i_1, i_2, ..., i_n)$ als n-Tupel **ohne Wiederholungen**, wenn keine der Zahlen $1, 2, ..., N$ mehrfach unter den Zahlen $i_1, i_2, ..., i_n$ vorkommt. Wir fragen nach der Anzahl der n-Tupel ohne Wiederholungen, die aus den Zahlen $1, 2, ..., N$ gebildet werden können.

Zu jeder Zahl $i_1 = 1, 2, ..., N$ gibt es $N-1$ Paare (i_1, i_2) mit $i_2 = 1, 2, ..., N$ und $i_2 \neq i_1$; die Anzahl aller Paare (i_1, i_2) mit $i_1 \neq i_2$ ist daher gleich $N(N-1)$. Jedes der $N(N-1)$ Paare (i_1, i_2) mit $i_1 \neq i_2$ kann zu $N-2$ Tripeln (i_1, i_2, i_3) mit $i_3 \neq i_2$, $i_3 \neq i_1$ ergänzt werden. Die Anzahl aller Tripel (i_1, i_2, i_3) ohne Wiederholungen ist daher gleich $N(N-1)(N-2)$. Allgemein hat man:

Die Anzahl der n-Tupel ohne Wiederholungen, die aus den Zahlen $1, 2, ..., N$ gebildet werden können, ist

$$N(N-1) \cdot ... \cdot (N-n+2)(N-n+1).$$

Für das Produkt der natürlichen Zahlen $1, 2, ..., n$ verwendet man das Symbol $n!$ (lies: n Fakultät):

$$n! = 1 \cdot 2 \cdot ... \cdot (n-1) \cdot n\,.$$

Ferner erweist sich die Festsetzung $0! = 1$ als zweckmäßig.
Die Fakultäten lassen sich rekursiv nach der Formel

$$(n+1)! = n! \,(n+1) \quad ; \quad n = 0, 1, 2, \,....$$

berechnen

0!	1
1!	1
2!	2
3!	6
4!	24
5!	120
6!	720
7!	5 040
8!	40 320
9!	362 880
10!	3 628 800

usw.

Es seien n beliebige Elemente gegeben. Jede Anordnung der n Elemente in einer Reihenfolge nennt man eine **Permutation** dieser Elemente. Die Permutationen der Zahlen $1, 2, 3$ z.B. sind

1, 2, 3	2, 1, 3	3, 1, 2
1, 3, 2	2, 3, 1	3, 2, 1.

Die Anzahl der Permutationen der Zahlen $1, 2, ..., n$ ist gleich der Anzahl der n-Tupel ohne Wiederholungen, die aus den Zahlen $1, 2, ..., n$ gebildet werden können, also gleich

$$n \cdot (n-1) \cdot ... \cdot 2 \cdot 1 = n!\,.$$

Die Anzahl der Permutationen von n verschiedenen Elementen ist somit $n!$.

284   1. Mathematische Hilfsmittel

Wir wollen die Anzahl der m-Tupel $(j_1, j_2, ..., j_m)$ mit $j_1, j_2, ..., j_m = 1, 2, ..., n$ bestimmen, bei denen $j_1, j_2, ..., j_m$ aufsteigend geordnet sind.

$$1 \leq j_1 < j_2 < ... < j_m \leq n.$$

Im Falle $n = 5$ und $m = 3$ beispielsweise gibt es 10 Tripel (j_1, j_2, j_3) mit $1 \leq j_1 < j_2 < j_3 \leq 5$

$$(1,2,3) \quad (1,2,4) \quad (1,2,5) \quad (1,3,4) \quad (1,3,5)$$
$$(1,4,5) \quad (2,3,4) \quad (2,3,5) \quad (2,4,5) \quad (3,4,5).$$

Aus jedem m-Tupel $(j_1, j_2, ..., j_m)$ mit $1 \leq j_1 < j_2 < ... < j_m \leq n$ entstehen $m!$ m-Tupel ohne Wiederholungen, wenn man die Zahlen $j_1, j_2, ..., j_m$ beliebig permutiert. Da man so alle $n(n-1) \cdot ... \cdot (n-m+1)$ m-Tupel ohne Wiederholungen erhält, ist die gesuchte Anzahl

$$\frac{n(n-1) \cdot ... \cdot (n-m+1)}{m!} = \frac{n!}{m!(n-m)!}.$$

Man führt hierfür das Symbol $\binom{n}{m}$ (lies: n über m) ein

$$\binom{n}{m} = \frac{n!}{m!(n-m)!} \quad ; \quad m = 0, 1, ..., n$$

und nennt diese Ausdrücke **Binomialkoeffizienten**. Für $m > n$ setzt man $\binom{n}{m} = 0$ $(n = 0, 1, 2, ...)$.

Die Anzahl der ganzzahligen m-Tupel $(j_1, j_2, ..., j_m)$ mit $1 \leq j_1 < j_2 < ... < j_m \leq n$ ist

$$\binom{n}{m}.$$

Beispiele:
a) *Das Ausfüllen eines Lottoscheines besteht im Ankreuzen von 6 Zahlen in einem Schema, das sich aus 49 Zahlen zusammensetzt, d.h. in der Festlegung von $j_1, j_2, ..., j_6$ mit*

$$1 \leq j_1 < j_2 < ... < j_6 \leq 49.$$

Diese Festlegung kann nach dem Vorangehenden auf

$$\binom{49}{6} = 13\,983\,816$$

verschiedene Weisen erfolgen.

b) *In einem Verein, der 100 Mitglieder hat, soll ein aus 3 gleichberechtigten Personen bestehender Vorstand gewählt werden. Wie viele Möglichkeiten gibt es?*

Wir denken uns die 100 Mitglieder von 1 bis 100 numeriert. Jedes aus den Zahlen 1,2,...,100 gebildete 3-Tupel (j_1, j_2, j_3) mit $1 \leq j_1 < j_2 < j_3 \leq 100$ kennzeichnet dann einen möglichen Wahlausgang. Also gibt es

$$\binom{100}{3} = \frac{100 \cdot 99 \cdot 98}{1 \cdot 2 \cdot 3} = 161\,700$$

mögliche Wahlausgänge.

c) Es sollen "Wörter" aus 7 Buchstaben gebildet werden. In jedem "Wort" soll der Buchstabe A dreimal vorkommen und der Buchstabe B viermal. Wieviele derartige "Wörter" gibt es?
Ein "Wort" bilden, heißt offenbar, 3 von 7 Positionen mit dem Buchstaben A belegen und die übrigbleibenden mit dem Buchstaben B. Ein "Wort" ist also festgelegt, wenn darüber entschieden ist, welchen 3 Positionen j_1, j_2, j_3 der Buchstabe A zugeordnet werden soll. Diese 3 Positionen auswählen, bedeutet, ein 3-Tupel (j_1, j_2, j_3) zu bilden mit

$$1 \leq j_1 < j_2 < j_3 \leq 7 \,.$$

Dies kann auf

$$\binom{7}{3} = \frac{7 \cdot 6 \cdot 5}{1 \cdot 2 \cdot 3} = 35$$

Arten geschehen. Also gibt es 35 "Wörter" mit der gewünschten Eigenschaft.

Aus der Definition der Binomialkoeffizienten folgt unmittelbar:

$$\binom{n}{m} = \binom{n}{n-m} \quad 0 \leq m \leq n \,. \tag{1.1}$$

Insbesondere gilt

$$\binom{n}{0} = \binom{n}{n} = \frac{n!}{n! \cdot 0!} = 1 \quad n = 0, 1, 2, ... \tag{1.2}$$

und

$$\binom{n}{1} = \binom{n}{n-1} = \frac{n!}{(n-1)! 1!} = n \quad n = 1, 2, ... \tag{1.3}$$

Die folgende Anordnung der Binomialkoeffizienten wird *PASCALsches Dreieck* genannt.

Jeder Binomialkoeffizient im Innern dieses Dreiecks ist gleich der Summe der beiden darüberstehenden Binomialkoeffizienten, d.h. es gilt

$$\binom{n}{m-1} + \binom{n}{m} = \binom{n+1}{m} \quad 1 \leq m \leq n \,. \tag{1.4}$$

Man hat nämlich

$$\binom{n}{m-1} + \binom{n}{m} = \frac{n!}{(m-1)!\,(n-m+1)!} + \frac{n!}{m!\,(n-m)!}$$
$$= \frac{n!\,m}{m!\,(n-m+1)!} + \frac{n!\,(n-m+1)}{m!\,(n-m+1)!}$$
$$= \frac{(n+1)!}{m!\,(n+1-m)!} = \binom{n+1}{m}.$$

Wegen (1.2) beginnt und endet jede Zeile im PASCALschen Dreieck mit der Zahl 1. Mit Hilfe des "Additionstheorems" (1.4) läßt sich daher das Dreieck Zeile für Zeile ausfüllen.

```
                        1
                      1   1
                    1   2   1
                  1   3   3   1
                1   4   6   4   1
              1   5  10  10   5   1
            1   6  15  20  15   6   1
          1   7  21  35  35  21   7   1
        1   8  28  56  70  56  28   8   1
      ... ... ... ... ... ... ... ... ... ...
```

An zweiter und an vorletzter Stelle der n-ten Zeile ($n = 1, 2, ...$) steht die Zahl n (Regel (1.3)). Die Regel (1.1) spiegelt sich im symmetrischen Aufbau jeder Zeile wider.

1.4 Summenzeichen

$x_1, x_2, ..., x_N$ seien Symbole für N beliebige Zahlen. Häufig betrachtet man die Summe

$$x_1 + x_2 + ... + x_N$$

dieser Zahlen oder die Summe ihrer Quadrate

$$x_1^2 + x_2^2 + ... + x_N^2 \,.$$

Derartige Summen kürzt man mit Hilfe des **Summenzeichens** $\sum$ ab. Man setzt

$$\sum_{i=1}^{N} x_i = x_1 + x_2 + ... + x_N$$

oder allgemeiner für eine beliebige natürliche Zahl $m \leq N$

$$\sum_{i=m}^{N} x_i = x_m + x_{m+1} + ... + x_N \ .$$

Die linke Seite dieser letzten Gleichung wird gelesen: "Summe der x_i für i gleich m bis N." Die ganzen Zahlen m und N heißen **Summationsgrenzen**, i wird **Summationsindex** genannt.
Wegen

$$x_m + x_{m+1} + ... + x_N = x_{m+0} + x_{m+1} + ... + x_{m+(N-m)}$$

ist die Zahl der Summanden von $\sum_{i=m}^{N} x_i$ gleich $N - m + 1$.

Beispiele:
a) Es sei $x_1 = 3$, $x_2 = 5$, $x_3 = -4$, $x_4 = 1$.
Dann ist

$$\sum_{i=1}^{4} x_i = 3 + 5 + (-4) + 1 = 5$$

$$\sum_{i=3}^{4} x_i = -4 + 1 = -3 \ .$$

b) Ist der Wert der Summanden x_i vom Summationsindex unabhängig, d.h. gilt für $i = m, ..., N$

$$x_i = a$$

so folgt

$$\sum_{i=m}^{N} x_i = \underbrace{a + a + ... + a}_{(N - m + 1)\text{-mal.}} = (N - m + 1)\, a \ .$$

Insbesondere gilt

$$\sum_{i=1}^{N} a = N \cdot a \quad \text{und} \quad \sum_{i=1}^{N} 1 = N.$$

Wenn keine Mißverständnisse über den Summationsindex oder die Summationsgrenzen entstehen können, schreibt man anstelle von $\sum_{i=1}^{N} x_i$ kürzer

$$\sum_{1}^{N} x_i \quad \text{oder} \quad \sum_{i} x_i \quad \text{oder} \quad \sum x_i \ .$$

1. Mathematische Hilfsmittel

Zu bemerken ist, daß der Summationsindex beliebig geändert werden kann. So bezeichnet $\sum_{i=1}^{N} x_i$ dieselbe Zahl wie $\sum_{k=1}^{N} x_k$, da beide Ausdrücke Abkürzungen für $x_1 + x_2 + ... + x_N$ sind.

Häufig kommt es vor, daß der Summationsindex nicht alle Werte von der unteren bis zur oberen Summationsgrenze durchlaufen soll. Das kann durch Nebenbedingungen am Summenzeichen kenntlich gemacht werden. Beispielsweise bedeutet der Ausdruck

$$\sum_{\substack{i=1 \\ x_i \leq x}}^{N} x_i$$

für beliebige Zahlen $x, x_1, ..., x_N$, daß nur solche Zahlen x_i zu addieren sind, für welche gilt $x_i \leq x$. Man schreibt diese Summe oft auch kürzer

$$\sum_{x_i \leq x} x_i \; .$$

Für $x = 3$, $x_1 = -1$, $x_2 = 5$, $x_3 = 4$, $x_4 = 2$ z.B. gilt

$$\sum_{x_i \leq 3} x_i = -1 + 2 = 1 \; .$$

Die für die Addition geltenden Rechenregeln lassen sich natürlich auf das Summenzeichen übertragen. Seien $x_1, x_2, ..., x_N$, $y_1, y_2, ..., y_N$ zwei Zahlenfolgen und a, b zwei beliebige Konstanten. Dann gilt

$$\sum_{i=1}^{N} a x_i = a \sum_{i=1}^{N} x_i \tag{1.5}$$

$$\sum_{i=1}^{N} (a x_i + b y_i) = a \sum_{i=1}^{N} x_i + b \sum_{i=1}^{N} y_i \; . \tag{1.6}$$

Man beweist die Gültigkeit von (1.5) bzw. (1.6), indem man jeweils das Summenzeichen auflöst und die Summanden in geeigneter Weise zusammenfaßt.

Ein Produkt werde auf J Maschinen gleichzeitig hergestellt. Man interessiere sich für die Gesamtproduktion eines bestimmten Monats. Bezeichnet man die Zahl der Arbeitstage mit I und die Produktionsmenge der j-ten Maschine am i-ten Arbeitstag mit x_{ij}, so ist

$$\sum_{j=1}^{J} x_{ij}$$

die Gesamtproduktion der J Maschinen am i-ten Tag und

$$\sum_{i=1}^{I}\left(\sum_{j=1}^{J} x_{ij}\right) \tag{1.7}$$

die Gesamtproduktion des Monats.
Andererseits ist

$$\sum_{i=1}^{I} x_{ij}$$

die Gesamtproduktion der j-ten Maschine an den I Arbeitstagen, so daß auch

$$\sum_{j=1}^{J}\left(\sum_{i=1}^{I} x_{ij}\right) \tag{1.8}$$

die Gesamtproduktion des Monats bezeichnet. Es ist also gleichgültig, in welcher Reihenfolge summiert wird:

$$\sum_{i=1}^{I}\left(\sum_{j=1}^{J} x_{ij}\right) = \sum_{j=1}^{J}\left(\sum_{i=1}^{I} x_{ij}\right).$$

Ausdrücke der Form (1.7) bzw. (1.8) nennt man **Doppelsumme**. Anstelle von (1.7) schreibt man kürzer

$$\sum_{i=1}^{I} \sum_{j=1}^{J} x_{ij}$$

bzw.

$$\sum_{i}\sum_{j} x_{ij} \quad \text{oder} \quad \sum\sum x_{ij},$$

wenn die Zahlen I, J aus dem Zusammenhang bekannt sind. (Für (1.8) gilt entsprechendes.)

Der Definition entsprechend läßt sich das Rechnen mit Doppelsummen auf die Regeln für einfache Summen zurückführen. Zum Beispiel gilt

$$\sum_{i=1}^{I}\sum_{j=1}^{J}(a_i x_{ij} + b_i y_{ij}) = \sum_{i=1}^{I}\left(a_i \sum_{j=1}^{J} x_{ij} + b_i \sum_{j=1}^{J} y_{ij}\right)$$
$$= \sum_{i=1}^{I} a_i \sum_{j=1}^{J} x_{ij} + \sum_{i=1}^{I} b_i \sum_{j=1}^{J} y_{ij}$$

und für $a_1 = a_2 = ... = a_I = a$, $b_1 = b_2 = ... = b_I = b$

$$\sum_{i=1}^{I}\sum_{j=1}^{J}(a x_{ij} + b y_{ij}) = a \sum_{i=1}^{I}\sum_{j=1}^{J} x_{ij} + b \sum_{i=1}^{I}\sum_{j=1}^{J} y_{ij}.$$

Sind $x_1, x_2, ..., x_I$ und $y_1, y_2, ..., y_J$ beliebige reelle Zahlen, so gilt

$$\sum_{i=1}^{I} \sum_{j=1}^{J} x_i y_j = \left(\sum_{i=1}^{I} x_i\right)\left(\sum_{j=1}^{J} y_j\right).$$

Denn das Produkt

$$(x_1 + x_2 + ... + x_I)(y_1 + y_2 + ... + y_J)$$

ist gleich der Summe aller Produkte $x_i y_j$ mit $i = 1, 2, ..., I;\ j = 1, 2, ..., J$. Insbesondere gilt

$$\sum_{i,j=1}^{I} x_i x_j = \left(\sum_{i=1}^{I} x_i\right)\left(\sum_{j=1}^{I} x_j\right) = \left(\sum_{i=1}^{I} x_i\right)^2.$$

Auch bei Doppelsummen können an den Summenzeichen Nebenbedingungen stehen. Sind x_1, x_2, x_3 beliebige Zahlen, so hat man z.B.

$$\sum_{\substack{i,j=1 \\ i<j}}^{3} x_i x_j = x_1 x_2 + x_1 x_3 + x_2 x_3$$

$$\sum_{\substack{i,j=1 \\ i>j}}^{3} x_i x_j = x_2 x_1 + x_3 x_1 + x_3 x_2.$$

Ganz allgemein gilt für beliebige Zahlen $x_1, x_2, ..., x_I$

$$\sum_{\substack{i,j=1 \\ i<j}}^{I} x_i x_j = \sum_{\substack{i,j=1 \\ i>j}}^{I} x_i x_j$$

$$\sum_{\substack{i,j=1 \\ i\neq j}}^{I} x_i x_j = \sum_{\substack{i,j=1 \\ i<j}}^{I} x_i x_j + \sum_{\substack{i,j=1 \\ i>j}}^{I} x_i x_j = 2 \sum_{\substack{i,j=1 \\ i<j}}^{I} x_i x_j$$

$$\sum_{\substack{i,j=1 \\ i\neq j}}^{I} x_i x_j = \sum_{i,j=1}^{I} x_i x_j - \sum_{\substack{i,j=1 \\ i=j}}^{I} x_i x_j$$

$$= \left(\sum_{i=1}^{I} x_i\right)^2 - \sum_{i=1}^{I} x_i^2.$$

2
Tabellen

Standardnormalverteilung

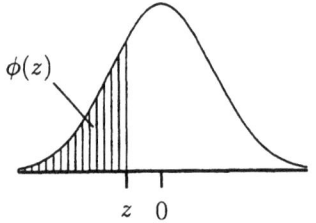

Die Tabelle enthält zu vorgegebenem z den Inhalt der in der Skizze schraffierten Fläche.

z	0,00	0,01	0,02	0,03	0,04	0,05	0,06	0,07	0,08	0,09
-0,0	0,5000	0,4960	0,4920	0,4880	0,4840	0,4801	0,4761	0,4721	0,4681	0,4641
-0,1	0,4602	0,4562	0,4522	0,4487	0,4443	0,4404	0,4364	0,4325	0,4286	0,4247
-0,2	0,4207	0,4168	0,4129	0,4090	0,4052	0,4013	0,3974	0,3936	0,3897	0,3859
-0,3	0,3821	0,3783	0,3745	0,3707	0,3669	0,3632	0,3594	0,3557	0,3520	0,3483
-0,4	0,3446	0,3409	0,3372	0,3336	0,3300	0,3264	0,3228	0,3192	0,3156	0,3121
-0,5	0,3085	0,3050	0,3015	0,2981	0,2946	0,2912	0,2877	0,2843	0,2810	0,2776
-0,6	0,2743	0,2709	0,2676	0,2643	0,2611	0,2578	0,2546	0,2514	0,2483	0,2451
-0,7	0,2420	0,2389	0,2358	0,2327	0,2297	0,2266	0,2236	0,2206	0,2177	0,2148
-0,8	0,2119	0,2090	0,2061	0,2033	0,2005	0,1977	0,1949	0,1922	0,1894	0,1867
-0,9	0,1841	0,1814	0,1788	0,1762	0,1736	0,1711	0,1685	0,1660	0,1635	0,1611
-1,0	0,1587	0,1562	0,1539	0,1515	0,1492	0,1469	0,1446	0,1423	0,1401	0,1379
-1,1	0,1357	0,1335	0,1314	0,1292	0,1271	0,1251	0,1230	0,1210	0,1190	0,1170
-1,2	0,1151	0,1131	0,1112	0,1093	0,1075	0,1056	0,1038	0,1020	0,1003	0,0985
-1,3	0,0968	0,0951	0,0934	0,0918	0,0901	0,0885	0,0869	0,0853	0,0838	0,0823
-1,4	0,0808	0,0793	0,0778	0,0764	0,0749	0,0735	0,0721	0,0708	0,0694	0,0681
-1,5	0,0668	0,0655	0,0643	0,0630	0,0618	0,0606	0,0594	0,0582	0,0571	0,0559
-1,6	0,0548	0,0537	0,0526	0,0516	0,0505	0,0495	0,0485	0,0475	0,0465	0,0455
-1,7	0,0446	0,0436	0,0427	0,0418	0,0409	0,0401	0,0392	0,0384	0,0375	0,0367
-1,8	0,0359	0,0351	0,0344	0,0336	0,0329	0,0322	0,0314	0,0307	0,0301	0,0294
-1,9	0,0287	0,0281	0,0274	0,0268	0,0262	0,0256	0,0250	0,0244	0,0239	0,0233
-2,0	0,0228	0,0222	0,0217	0,0212	0,0207	0,0202	0,0197	0,0192	0,0188	0,0183
-2,1	0,0179	0,0174	0,0170	0,0166	0,0162	0,0158	0,0154	0,0150	0,0146	0,0143
-2,2	0,0139	0,0136	0,0132	0,0129	0,0125	0,0122	0,0119	0,0116	0,0113	0,0110
-2,3	0,0107	0,0104	0,0102	0,0099	0,0096	0,0094	0,0091	0,0089	0,0087	0,0084
-2,4	0,0082	0,0080	0,0078	0,0075	0,0073	0,0071	0,0069	0,0068	0,0066	0,0064
-2,5	0,0062	0,0060	0,0059	0,0057	0,0055	0,0054	0,0052	0,0051	0,0049	0,0048
-2,6	0,0047	0,0045	0,0044	0,0043	0,0041	0,0040	0,0039	0,0038	0,0037	0,0036
-2,7	0,0035	0,0034	0,0033	0,0032	0,0031	0,0030	0,0029	0,0028	0,0027	0,0026
-2,8	0,0026	0,0025	0,0024	0,0023	0,0023	0,0022	0,0021	0,0021	0,0020	0,0019
-2,9	0,0019	0,0018	0,0018	0,0017	0,0016	0,0016	0,0015	0,0015	0,0014	0,0014

z=	-3,0	-3,1	-3,2	-3,3	-3,4	-3,5	-3,6	-3,7	-3,8	-3,9
φ(z)=	0,0013	0,0010	0,0007	0,0005	0,0003	0,0002	0,0002	0,0001	0,0001	0,0000

Standardnormalverteilung

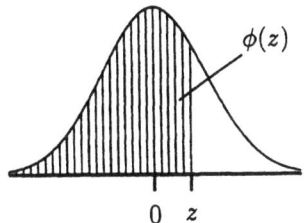

z	0,00	0,01	0,02	0,03	0,04	0,05	0,06	0,07	0,08	0,09
0,0	0,5000	0,5040	0,5080	0,5120	0,5160	0,5199	0,5239	0,5279	0,5319	0,5359
0,1	0,5398	0,5438	0,5478	0,5517	0,5557	0,5596	0,5636	0,5675	0,5714	0,5753
0,2	0,5793	0,5832	0,5871	0,5910	0,5948	0,5987	0,6026	0,6064	0,6103	0,6141
0,3	0,6179	0,6217	0,6255	0,6293	0,6331	0,6368	0,6406	0,6443	0,6480	0,6517
0,4	0,6554	0,6591	0,6628	0,6664	0,6700	0,6736	0,6772	0,6808	0,6844	0,6879
0,5	0,6915	0,6950	0,6985	0,7019	0,7054	0,7088	0,7123	0,7157	0,7190	0,7224
0,6	0,7257	0,7291	0,7324	0,7357	0,7389	0,7422	0,7454	0,7486	0,7517	0,7549
0,7	0,7580	0,7611	0,7642	0,7673	0,7703	0,7734	0,7764	0,7794	0,7823	0,7852
0,8	0,7881	0,7910	0,7939	0,7967	0,7995	0,8023	0,8051	0,8078	0,8106	0,8133
0,9	0,8159	0,8186	0,8212	0,8238	0,8264	0,8289	0,8315	0,8340	0,8365	0,8389
1,0	0,8413	0,8438	0,8461	0,8485	0,8508	0,8531	0,8554	0,8577	0,8599	0,8621
1,1	0,8643	0,8665	0,8686	0,8708	0,8729	0,8749	0,8770	0,8790	0,8810	0,8830
1,2	0,8849	0,8869	0,8888	0,8907	0,8925	0,8944	0,8962	0,8980	0,8997	0,9015
1,3	0,9032	0,9049	0,9066	0,9082	0,9099	0,9115	0,9131	0,9147	0,9162	0,9177
1,4	0,9192	0,9207	0,9222	0,9236	0,9251	0,9265	0,9279	0,9292	0,9306	0,9319
1,5	0,9332	0,9345	0,9357	0,9370	0,9382	0,9394	0,9406	0,9418	0,9429	0,9441
1,6	0,9452	0,9463	0,9474	0,9484	0,9495	0,9505	0,9515	0,9525	0,9535	0,9545
1,7	0,9554	0,9564	0,9573	0,9582	0,9591	0,9599	0,9608	0,9616	0,9625	0,9633
1,8	0,9641	0,9649	0,9656	0,9664	0,9671	0,9678	0,9686	0,9693	0,9699	0,9706
1,9	0,9713	0,9719	0,9726	0,9732	0,9738	0,9744	0,9750	0,9756	0,9761	0,9767
2,0	0,9772	0,9778	0,9783	0,9788	0,9793	0,9798	0,9803	0,9808	0,9812	0,9817
2,1	0,9821	0,9826	0,9830	0,9834	0,9838	0,9842	0,9846	0,9850	0,9854	0,9857
2,2	0,9861	0,9864	0,9868	0,9871	0,9875	0,9878	0,9881	0,9884	0,9887	0,9890
2,3	0,9893	0,9896	0,9898	0,9901	0,9904	0,9906	0,9909	0,9911	0,9913	0,9916
2,4	0,9918	0,9920	0,9922	0,9925	0,9927	0,9929	0,9931	0,9932	0,9934	0,9936
2,5	0,9938	0,9940	0,9941	0,9943	0,9945	0,9946	0,9948	0,9949	0,9951	0,9952
2,6	0,9953	0,9955	0,9956	0,9957	0,9959	0,9960	0,9961	0,9962	0,9963	0,9964
2,7	0,9965	0,9966	0,9967	0,9968	0,9969	0,9970	0,9971	0,9972	0,9973	0,9974
2,8	0,9974	0,9975	0,9976	0,9977	0,9977	0,9978	0,9979	0,9979	0,9980	0,9981
2,9	0,9981	0,9982	0,9982	0,9983	0,9984	0,9984	0,9985	0,9985	0,9986	0,9986

z=	3,0	3,1	3,2	3,3	3,4	3,5	3,6	3,7	3,8	3,9
$\phi(z)=$	0,9987	0,9990	0,9993	0,9995	0,9997	0,9998	0,9998	0,9999	0,9999	1,0000

STUDENT-t-Verteilung

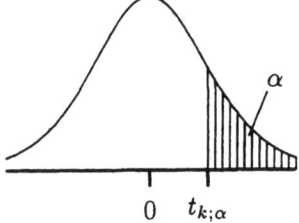

Die Tabelle gibt $t_{k;\alpha}$ an in Abhängigkeit von α und der Zahl k der Freiheitsgrade.

k \ α	0,10	0,05	0,025	0,01	0,005
1	3,078	6,314	12,706	31,821	63,657
2	1,886	2,920	4,303	6,965	9,925
3	1,638	2,353	3,182	4,541	5,841
4	1,533	2,132	2,776	3,747	4,604
5	1,476	2,015	2,571	3,365	4,032
6	1,440	1,943	2,447	3,143	3,707
7	1,415	1,895	2,365	2,998	3,499
8	1,397	1,860	2,306	2,896	3,355
9	1,383	1,833	2,262	2,821	3,250
10	1,372	1,812	2,228	2,764	3,169
11	1,363	1,796	2,201	2,718	3,106
12	1,356	1,782	2,179	2,681	3,055
13	1,350	1,771	2,160	2,650	3,012
14	1,345	1,761	2,145	2,624	2,977
15	1,341	1,753	2,131	2,602	2,947
16	1,337	1,746	2,120	2,583	2,921
17	1,333	1,740	2,110	2,567	2,898
18	1,330	1,734	2,101	2,552	2,878
19	1,328	1,729	2,093	2,539	2,861
20	1,325	1,725	2,086	2,528	2,845
21	1,323	1,721	2,080	2,518	2,831
22	1,321	1,717	2,074	2,508	2,819
23	1,319	1,714	2,069	2,500	2,807
24	1,318	1,711	2,064	2,492	2,797
25	1,316	1,708	2,060	2,485	2,787
26	1,315	1,706	2,056	2,479	2,779
27	1,314	1,703	2,052	2,473	2,771
28	1,313	1,701	2,048	2,467	2,763
29	1,311	1,699	2,045	2,462	2,756
30	1,310	1,697	2,042	2,457	2,750
40	1,303	1,684	2,021	2,423	2,704
60	1,296	1,671	2,000	2,390	2,660
120	1,289	1,658	1,980	2,358	2,617
∞	1,282	1,645	1,960	2,326	2,576

χ^2-Verteilungen

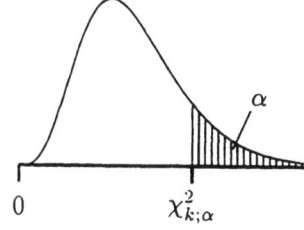

Die Tabelle gibt $\chi^2_{k;\alpha}$ an in Abhängigkeit von α und der Zahl k der Freiheitsgrade

k \ α	0,10	0,05	0,02	0,01
1	2,706	3,841	5,412	6,635
2	4,605	5,991	7,824	9,210
3	6,251	7,815	9,837	11,345
4	7,779	9,488	11,668	13,277
5	9,236	11,070	13,388	15,086
6	10,645	12,592	15,033	16,812
7	12,017	14,067	16,622	18,475
8	13,362	15,507	18,168	20,090
9	14,684	16,919	19,679	21,666
10	15,987	18,307	21,161	23,209
11	17,275	19,675	22,618	24,725
12	18,549	21,026	24,054	26,217
13	19,812	22,362	25,472	27,688
14	21,064	23,685	26,873	29,141
15	22,307	24,996	28,259	30,578
16	23,542	26,296	29,633	32,000
17	24,769	27,587	30,995	33,409
18	25,989	28,869	32,346	34,805
19	27,204	30,144	33,687	36,191
20	28,412	31,410	35,020	37,566
21	29,615	32,671	36,343	38,932
22	30,813	33,924	37,659	40,289
23	32,007	35,172	38,968	41,638
24	33,196	36,415	40,270	42,980
25	34,382	37,652	41,566	44,314
26	35,563	38,885	42,856	45,642
27	36,741	40,113	44,140	46,963
28	37,916	41,337	45,419	48,278
29	39,087	42,557	46,693	49,588
30	40,256	43,773	47,962	50,892

Zufallszahlen

```
03 47 43 73 86    36 96 47 36 61    46 98 63 71 62    33 26 16 80 45
97 74 24 67 62    42 81 14 57 20    42 53 32 37 32    27 07 36 07 51
16 76 62 27 66    56 50 26 71 07    32 90 79 78 53    13 55 38 58 59
12 56 85 99 26    96 96 68 27 31    05 03 72 93 15    57 12 10 14 21
55 59 56 35 64    38 54 82 46 22    31 62 43 09 90    06 18 44 32 53

16 22 77 94 39    49 54 43 54 82    17 37 93 23 78    87 35 20 96 43
84 42 17 53 31    57 24 55 06 88    77 04 74 47 67    21 76 33 50 25
63 01 63 78 59    16 95 55 67 19    98 10 50 71 75    12 86 73 58 07
33 21 12 34 29    78 64 56 07 82    52 42 07 44 38    15 51 00 13 42
57 60 86 32 44    09 47 27 96 54    49 17 46 09 62    90 52 84 77 27

18 18 07 92 46    44 17 16 58 09    79 83 86 19 62    06 76 50 03 10
26 62 38 97 75    84 16 07 44 99    83 11 46 32 24    20 14 85 88 45
23 42 40 64 74    82 97 77 77 81    07 45 32 14 08    32 98 94 07 72
52 36 28 19 95    50 92 26 11 97    00 56 76 31 38    80 22 02 53 53
37 85 94 35 12    83 39 50 08 30    42 34 07 96 88    54 42 06 87 98

70 29 17 12 13    40 33 20 38 26    13 89 51 03 74    17 76 37 13 04
56 62 18 37 35    96 83 50 87 75    97 12 25 93 47    70 33 24 03 54
99 49 57 22 77    88 42 95 45 72    16 64 36 16 00    04 43 18 66 79
16 08 15 04 72    33 27 14 34 09    45 59 34 68 49    12 72 07 34 45
31 16 93 32 43    50 27 89 87 19    20 15 37 00 49    52 85 66 60 44

68 34 30 13 70    55 74 30 77 40    44 22 78 84 26    04 33 46 09 52
74 57 25 65 76    59 29 97 68 60    71 91 38 67 54    13 58 18 24 76
27 42 37 86 53    48 55 90 65 72    96 57 69 36 10    96 46 92 42 45
00 39 68 29 61    66 37 32 20 30    77 84 57 03 29    10 45 65 04 26
29 94 98 94 24    68 49 69 10 82    53 75 91 93 30    34 25 20 57 27

16 90 82 66 59    83 62 64 11 12    67 19 00 71 74    60 47 21 29 68
11 27 94 75 06    06 09 19 74 66    02 94 37 34 02    76 70 90 30 86
35 24 10 16 20    33 32 51 26 38    79 78 45 04 91    16 92 53 56 16
38 23 16 86 38    42 38 97 01 50    87 75 66 81 41    40 01 74 91 62
31 96 25 91 47    96 44 33 49 13    34 86 82 53 91    00 52 43 48 85

66 67 40 67 14    64 05 71 95 86    11 05 65 09 68    76 83 20 37 90
14 90 84 45 11    75 73 88 05 90    52 27 41 14 86    22 98 12 22 08
68 05 51 18 00    33 96 02 75 19    07 60 62 93 55    59 33 82 43 90
20 46 78 73 90    97 51 40 14 02    04 02 33 31 08    39 54 16 49 36
64 19 58 97 79    15 06 15 93 20    01 90 10 75 06    40 78 78 89 62

05 26 93 70 60    22 35 85 15 13    92 03 51 59 77    59 56 78 06 83
07 97 10 88 23    09 98 42 99 64    61 71 62 99 15    06 51 29 16 93
68 71 86 85 85    54 87 66 47 54    73 32 08 11 12    44 95 92 63 16
26 99 61 65 53    58 37 78 80 70    42 10 50 67 42    32 17 55 85 74
14 65 52 68 73    87 59 36 22 41    26 78 63 06 55    13 08 27 01 50

17 53 77 58 71    71 41 61 50 72    12 41 94 96 26    44 95 27 36 99
90 26 59 21 19    23 52 23 33 12    96 93 02 18 39    07 02 18 36 07
41 23 52 55 99    31 04 49 69 96    10 47 48 45 88    13 41 43 89 20
60 20 50 81 69    31 99 73 68 68    35 81 33 03 76    24 30 12 48 60
91 25 38 05 90    94 58 28 41 36    45 37 59 03 09    90 35 57 29 12
```

Literatur

BASLER, H.: Grundbegriffe der Wahrscheinlichkeitsrechnung und Statistischen Methodenlehre. 11. Aufl., Heidelberg: Physica-Verlag, 1994.

BASLER, H.: Aufgabensammlung zur Statistischen Methodenlehre und Wahrscheinlichkeitsrechnung. 4. Aufl., Heidelberg: Physica-Verlag, 1991.

BLEYMÜLLER, J., GEHLERT, G., GÜLICHER, H.: Statistik für Wirtschaftswissenschaftler. 10. Aufl., München: Franz Vahlen, 1996.

FISZ, M.: Wahrscheinlichkeitsrechnung und Mathematische Statistik. 11. Aufl., Berlin: VEB Deutscher Verlag der Wissenschaften, 1989.

HOEL, P. G.: Introduction to Mathematical Statistics. 5. Aufl., New York: John Wiley & Sons, 1984.

KELLERER, H.: Theorie und Technik des Stichprobenverfahrens. Einzelschriften der Deutschen Statistischen Gesellschaft, München, 1963.

SCHAICH, E., KÖHLE, D., SCHWEITZER, W., WEGNER, F.: Statistik I. 4. Aufl., München: Franz Vahlen, 1993.

SCHAICH, E., KÖHLE, D., SCHWEITZER, W., WEGNER, F.: Statistik II. 3. Aufl., München: Franz Vahlen, 1990.

SCHNEEWEIß, H.: Ökonometrie. 4. Aufl., Heidelberg: Physica-Verlag, 1990.

STENGER, H.: Stichproben. Heidelberg: Physica-Verlag, 1986.

Index

2-dimensionale Dichtefunktion 55
χ^2-Anpassungstest 189
- - Unabhängigkeitstest 195
χ_k^2 -verteilt 99
abgeschlossenes Intervall 276
Ablehnungsbereich 172
absolute Häufigkeit 6
Additionssatz 9
Anfangsbuchstabenverfahren 154
Anpassungstest 189
arithmetisches Mittel eines
  Merkmals 147
Ausgleichsgerade 240
Ausprägung 30
Auswahl, periodische 154
- , systematische 154
Auswahlsatz 84, 151
Auswahlverfahren, zufälliges 147
Axiome 7
BERNOULLI-Variable 73
- -verteilt 73
beste lineare unverzerrte
  Schätzfunktion 127
- unverzerrte Schätzfunktion 132
Binomialkoeffizient 284

binomialverteilt 75
BLU-Schätzer 127
BU-Schätzer 132
Dichtefunktion 33
- gemeinsame 56, 57
- n-dimensionale 57
- zweidimensionale 55
disjunkte Ereignisse 5
- Mengen 277
diskrete Zufallsvariable 30
Doppelsumme 289
Durchschnitt von Ereignissen 5
- - Mengen 277
echter Würfel 18
einfaches lineares
  Regressionsmodell 247
Einfachregression 236
- , lineare 236
einseitige Hypothese 175
Element 275
Elementarereignis 4
empirische Regressionsgerade 244
endliche Menge 275
endliches Intervall 276
Ereignis 4

-, komplementäres 9
-, sicheres 5
-, unmögliches 5
Ereignisse, disjunkte 5
-, unabhängige 20
-, unvereinbare 5
Ergebnismenge 4
erklärende Variable 235
erklärte Variable 235
erwartungstreue Schätzfunktion 125
Erwartungwert 38, 39
Faktoren kartesischer Produkte 281
GAUSS'sche Glockenkurve 89
GAUSS-Variable 90
Geburtstagsverfahren 154
gemeinsam stetig verteilt 56, 57
gemeinsame Dichtefunktion 56, 57
- Massefunktion 55
- Wahrscheinlichkeitstabelle 53
geschätzte Regressionsgerade 244
Gesetz der großen Zahlen 112
Grundgesamtheit 145
Gütefunktion 199, 210
Häufigkeit, absolute 6
-, relative 6
halboffenes Intervall 276
hypergeometrisch verteilt 82
Hypothese, einseitige 175
-, statistische 171
-, zweiseitige 175
Indikatorvariable 74
Intervall, abgeschlossenes 276
-, endliches 276
-, halboffenes 276
-, offenes 276
-, unendliches 276
Intervallschätzung 137
k-tes Moment 124
- -, zentrales 124
kartesisches Produkt 281
Kleinste-Quadrate-Schätzer 244
Komplement 277
komplementäre Menge 277
komplementäres Ereignis 9
Konfidenzintervall 137

Konfidenzzahl 137
Korrekturfaktor 83
Korrelationskoeffizient 59
korreliert, negativ 59
-, positiv 59
Kovarianz 59
KQ-Schätzer 244
kritischer Bereich 172
leere Menge 276
linear 126
lineare Operation 58
- Schätzfunktion 126
lognormalverteilt 270
Massefunktion 30
-, gemeinsame 55
Mehrfachregression 236
Menge 275
-, endliche 275
-, leere 276
Mengen, disjunkte 277
-, komplementäre 277
-, paarweise disjunkte 279
Merkmale, unabhängige 194
Methode der Kleinsten
  Quadrate 240
Moment, k-tes 124
-, - zentrales 124
Monotonieeigenschaft 8
n-dimensionale Dichtefunktion 57
negativ korreliert 59
n-malige unabhängige Durchführung
  eines Basisexperiments 16
Normalgleichungen 252
normalverteilt 90
normiert 177
normierte Prüfgröße 177
n-Tupel ohne Wiederholungen 282
Nullhypothese 172
OC-Kurve 210
offenes Intervall 276
Operationscharakteristik 210
paarweise disjunkte Ereignisse 10
- - Mengen 279
- unabhängige Ereignisse 60
- unkorrelierte Zufallsvariable 64

- unvereinbare Ereignisse 10
paarweise unvereinbar 10
PASCALsches Dreieck 285
periodische Auswahl 154
Permutation 283
positiv korreliert 59
Prüfgröße 172, 237
- , normierte 177
quadratische Streuung,
 auf c bezogen 124
Quotenverfahren 146
Randwahrscheinlichkeit 54
Realisation einer
 Zufallsvariablen 28
rechteckverteilt 33
Regression 236
Regressionsgerade 237
- , empirische 244
- , geschätzte 244
Regressionskoeffizient 237
Regressionsmodell, einfaches
 lineares 247
relative Häufigkeit 6
Residualvariable 236
Residuum 236
Schätzer 125
Schätzfunktion 125, 237
- , beste lineare unverzerrte 127
- , erwartungstreue 125
- , lineare 126
- , unverzerrte 129
Schätzwert 125
Schlußziffernverfahren 154
sicheres Ereignis 5
Sicherheitsgrad 137
Signifikanzniveau 172
Standardabweichung 42
Standardisierung 44
standardisierte Zufallsvariable 44
standardnormalverteilt 91
statistische Hypothese 171
statistisches Testverfahren 172
stetige Zufallsvariable 33
Stichprobe aus
 Grundgesamtheit 148

- - Verteilung 64
- , mit Zurücklegen 148
- , ohne Zurücklegen 148
- , uneingeschränkt zufällige 148
Stichprobenanteil 79
Stichprobenmittel 66, 148
Stichprobenstandardabweichung 126
Stichprobenumfang 64
Stichprobenvariable 64
Stichprobenvarianz 66, 148
stochastisch konvergent 135
Störvariable 236
Streuungsdiagramm 239
STUDENT-t-verteilt 100
Summationsgrenze 287
Summationsindex 287
Summenzeichen 286
symmetrisches Zufalls-
 experiment 17
systematische Auswahl 154
Teilmenge 276
Testverfahren, statistisches 172
t-Statistik 261
unabhängige Beobachtungen 65
- Durchführungen eines Zufalls-
 experiments 16
- Ereignisse 20
- Zufallsexperimente 11
- Zufallsvariablen 60
Unabhängigkeitstest 195
uneingeschränkt zufällige
 Stichprobe 148
uneingeschränkte Zufallsauswahl 147
unendliches Intervall 276
Ungleichung von
 TSCHEBYSCHEFF 44
unkorreliert 59
unmögliches Ereignis 5
unvereinbare Ereignisse 5
unverfälschter Würfel 18
unverzerrte Schätzfunktion 125
Variable, erklärende 235
- , erklärte 235
Varianz einer Zufallsvariablen 41
- eines Merkmals 147

VENN-Diagramm 277
Vereinigung von Ereignissen 5, 10
- - Mengen 277
Verteilungsfunktion 35
Vertrauensintervall 137
Verzerrung 125
Wahrscheinlichkeit 7
Wahrscheinlichkeitsaxiome 7
Wahrscheinlichkeitstabelle 30
- , gemeinsame 53
Wert einer Zufallsvariablen 28
Würfel, echt 18
- , unverfälscht 18
Zentraler Grenzwertsatz 105
Zerlegung eines Ereignisses 11
- einer Menge 279
Ziehen einer Zufallsstichprobe 147
- mit Zurücklegen 19
- ohne Zurücklegen 20
zufälliges Auswahlverfahren 147
Zufallsexperiment 4
- , symmetrisches 17
Zufallsvariable 27
- , diskrete 30
- , standardisierte 44
- , stetige 33
Zufallsvariablen, unabhängige 60
Zufallszahlentafel 153
zweidimensionale Dichte-
  funktion 55
zweiseitige Hypothese 175

G. Piehler, D. Sippel, U. Pfeiffer

Mathematik zum Studieneinstieg
Grundwissen der Analysis für Wirtschaftswissenschaftler, Ingenieure, Naturwissenschaftler und Informatiker

3., verb. Aufl. 1996. XVIII, 440 S. 163 Abb., 46 Tab. Brosch. **DM 49,80**; öS 363,60; sFr 44,50
ISBN 3-540-60840-0

Die Studiengänge der Wirtschaftswissenschaften, Technik, Naturwissenschaften und Informatik kommen ohne Mathematik nicht aus. Dieses Buch schließt die Lücke zwischen Schulwissen und der zu Beginn eines Studiums vorausgesetzten Mathematikkenntnisse. Es eignet sich hervorragend zum Selbststudium.

W. Rödder

Wirtschaftsmathematik für Studium und Praxis 1
Lineare Algebra

1996. XXII, 233 S. 36 Abb., 13 Tab. Brosch. **DM 36,-**; öS 262,80; sFr 32,50 ISBN 3-540-61706-X
Inhaltsübersicht:
Lineare Zusammenhänge in der Wirtschaft. - der 2-dimensionale Vektorraum R^2. - der n-dimensionale Vektorraum Rn. - Matrizen. - Lineare Gleichungssysteme und Matrixgleichungen. - Determinanten. - Eigenwerte und quadratische Formen. - Spezielle Teilmengen des Rn und ihre Eigenschaften. - Vorbereitung auf die Lineare Programmierung. - Lösungen zu den Übungsaufgaben.

W. Rödder, G. Piehler, H.-J. Kruse, P. Zörnig

Wirtschaftsmathematik für Studium und Praxis 2
Analysis I

1996. XXII, 227 S. 52 Abb., 14 Tab. Brosch. **DM 36,-**; öS 262,80; sFr 32,50 ISBN 3-540-61715-9
Inhaltsübersicht:
Funktionen einer Variablen. - Differentialrechnung für Funktionen einer Variablen. - Integralrechnung. - Lösungen zu den Übungsaufgaben.

W. Rödder, P. Zörnig

Wirtschaftsmathematik für Studium und Praxis 3
Analysis II

1996. XX, 175 S. 29 Abb., 1 Tab. Brosch. **DM 36,-**;
öS 262,80; sFr 32,50 ISBN 3-540-61716-7
Inhaltsübersicht:
Differentialrechnung für Funktionen mehrerer Variabler. - Extrema bei Funktionen mehrerer Variabler. - Differential- und Differenzengleichungen. - Einige ökonomische Funktionen. - Lösungen zu den Übungsaufgaben.

Preisänderungen vorbehalten.

W. Polasek

Schließende Statistik
Einführung in die Schätz- und Testtheorie für Wirtschaftswissenschaftler

1996. XVI, 423 S. 37 Abb., 44 Tab. Brosch. **DM 49,80**; öS 363,60; sFr 44,50
ISBN 3-540-61731-0

In diesem Lehrbuch zur schließenden (induktiven) Statistik werden die grundlegenden Methoden der Schätz- und Testtheorie auf einführendem Niveau für Studenten der Wirtschaftswissenschaften dargestellt. Neu ist in diesem Buch ein „dualer" Zugang, in dem die klassische und die Bayes-Theorie gemeinsam dargestellt werden. Alle Methoden werden ausführlich an Beispielen erklärt.

W. Stier

Empirische Forschungsmethoden

1996. XII, 409 S. 21 Abb., 51 Tab. Brosch. **DM 55,-**; öS 401,50; sFr 48,50 ISBN 3-540-61393-5

Nach Darlegung der Grundlagen empirischen Arbeitens werden die wichtigsten ein- und mehrdimensionalen Skalierungsverfahren, die praktisch wichtigsten Auswahlverfahren und Instrumente der Datenerhebung dargestellt. Dieses Lehrbuch legt besonderen Wert auf leichte Lesbarkeit, so daß der Leser ohne spezielle Vorkenntnisse mit den praktisch wichtigsten Werkzeugen impirischer Forschung vertraut gemacht werden kann.

W. Assenmacher

Deskriptive Statistik

1996. XIII, 252 S. 44 Abb. Brosch. **DM 36,-**; öS 262,80; sFr 32,50 ISBN 3-540-60715-3

Dieses Lehrbuch gibt einen umfassenden Überblick über Methoden der deskriptiven Statistik, die durch einige Verfahren der explorativen Datenanalyse ergänzt wurden. Die zahlreichen statistischen Möglichkeiten zur Quantifizierung empirischer Phänomene werden problemorientiert dargestellt. Es soll ein fundiertes Verständnis für statistische Methoden geweckt werden. Dieses wird durch repräsentative Beispiele unterstützt. Übungsaufgaben mit Lösungen ergänzen den Text.

J. Janssen, W. Laatz

Statistische Datenanalyse mit SPSS für Windows
Eine anwendungsorientierte Einführung in das Basissystem und das Modul Exakte Tests

2., neubearb. Aufl. 1997. XIV, 636 S. 357 Abb., 119 Tab.
Brosch. **DM 65,-**; öS 474,50; sFr 57,50
ISBN 3-540-61915-1

Für den erfahrenen SPSS-Anwender bietet das Buch eine umfassende, detaillierte und anschauliche Behandlung des Basissystems, so daß das Buch auch als Nachschlagewerk genutzt werden kann.

Preisänderungen vorbehalten.

If you have any concerns about our products,
you can contact us on
ProductSafety@springernature.com

In case Publisher is established outside the EU,
the EU authorized representative is:
**Springer Nature Customer Service Center GmbH
Europaplatz 3, 69115 Heidelberg, Germany**

Printed by Libri Plureos GmbH
in Hamburg, Germany